21 世纪普通高等教育精品教材

互联网+教育改革新理念教材

大学生体育与健康

主审 张 武

主编 陈 础 程二平 郁 鑫

内容提要

本书以"以体育人，以德树人"为宗旨，以增强健康意识、学会体育锻炼方法、提高体育锻炼能力、培养体育锻炼习惯为主线，将体育、健康、娱乐融为一体，引导学生主动接受体育教育，在欢愉中享受体育乐趣，最终达到增强学生体质，磨炼学生意志，促进学生身心健康发展的目的。本书共十二章，前三章介绍了体育与健康概述、运动卫生保健、体育锻炼与体能等基础知识，第四章和第五章介绍了我的大学体育、大学生体质健康评价与标准，第六章至第十二章介绍了众多有广泛群众基础并有较高锻炼价值的运动项目，包括篮球、排球、足球、乒乓球、羽毛球、网球、田径运动、民族传统运动、跆拳道、武术运动和形体塑身运动。

本书具有易学易用、实用好用的特点，可作为高等院校各专业学生的体育教材，也可作为健身机构的培训教材。

图书在版编目（CIP）数据

大学生体育与健康 / 陈础，程二平，郁鑫主编. --上海 ：上海交通大学出版社，2021.8（2023.8 重印）
ISBN 978-7-313-25225-8

Ⅰ. ①大… Ⅱ. ①陈… ②程… ③郁… Ⅲ. ①体育—高等学校—教材②健康教育—高等学校—教材 Ⅳ. ①G807.4②G647.9

中国版本图书馆 CIP 数据核字(2021)第 153789 号

大学生体育与健康

DAXUESHENG TIYU YU JIANKANG

主　　编：陈　础　程二平　郁　鑫

出版发行：上海交通大学出版社　　地　　址：上海市番禺路 951 号

邮政编码：200030　　电　　话：021-64071208

印　　制：北京京华铭诚工贸有限公司　　经　　销：全国新华书店

开　　本：787mm×1092mm　1/16　　印　　张：16

字　　数：315 千字

版　　次：2021 年 8 月第 1 版　　印　　次：2023 年 8 月第 3 次印刷

书　　号：ISBN　978-7-313-25225-8

定　　价：48.00 元

PREFACE 前言

2020 年 10 月，中共中央办公厅、国务院办公厅印发《关于全面加强和改进新时代学校体育工作的意见》（以下简称《意见》），《意见》指出：“学校体育是实现立德树人根本任务、提升学生综合素质的基础性工程，是加快推进教育现代化、建设教育强国和体育强国的重要工作，对于弘扬社会主义核心价值观，培养学生爱国主义、集体主义、社会主义精神和奋发向上、顽强拼搏的意志品质，实现以体育智、以体育心具有独特功能。”

《意见》还指出：“学校体育教材体系建设要扎根中国、融通中外，充分体现思想性、教育性、创新性、实践性，根据学生年龄特点和身心发展规律，围绕课程目标和运动项目特点，精选教学素材，丰富教学资源。”

本书以习近平新时代中国特色社会主义思想为指导，以社会主义核心价值观为引领，以服务学生全面发展、增强综合素质为目标，坚持健康第一的教育理念，体现“教学练一体”的要求，全面介绍了大学生所需要的健康知识和体育知识。

本书共十二章，前三章介绍了体育与健康概述、运动卫生保健、体育锻炼与体能等基础知识，第四章和第五章介绍了我的大学体育、大学生体质健康评价与标准，第六章至第十二章介绍了众多有广泛群众基础并有较高锻炼价值的运动项目，包括篮球、排球、足球、乒乓球、羽毛球、网球、田径运动、民族传统运动、跆拳道、武术运动和形体塑身运动。总体而言，本书具有以下特点。

- 坚持育人为本：党的二十大报告指出：“育人的根本在于立德。”本书有机融入党的二十大精神，以“以体育人，以德树人”为宗旨，对体育学科中蕴含的体育精神、体育文化进行了挖掘和提炼，在知识介绍和实践探究中有机地融入了我国体育发展、体育成就、体育故事、体育人物等元素，突出地表现了体育教材的思想性和价值性。
- 体现民族特色：本书在介绍传统体育项目的同时，融入板鞋竞速、高脚竞速、毽球竞技、抛绣球、跳绳、打陀螺、跳竹竿等民族特色体育项目，并从起源、发展、基本技术、练习方法、比赛规则等多个方面对每一种体育项目进行介绍，具有较强的指导性和实用性。

❖ **注重学练一体**：本书在每章开头设置了知识目标和素质目标，提供了大量课堂训练方法、课外训练方法、专项训练方法、综合训练方法及体育游戏方案，将体育、健康、娱乐融为一体，能有效激发学生对体育锻炼的兴趣和热情，促进学生提升运动技能，培养锻炼习惯，增强自身体质。

❖ **配备丰富资源**：本书配备了种类丰富的资源，包括精美的图片、课件、视频等。本书在讲解过程中插入了大量的图片和表格，能帮助学生更快、更好地理解与掌握知识。此外，本书紧跟时代的步伐，配置了二维码，学生只需拿起智能手机“扫一扫”，就能即刻看到相关的视频内容，获得全方位的学习体验。

我们希望通过本书的教学实践，使学生了解健康、体育的基本知识，掌握几项有终身体育锻炼价值的运动技能，具有健康的体魄和对健康的自我调控能力，成为心理稳定、积极乐观，有良好的社会公德、协作精神、竞争意识和社会适应能力的德智体美劳全面发展的社会主义建设者和接班人。

本书由张武担任主审，陈础、程二平、郁鑫担任主编，丹慧芬、陈娟、周聪、徐香玲、李月红、佴健翔、梁颖、陈晓龙、黄海韬、李玉萍、吴珊、朱科宇、张健瑜、甘茂、黄宗伟、岑延进、姚进康、吴治学、宁育全、陈烜辉、刘迎担任副主编。

在编写过程中，我们参考了大量的文献资料，在此，我们向参考过的中外文献的作者表示诚挚的谢意。

尽管我们在编写本书时已竭尽所能，但由于编者水平有限，书中难免存在疏漏与不当之处，敬请广大读者批评指正。

本书编委会

主　审　张　武

主　编　陈　础　程二平　郁　鑫

副主编　（按姓氏排列不分先后）

丹慧芬　陈　娟　周　聪　徐香玲

李月红　佴健翔　梁　颖　陈晓龙

黄海韬　李玉萍　吴　珊　朱科宇

张健瑜　甘　茂　黄宗伟　岑延进

姚进康　吴治学　宁育全　陈烜辉

刘　迎

CONTENTS 目录

第一章 体育与健康概述

学习目标

- 了解现代体育与学校体育。
- 掌握健康的概念和衡量健康的标准。
- 掌握影响大学生健康的因素。
- 熟悉体育锻炼对健康的影响。

素质目标

- 理解体育育人的价值，以及体育精神和体育文化的内涵。
- 形成健康的生活方式和自觉锻炼的意识。

第一节　现代体育与学校体育

一、现代体育

（一）体育概述

历史资料表明，我国早在公元前 2000 年左右就已经产生了体育运动。虽然体育的历史非常悠久，但是“体育”一词却出现得较晚。因为在“体育”一词出现前，世界各国对体育运动的称谓都不相同。在我国，“体育”这个词最早见于 1904 年。1907 年，我国著名的女革命家秋瑾在绍兴创办了体育会。辛亥革命以后，“体育”一词就逐渐运用开来。

“体育”一词在含义上也有一个演化过程。在其刚传入我国时，“体育”是指身体的教育，是与提高身体素质的各种活动有密切联系的一种教育过程。随着社会的进步和体育事业的发展，体育的目的与内容都大大超出了原有的范畴，体育的概念也出现了广义与狭义的解释。广义的体育一般是指体育运动，包括体育教育、竞技运动和身体锻炼三个方面的内容；狭义的体育一般仅指体育教育。

许多学者都对体育的概念做出了一些解释，趋于一致的解释为：“体育是以身体活动为媒介，以谋求个体的身心健康与全面发展为直接目的，并以培养完善的社会公民为终极目标的一种社会文化现象或教育过程”。体育的这一定义既说明了其本质属性，又指出了其归属范畴。

（二）现代体育的构成

现代体育主要由学校体育、竞技体育和大众体育三个部分构成。

1．学校体育

学校体育是指为满足社会长远发展的要求，面向全体学生，以全面提高学生的基本素质为根本目的，以注重开发学生的潜能，促进学生德、智、体全面发展为基本特征的一个教育过程。

学校体育的特点包括：① 根据学生的身心发展特点和教学大纲，有计划地组织与开展多种体育教学活动；② 教学方法和形式丰富多样，让学生在快乐中学、在快乐中锻炼；③ 竞技比重小，危险系数低，动作技术难度适中。

追梦赤子心，从过去到现在

学校体育的目标包括两个方面的内容，一是强健学生的身体；二是通过体育教育使学生掌握正确健身的方法，为学生养成终生健身的习惯奠定良好的基础。

2. 竞技体育

竞技体育是指在全面发展身体，最大限度地挖掘和发挥人（个人或群体）在体力、心理、智力等方面的潜力的基础上，以攀登运动技术高峰和创造优异运动成绩为主要目的的一种运动活动过程。

竞技体育的特点包括：① 能充分调动与发掘运动员在体力、智力和心理等方面的潜力；② 具有较强的竞争性与对抗性；③ 参与者需要有充沛的体力和高超的运动技术；④ 竞赛规则统一且具有国际性；⑤ 竞赛成绩会在较大范围内得到公认；等等。

知识窗

现代奥林匹克文化

现代奥林匹克文化是对古代奥林匹克文化的继承和发展。古代奥林匹克文化起源于古希腊的奥林匹亚竞技文化，当时竞技运动受到社会各界的广泛支持和关注。竞技场上的优胜者不仅会获得橄榄桂冠、棕榈花环等奖励，还会受到故乡人民的热烈欢迎。人们像崇敬英雄一样崇敬他们，还会为他们举行盛大的庆典。

古代奥运会与现代奥运会

现代奥林匹克运动会经过一百多年的发展，已经成为世界上无与伦比的、最广泛的体育盛会和社会文化现象。现代奥林匹克运动会要求运动员在身体健美和体态端正的基础上，做到意志品质高尚，身心尽善尽美，并能将运动技术与艺术相结合。这种从内到外的美，是一种更高层次的体育文化的理性价值。

奥林匹克的格言是“更高、更快、更强、更团结”，它激励运动员奋发向上、超越自我，向着更高的目标迈进。而运动员们勇于克服艰难险阻，勇于付出辛勤的汗水去争取胜利的意志和品质对所有人来说，都是一种启迪。

3. 大众体育

大众体育属于文化娱乐的范畴，是指普通民众自愿参加的，以强身、健体、娱乐、休闲等为目的，一般不追求达到高水平的运动成绩，内容广泛、形式多样的体育运动。

大众体育具体以下几个特点：

（1）参与对象的广泛性。

大众体育以全体社会成员为对象，参与者无论年龄、性别、爱好、职业，都可以在大众体育中找到合适自己的项目。

（2）活动时间的业余性。

大众体育是人们在业余时间开展的一种文化活动。随着人民群众生活水平的提高和闲暇时间的增多，大众体育的发展日益迅猛。

（3）满足参与目的的多样性。

大众体育运动可以满足健身、健美、康复、休闲娱乐、陶冶情操等多种参与活动主体的需要。

二、学校体育

（一）学校体育的目的和任务

1. 学校体育的目的

学校体育的目的是为社会主义现代化建设培养德、智、体全面发展的人才，使学生的身心得到全面、健康的发展，进而使其能够更好地完成学校的学习任务，以便将来能够为建设祖国和服务社会贡献自己的一分力量。

2. 学校体育的任务

与学校体育的目的相对应，学校体育的任务包括以下 4 个方面的内容。

校园运动会掠影

（1）全面锻炼学生的身体，促进其身体形态结构、生理机能和心理的发展，提高其身体素质和基本的体育运动能力，提高其对外界环境的适应能力。

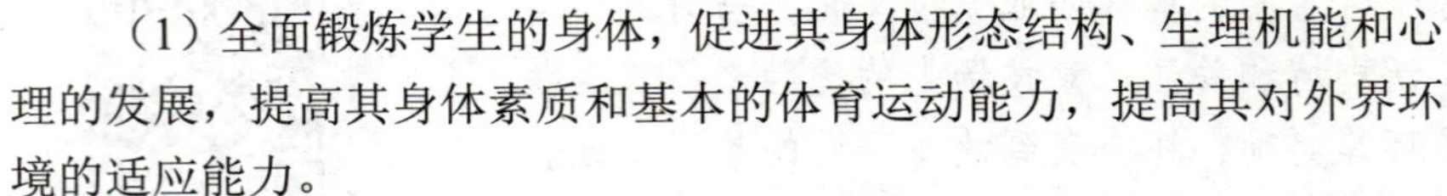

（2）使学生了解体育与健康的基础知识，学会科学锻炼身体的方法与技能，掌握常见体育运动项目的基本技术，并能运用所学知识进行自我调控、自我检测和自我评价，为其终身健身奠定扎实的基础。

（3）对学生进行爱国主义和集体主义教育，培养其积极乐观、顽强拼搏的良好品质和团队合作意识，使其能正确对待个人和集体的成功与失败；使学生树立现代体育意识，并把健康与学习、生活和自身发展等联系起来，提高其对体育的兴趣和对体育比赛的欣赏能力，使其养成积极参加体育锻炼的习惯。

（4）发展学生的体育才能，提高学生的运动竞技水平。学校是培养人才的场所，体育教育应在普及体育知识的基础上，对部分具有一定运动才能的学生进行专项体育训练，进一步加强他们的体育才能，为国家培养和输送体育后备人才。

（二）学校体育的功能

在我国，学校体育是一种多功能的社会文化活动，它既与竞技体育和大众体育三位一体，组成了完整的体育系统；又与德育和智育有机结合，构成了学校教育的主要内容。学校体育的功能主要表现在以下四个方面。

1. 培养德、智、体全面发展的人才

社会主义现代化建设不仅需要大学生具备一定的文化水平和专业知识素养，练就为现代化建设服务的本领，还要求大学生要有健康的体魄，否则就难以在现代化建设中发挥应有的作用。学校体育能够促进大学生德、智、体等全面发展，使其成为有理想、有道德、有文化和有纪律的社会主义建设者和接班人。

2. 促进大学生的身心和谐发展

在成长的过程中，一些大学生会表现出自我意识强但不成熟、情感丰富但不稳定、意志水平有所提高但不均衡等情况，这些都是其身心发展不平衡的表现。学校体育可以帮助大学生进行自我调整，提高其自控能力，使其保持稳定的心理状态。

3. 为提高国民体质水平打基础

大学生是祖国的未来和民族的希望，大学生的体质水平是中华民族体质水平的标志和象征。学校体育不仅要通过督促学生进行有效的体育锻炼，使学生的体质水平得以提高，还要培养他们终身参加体育锻炼的良好习惯，使他们能以充沛的精力、健康的心态和强健的体魄从事学习与工作。

4. 为国家培养优秀的体育后备人才

通过学校体育，教师可以及早地发现具有运动天赋的学生，并对其进行系统与科学的训练，使之成为国家的体育后备人才。为此，学校体育可在普及体育知识与基本技能的基础上，有目的、有计划和有组织地开展业余体育训练工作，这对于提高大学生的身体素质与运动水平也大有裨益。

体育树人

山东某小学每个年级有 14 个班，其中有两个足球实验班。这两个足球实验班由学生自愿报名，要求在新学期每天进行 1 h 的课后训练，也就是每周训练 5 次，加上每周 4 节体育课，足球实验班的学生每周要参加 9 次体育活动。不少家长担心体育训练挤占孩子的学习时间，会导致孩子的学习成绩下降。

到了年底期终考试的时候，这两个足球实验班的学生成绩并没有下降，而是明显提高。其实，在开展足球实验班、推进校园足球的过程中，有很多老师、家长反映，孩子参加足球训练和足球比赛之后，变得更有礼貌、更有规矩、更加自信了。

由此可以看出，校园足球活动的开展，不仅可以促进学生提升体能水平和学习成绩，还可以帮助学生培养良好的行为规范和道德品质。这也正是学校体育立德树人功能的体现。

积极拓展，感受快乐

我国健儿在历年奥运赛场上战绩辉煌。许海峰的手枪、杨扬的冰刀代表突破，“娜”（李娜）式传奇、女排精神象征着拼搏；刘翔、苏炳添跑出了“中国速度”，姚明、朱婷打出了“中国高度”……奥运精神是体育精神的最佳代表，奥运会冠军本身就是一种精神旗帜，代表着正能量！

选取你最敬佩的奥运会冠军，搜集他/她的体育事迹和奥运经历，体会他/她的奥运精神，并将材料整理为一篇演讲稿，与同学们分享。

第二节 健康常识

健康是人类追求的永恒目标，拥有健康才能享受生活。以往人们普遍认为“健康就是没有疾病”，但随着科学的发展与社会的进步，对于健康的定义早已不局限于身体的健康。

一、健康的概念

1948 年，世界卫生组织在宪章中明确指出：“健康不是仅仅免于疾病和衰弱，而是保持身体上、精神上和社会适应能力等方面的完好状态。”从而将人类的健康与生理、心理及社会因素联系在一起。

这个定义包括三层含义：一是躯体健康，指躯体的结构完好，功能正常；二是心理健康（又称“精神健康”），指人的心理处于良好状态，包括能正确地认识自我、认识环境，及时适应环境等；三是社会适应能力良好，指个人的能力在社会系统内得到充分的发挥，个体能够有效地扮演与其身份相适应的角色，个人的行为与社会规范和谐一致。

1989 年，世界卫生组织对健康的概念进行了重新定义，提出健康应包括躯体健康、心理健康、社会适应良好和道德健康，这就是所谓的四维健康观念，如图 1-1 所示。继四维健康观念之后，美国学者提出了一个类似的健康定义，即健康是人对环境适应后所达到的一种生命质量，个体只有在身体、情绪、智力、精神和社会各方面达到完美状态才称得上真正的健康，这种健康观又称“健康五要素”，如图 1-2 所示。这种观念将人们对健康的认识提高到了一个崭新的高度，并为世界各国广泛接受。

图 1-1 四维健康观念

图 1-2 健康五要素

健康五要素的内涵包括以下方面。

（1）身体健康不仅包括无病，而且还包括体能充沛。体能是一种能满足生活需要和有足够能量完成各种活动的能力。体能充沛可以预防疾病，提高生活质量。

（2）情绪涉及我们对自己和他人的感受。情绪健康的主要标志是情绪稳定。当然在生活中偶尔有些情绪波动均属正常，关键是在生活中大部分时间能保持情绪稳定。

（3）智力健康是指具有认识、理解客观事物，并运用知识、经验等解决问题的能力，

包括但不限于记忆、观察、想象、思考、判断等能力。

（4）精神健康是指能够认识自己的潜力，自如应对正常生活压力，以及关心和尊重所有生命。

（5）社会健康是指个体与他人及社会环境相互作用形成和谐的人际关系，以及能够恰当扮演社会角色。社会健康使人们在人际交往中充满自信和安全感，进而减少烦恼，保持心情愉快。

值得注意的是，健康的五个要素是相互联系、相互影响的。例如，身体不健康会导致情绪不健康，心理不健康会导致身体、情绪和智力的不健康。因此，只有每一个健康要素平衡地发展，人们才能真正健康、幸福地生活。

二、衡量健康的标准

世界卫生组织在给健康下定义时并未给出具体的量化标准，因为地域、种族、年龄、性别、职业等因素的不同，会导致衡量健康的具体标准也有所不同。所以说，健康没有一个确切的概念和具体的指标，它只能是对一个个体在不同时间和空间的状态描述。因此，衡量健康的标准是很广泛的。

近年来，为了便于普及健康知识，世界卫生组织提出了衡量人体健康的10条标准。

（1）精力充沛，能从容应付日常生活和工作。

（2）处事乐观，态度积极，乐于承担责任。

（3）善于休息，睡眠质量好。

（4）应变能力强，能适应各种环境的变化。

（5）对一般传染性疾病（如感冒）具有一定的抵抗力。

（6）体形匀称，体重正常，身体各部分比例协调。

（7）眼睛明亮，思维反应敏捷。

（8）牙齿清洁，无损伤，无病痛，齿龈无出血。

（9）头发有光泽，无头屑。

（10）走路轻松，肌肉、皮肤富有弹性。

人们在日常生活中也形成了一些关于健康的标准，实际上是对世界卫生组织提出的标准的延伸，包括以下方面。

（1）胃口好，进餐适量，不挑剔食物。

（2）排泄顺畅，胃肠功能良好。

（3）能很快入睡，且睡眠程度深，醒后精神饱满，头脑清醒。

（4）语言表达正确，说话流利。

（5）行动自如、敏捷，精力充沛。

（6）性格温和，意志坚强，感情丰富，具有坦荡的胸怀与达观的心境。

（7）具有良好的处世能力和自我控制能力，看问题客观、理性。

（8）能适应复杂的社会环境，对事物的变化保持良好的情绪，能保持社会外环境与机体内环境的平衡。

（9）具有良好的人际关系，待人接物大度、和善，不过分计较，助人为乐，与人为善。

现代健康观揭示了人体的整体性及人体与自然环境和社会环境的统一。人类对疾病的预测从对个体诊断延伸到对群体乃至整个社会的健康评价，而对健康的评价标准由单纯的生物标准扩展到心理、社会标准。

三、影响大学生健康的因素

20 世纪 70 年代，加拿大学者从预防医学的角度提出了影响健康的四大主要因素，即行为与生活方式、生活环境、生物学和医疗卫生服务。

（一）行为与生活方式因素

行为与生活方式因素是指由于人们自身的行为和生活方式给个人、群体乃至社会的健康带来直接或间接的影响，这种影响具有潜伏性、累积性和广泛性。

健康的生活方式

国内外大量研究表明，在现代社会里不良的生活方式和有害健康的行为习惯已经成为危害人们健康、导致疾病的主要原因。不良的生活方式和有害健康的行为习惯包括：抽烟、酗酒、暴饮暴食、过多摄入脂肪和糖等不健康的饮食生活方式，不规律的娱乐活动、睡眠不足、电子游戏成瘾等不健康的休闲方式，缺乏运动或不运动的生活习惯，以自我为中心、孤独、抑郁、嫉妒和自私等不健康的心理状态，等等。这些不良生活方式和有害健康的行为习惯是高血压、冠心病、糖尿病等“现代生活方式病”的患病率不断增高的主要原因。1992 年，世界卫生组织在《维多利亚宣言》中指出：健康的四大基石是合理的膳食、适量的运动、戒烟和限制饮酒、心理健康。

知识窗

吸烟的危害

青少年处于生长发育的关键时期，人体各系统器官尚未发育成熟，对有害因素的抵抗力较弱。香烟烟雾中的有害物质微粒很容易进入细支气管和肺泡，对青少年的危害很大。研究调查表明，开始吸烟的年龄越小，成年后患肺癌的概率就大。20～26 岁开始吸烟的人群的肺癌发生率比非吸烟者高 10 倍；15～19 岁开始吸烟的人群的肺癌发生率比非吸烟者高 15 倍；不到 15 岁便开始吸烟的人群的肺癌发生率比非吸烟者高 17 倍。因此，青少年应端正态度，洁身自好，自觉远离香烟和二手烟。

（二）生活环境因素

生活环境因素可分为物理性因素（如环境气候与空气质量等）和社会性因素（如科技发展、家庭环境、工作环境、人际关系和经济收入等），它们从不同的角度影响着健康。

一方面，现代建筑不断向高空发展，人们居住在这些建筑物中，与大自然的距离越来越远，加上城市工业化导致淡水污染，空气中的二氧化碳与二氧化硫等有害物质不断增长，植被减少，以及酸雨、毒雪和黑风暴、沙尘暴的频繁发生，致使人类的生活环境日益恶化，严重危害了人类的健康。另一方面，城市交通、通信联络工具的现代化减少了人们走路锻炼的机会；生活方式的现代化减少了人们进行家务劳动的机会；食品构成的改善、脂肪和肉类的增加，使得人们从食物中摄入的热量越来越多；加之整个社会生活的节奏大大加快，使人们经常处于紧张状态之中，精神上承受着巨大的压力。这些生活环境和生活方式的急剧变化造成了现代人的机体和机能与生活环境之间产生了诸多不平衡。

（三）生物学因素

生物学因素包括基因遗传因素及细菌、寄生虫等病原微生物因素。

遗传是指自然生物通过一定的生殖方式，将遗传因子从上一代传给下一代的生物现象。在把遗传因子传给后代的同时，上一代也把亲代的许多隐性或显性的疾病传给了后代。生物遗传因素直接影响人类健康，它对人类诸多疾病的发生、发展及分布具有决定性影响。

现代研究表明，遗传问题不仅表现在先天性缺陷和遗传性疾病方面，其在后天的常见病（如冠心病、高血压、糖尿病、某些癌症）和常见的精神障碍方面也起着重要作用。遗传因素可能会使这些疾病提前发生。

病原微生物是引起传染病发生的首要条件。在微生物学、生物化学及相关学科发展早期，人们普遍认为一些传染病已经基本消灭，而余下的传染病也可通过免疫和抗生素得到控制。但在 20 世纪末人们惊讶地发现，致病细菌显示出明显的抗药能力和适应环境变化的能力，这意味着病原微生物与人类是共生的关系，传染病会一直是人类健康的主要危害。

（四）医疗卫生服务因素

医疗卫生服务指卫生医疗机构和专业人员为了达到预防疾病、促进健康的目的，运用卫生医疗手段向个人、群体和社会提供的必要服务。

医疗卫生服务因素是指医疗卫生系统中影响健康的因素，涉及预防、医疗及康复等方面，包括医疗水平低、误诊、漏诊，医务人员数量少、质量差，初级卫生保健系统不健全，重治疗轻预防，医疗资源分布不均，缺少康复机构和不良医患关系等，这些都是不利于健康的因素。

积极拓展，感受快乐

社会的发展和经济的进步在带给人们丰富的物质享受的同时，也在改变着人们的生活方式和生活习惯。生活节奏不断加快，吸烟、酗酒、缺乏运动、膳食不合理等不健康的生活方式大行其道，与之密切相关的疾病已成为影响人们身体健康的大敌。作为大学生，我们要有健康意识和自控能力，自觉培养良好的生活习惯和健康的生活方式。

请根据以下注意事项，设计适合自己的健康生活日计划，可参考表 1-1。

注意事项：① 健康饮食，荤素搭配。早餐要吃好，午餐要吃饱，晚餐可吃少。② 每天抽出一个小时锻炼身体。③ 不要熬夜，保持良好的睡眠习惯。④ 保持愉快的心情。⑤ 养成良好的卫生习惯，每天打扫自己的房间，整理自己的物品，勤洗手。

表 1-1　健康生活日计划

时间	内容
6:30—7:00	起床，洗漱
7:00—7:30	早间运动（运动前喝一杯水）
7:30—8:00	吃早饭
8:00—12:00	上课或自习（每隔一个小时休息 10 分钟）
12:00—13:00	吃午饭
13:00—13:30	饭后散步/娱乐
13:30—14:00	午间休息
14:00—18:00	上课或自习（每隔一个小时休息 10 分钟）
18:00—18:30	吃午饭
18:30—20:00	参加社团活动/运动
20:00—21:00	读书/娱乐/打扫卫生，整理个人物品
21:30—22:00	洗漱
22:00—22:30	睡觉

第三节　体育锻炼对健康的影响

一、体育锻炼对体质的影响

体质是指人体在遗传变异和后天获得的基础上所表现出来的综合的、相对稳定的特征。它是人的运动能力、劳动工作能力乃至全部生命活动的物质基础，而体育锻炼是增强

体质的最直接、有效的手段。

（一）体育锻炼对身体发育的影响

我们可以将人体生命的全部过程大致分为三个时期，即儿童少年时期、青少年时期和中老年时期。青少年时期是人体生长发育的最佳时期，也是人的体形、体力和健康奠定的关键时期。此时，后天因素对机体的影响比任何时期都大。实践证明，青少年时期经常参加体育锻炼对身高、体重、围度、身体机能和素质等指标的可塑程度能达到50%～70%。

（二）体育锻炼对身体各个器官的影响

人体是一个完整的、统一的有机体，它由不同的器官构成。人体器官按功能可分为神经系统、呼吸系统、循环系统、消化系统、泌尿系统、生殖系统、内分泌系统、运动系统和感觉系统。体育锻炼可以对人体各个器官产生积极的影响，可以促进机体全面发展。

1．体育锻炼对神经系统的影响

神经系统由中枢神经系统和周围神经系统组成。人的所有活动都是反射活动，即由感觉器官将体内和体外的刺激传送到大脑，大脑经过分析综合给出相应的反应指令，再由周围神经将行动反应指令传达给各器官系统去执行。

当人体发育进入成熟阶段，人脑体积就不再增加，但大脑皮层的结构和功能仍在发展，因此，体育锻炼仍会对大脑功能有改善作用。

（1）体育锻炼可以提高人体对刺激的反应速度。体育锻炼的项目种类和技术动作繁多，越是对抗性和技术性强的运动，越能有效地强化脑细胞的生理功能，使神经细胞的兴奋强度和反应速度都得到提高。

（2）体育锻炼有助于增强记忆力，提高大脑工作效率。原因有两方面，第一，运动使心脏供血能力提高、脑细胞的供血量增加，从而使得脑细胞的活跃性增强。第二，人体在长时间思考和学习之后，其专管学习及与其相关的神经细胞会产生疲劳，进而由兴奋转为抑制。此时进行体育锻炼，可以使运动神经细胞群兴奋起来，而其他细胞群就可以得到良好的休息，从而有助于提高大脑工作效率。

（3）体育锻炼可以帮助改善神经衰弱。经常从事体育锻炼，可以使大脑皮质兴奋增强、抑制加深，且使兴奋和抑制都更加集中，进而使大脑的兴奋与抑制两种功能保持平衡。

2．体育锻炼对呼吸系统的影响

呼吸系统包括鼻、咽、喉、气管、支气管和肺。其中，肺是气体交换的场所，其他器官是气体交换的通道。

在安静状态下，呼吸系统的各个器官只需很小的工作量就能完成呼吸过程，长此以往很可能会导致呼吸系统功能有所下降。进行体育锻炼时，人体对氧的需求量增加，呼吸频率加快，坚持进行体育锻炼可以使呼吸肌逐渐发达、有力、耐久，可以提高锻炼者的呼吸深度，增加其肺活量。

3．体育锻炼对血液循环系统的影响

血液循环系统又称“心血管系统”，是由心脏和血管组成的封闭的管道系统。心脏相当于生命的“发动机”，推动血液在血管里不断地流动，以便把氧气和营养物质运送到身体各处，同时把细胞代谢过程中产生的废物和二氧化碳运出体外。

（1）体育锻炼可以使心脏组织结构增强。体育锻炼时血液循环会加速，这会改善心肌的供血机能，使心肌得到更多的营养物质、心壁增厚、心脏容量增加，也使心脏搏动更加有力。一般来说，长期运动的人正常状态下的心跳频率要比一般人每分钟减少 20 次左右。

（2）体育锻炼可以使血管功能变强、血红蛋白增多、血液循环增强。体育锻炼使血液循环加快，血流量变大，而血管经常收缩或扩张使得血管壁弹性增强、血管表面积增大，从而使血管对血液的运输功能增强。经常进行体育锻炼还能使血液中的白细胞、红细胞和血红蛋白含量增多，使人体代谢和耐缺氧的能力增强，从而改善人体血液循环系统的功能。

4．体育锻炼对消化系统的影响

消化系统是由口腔、咽、食道、胃肠、胰腺、肝脏和肛门等器官组成。

（1）体育锻炼可以促进食物的消化和营养物质的吸收。一方面，经常参加体育锻炼使消化腺分泌的消化液增多，另一方面，腹部运动能使消化管道的蠕动得到加强，胃肠的血液循环得到改善，最终使食物的消化和营养物质的吸收更加充分和顺利。

（2）体育锻炼可以增进肝脏健康。体育锻炼使体内糖分的消耗增加，因此肝脏需将储备的糖原及时向外输送。肝脏工作量的增加使其机能得到锻炼和提高。

5．体育锻炼对运动系统的影响

运动系统由骨骼、关节和肌肉三部分组成。骨骼是人体的支架，是构成体形的基础，起着保护脑、脊髓、心和肺等重要器官的作用。关节是连接骨与骨之间的枢纽，人体以其为支点产生运动。肌肉附在骨骼之上，并在神经系统的支配下交替收缩与舒张，进而完成屈伸、旋转等肢体动作。

体育运动是在运动系统的协调工作下完成的，在完成运动的同时会使运动系统的各个部分更加坚固、灵活、结实且粗壮有力。

（1）体育锻炼可以使骨骼性能、形态发生良好变化。长期的体育锻炼使骨骼变得粗壮、坚固，增强其抗折、抗弯、抗压缩和抗扭转等方面的机械性能。

（2）体育锻炼可以增强关节的稳固性，提高关节的灵活性。经常从事体育锻炼能使关节囊、肌腱和韧带增厚，关节的稳固性、延展性增强，关节的弹性、灵活性和柔韧性得到提高。

（3）体育锻炼可以提高肌肉性能，增大肌肉体积。运动过程中肌肉工作加强，使肌纤维增粗，肌肉体积增大，从而使肌肉更加结实有力。

（三）体育锻炼对活动能力的影响

体育锻炼可以提高身体素质和基本活动能力。身体素质表现在速度、力量、耐力、灵敏和柔韧等多个方面。

1. 速度素质

速度素质是指人体快速运动的能力，是人体身体素质中最基本的素质之一。体育锻炼会使人体对外界刺激的反应速度加快，并使人体在较短的时间范围内完成指定动作或移动指定距离。速度素质体现在以下四个方面。

（1）位移速度，指单位时间内人体位移变化的快慢。例如，径赛项目就是以位移速度的快慢作为胜负的标准。

（2）反应速度，指人体对外界刺激产生反应的快慢，即外界刺激作用到人体对刺激做出反应所经历时间的长短，如起跑时运动员对枪声的反应速度、球场上对战术变化的反应速度等。

（3）动作速度，指完成指定动作的快慢，如投掷比赛中投掷出手的速度、排球运动中的扣球速度等。

（4）速度耐力，指人体保持较长时间快速运动的能力。例如，中长跑运动就是锻炼速度耐力。

2. 力量素质

力量素质是指肌肉在紧张状态（肌肉纤维长度不变）或收缩状态（肌肉纤维长度缩短）下克服外界阻力的能力。力量素质可分为以下两类。

（1）静力性力量，指肌肉做等长收缩时所产生的力量。人体需要维持或固定在一定的姿势和位置时会用到静力性力量。例如，人体做出体操动作中的支撑、平衡、垂悬和倒立时，会用到静力性力量。

（2）动力性力量，指肌肉做缩短性收缩时所产生的力量。它的特点是通过明显的身体位移使身体和器械产生加速度。动力性力量又可分为重量性力量和速度性力量，重量性力量侧重肌肉力量。例如，举重就是锻炼重量性力量。速度性力量侧重爆发力。例如，人体蹬离地面跳跃时和投掷器械时都会用到爆发力。

力量素质在体育运动中非常重要，没有力量素质作为基础，任何体育运动都不可能完成。力量素质是速度、灵敏等素质的基础，也是取得运动成绩的关键。

3. 耐力素质

耐力素质是指人体长时间活动或对抗疲劳的能力。

耐力素质可分为有氧耐力和无氧耐力。有氧耐力又称“肌肉耐力”，指人体长时间进行中等强度肌肉活动的能力。例如，球类竞赛、中长跑等项目就是锻炼有氧耐力。无氧耐力又称“心血管耐力”，指人体保持较短时间内快速运动的能力。例如，短跑、短距离快速游泳等项目就是锻炼无氧耐力。

4. 灵敏和柔韧素质

灵敏素质是指在外界刺激突然改变的条件下，人体能迅速、准确、协调地改变身体运动方向和位置的能力。灵敏性的内涵包括以下方面。

（1）迅速：指在外界刺激突然改变的条件下，以最佳的判断能力和最快的反应速度做出相应的动作。

（2）准确：指以最佳的比例将空间、时间及力量等方面进行配合，完成相应的动作。

（3）协调：指同时或依次完成动作时，能够把握好动作的空间、时间、节奏等要素的特征，使它们配合得当。

柔韧素质是指人体各关节在运动中的活动能力（幅度和范围），以及肌肉和韧带的伸展能力。柔韧素质由三个因素决定，即关节的骨结构，关节周围组织体积的大小，关节的韧带、肌腱、肌肉和皮肤的伸展性。

在体操、艺术体操、武术、跳水和田径等运动项目中，柔韧素质是决定比赛成绩的关键。

（四）体育锻炼对适应环境能力的影响

适应环境的能力主要是指人体对自然环境的适应能力，具体表现为对气候、水土的适应性及对季节变化引起的一些流行性疾病的抵抗能力。适应环境能力的强弱是身体状况好坏的标志。

经常从事体育运动可使神经系统的功能得到提高，使人体对外界刺激的反应变得迅速而准确；可使人体体温调节作用增强，有利于提高机体对环境条件的适应能力和对疾病的抵抗能力；此外，有利于培养锻炼者克服困难的拼搏精神和坚韧不拔的意志品质。

二、体育锻炼对心理健康的影响

体育锻炼对心理健康的影响是多方面，对大学生来说，体育锻炼对心理健康的影响包括以下几个方面。

（一）体育锻炼有助于发展智力

正常的智力是正确感知和认识世界的前提，是心理健康的基础。体育锻炼不仅能提高锻炼者的注意力、记忆力、反应、思维、想象力等，还可以使锻炼者情绪稳定、性格开朗。而这些非智力因素对人的智力具有促进作用。

（二）体育锻炼有助于培养良好的情绪体验

大学生在复杂多变的社会环境中常常会产生紧张、压抑、忧虑等不良情绪反应，而体育锻炼能帮助其从烦恼和痛苦中抽离出来。

体育锻炼之所以能够调节情绪，是因为体育锻炼的参与者能体验到运动带来的愉悦感。心理学家认为，适度负荷的体育锻炼能够促进人体释放一种多肽物质——内啡肽，它能使人们获得愉快、兴奋的情绪体验。因此参加体育锻炼尤其是参加那些自己喜爱和擅长的体育锻炼，可以使人从中得到乐趣，振奋精神，从而产生良好的情绪状态。

（三）体育锻炼有助于形成和谐的人际关系

现代社会生活节奏的加快使大学生越来越趋向封闭的状态，从而造成彼此之间情感交流缺乏，人际关系渐渐疏远。体育锻炼可以打破这种封闭，让不同年级、性别、家庭背景

的大学生聚集在运动场上进行平等、友好、和谐的交往，使大家互相之间产生信任感，从而有效地进行情感和信息的交流。

（四）体育锻炼有助于促进坚强品质的形成

一个人的意志品质体现在一个人的果断性、坚忍性、自制力、主动性和独立性等方面。意志品质既是在克服困难的过程中表现出来的，也是在克服困难的过程中培养出来的。参加体育锻炼的过程就是不断克服主观和客观上的各种障碍（如懒惰、胆怯、疲劳和气候条件不佳等）的过程，可以帮助培养大学生果断、坚韧等优秀的意志品质。

（五）体育锻炼有助于消除心理疾病

就目前而言，心理疾病的大部分病因及体育锻炼有助于治疗心理疾病的机理尚未完全清楚，但体育锻炼作为一种心理治疗手段在国外已经开始流行。对于大学生来说，通过体育锻炼可以减轻或消除由学习、生活、情感等各方面的挫折引起的焦虑和抑郁等症状，同时也为不良情绪的宣泄提供了一种合理有效的途径，能有效防止心理障碍或者心理疾病的发生。

三、体育锻炼对社会适应的影响

（一）培养良好的参与意识

积极参加体育活动的人能够加强社会交往，扩大自己的生活领域，更快融入集体，培养良好的参与意识，从而促进个体社会化。

（二）培养适应社会的个性特征

积极参加体育活动的人能够不断加强自我约束，提高集体荣誉感，使个体服从于集体，并在行动上与同伴协调配合，从而培养适应社会的个性特征。

积极拓展，感受快乐

通过开展“了解家乡的特色体育文化和体育运动”调查活动，让学生发掘家乡的体育文化资源，培养学生热爱体育、热爱家乡的情怀。

请以小组（8～10 人）为单位开展调查活动，调查自己家乡的特色体育运动有哪些，家乡人民最喜欢的体育运动是什么，以及家乡人民为什么喜欢这一体育运动。同时，选取其中一种体育运动作为比赛项目，组织小组比赛。比赛安排示例如表 1-2 所示。

表 1-2　比赛安排示例

比赛安排	内容
比赛项目	趣味踢毽子比赛
比赛时间	课余时间
比赛地点	教室外空地或操场
参赛人员	全班同学
比赛规则	比赛分为两个环节，第一个是竞答环节，选手需回答老师提出的有关家乡特色体育运动的问题，答对者可进入下一个环节，即踢毽子环节。 踢毽子环节以 1 min 为限，计时开始后，选手可以用下肢任意部位踢毽子。如果毽子落地，则判为失误，失误后可继续比赛，直至时间截止。将每组选手的踢毽子次数累计，即为小组成绩。在规定时间内踢毽子次数最多的一组获胜

第二章 运动卫生保健

DIERZHANG

学习目标

- 了解营养常识，以及运动前后应如何补充营养。
- 掌握职业病的预防方法和运动疗法。
- 掌握运动损伤的预防方法与处理方法。
- 掌握现场急救的方法。

素质目标

- 注重营养均衡，能合理搭配自己的饮食。
- 具备从事目标工作的职业体能。
- 能处理运动损伤。
- 能进行现场急救，有帮助他人的意识。

第一节　运动与营养

一、营养概述

营养是指机体从外界吸取需要的物质来维持生长发育等生命活动的过程。保持合理营养，关注饮食习惯，对保持健康状态至关重要。

（一）营养素

营养素又称“营养物质”，是指维持正常生命活动所必需的所有物质成分。人体所必需的营养素包括糖类、蛋白质、脂肪、维生素、矿物质和水六大类。

1．糖类

糖类又称“生命的燃料”，是指碳水化合物，可以为人体提供能量，还能促进其他营养素的代谢。糖类广泛存在于米、面、薯类、豆类和各种杂粮中，是人类最重要、最经济的能量来源。

2．蛋白质

蛋白质又称“生命的载体”，是组成一切生命体的基本物质，也是维持生命活动和修补机体的重要材料。它广泛存在于动物性食品（如奶类、蛋类和鱼类等）和植物性食品（如大豆、淀粉和玉米等）中。

3．脂肪

脂肪又称“生命的辅助剂”，是细胞的主要组成部分，不仅可以储存热量、调节和维持正常体温、保护和支持内脏器官，还能促进脂溶性维生素的吸收。它广泛存在于动物制品（如猪油、牛油、奶油等）和植物制品（如豆油、花生油等）中。

4．维生素

维生素是维持生长发育和调节生理功能的微量有机物。人体如果缺乏维生素，则不能正常生长，还会发生维生素缺乏症。

人体需要的维生素可分为两类：一类是脂溶性维生素，包括维生素 A、维生素 D、维生素 E 等，这类维生素可在体内储存，不需要每日摄入，如过量摄入会引起中毒；另一类是水溶性维生素，包括维生素 B、维生素 C 等，这类维生素不能在体内储存，需要每日从食物中摄入。维生素广泛存在于新鲜蔬菜、水果、粗粮、蛋黄等食物中。

知识窗

各种维生素的生理功能

维生素 A：维持正常视觉，促进上皮组织细胞的发育，促进免疫球蛋白的合成。

维生素B：调节机体代谢，促进肝糖原和肌糖原的生成，促进神经系统发育。

维生素C：促进伤口愈合，增强机体抗病能力。

维生素D：促进钙的吸收，促进骨骼钙化及牙齿的正常发育，对机体的钙磷代谢和骨骼生长发育极为重要。

维生素E：扩张血管，改善循环，增加肌肉力量与有氧耐力。

5．矿物质

人体所含的各种元素中除碳、氢、氧、氮是以有机化合物的形式存在外，其他元素均以无机物的形式存在。矿物质又称无机盐，是人体所含无机元素的总称，常见的矿物质有钙、铁、磷、碘、锌等。

矿物质不仅是骨骼的主要成分，还能起到维持渗透压、保持酸碱平衡、维持神经和肌肉的正常生理功能等作用。矿物质不能在体内合成，必须从体外摄入，其广泛存在于豆腐、鸡蛋、虾皮、绿叶蔬菜、海带、紫菜等食物中。

6．水

水是维持生命必需的物质，是机体不可缺少的重要营养素。水平均占成年人体重的60%～70%。人体若失水达20%，生命活动将无法维持。

一般成年人每日需水量为2 000～3 000 mL。人体摄入水的来源主要有3个：一是饮水，二是食物中的水，三是脂肪和蛋白质等物质氧化时产生的代谢水。其中，饮水是主要来源，一般来说，成年人每天至少应喝1 500 mL的水。

（二）饮食与健康

科学饮食是身体健康的重要保证，但是很多大学生却常常忽略这一点，没有养成科学的饮食习惯，影响了自己的身体健康，也影响了学习。科学饮食主要包括以下三个方面。

1．平衡饮食

搭配合理的一日三餐是平衡饮食的基础。俗话说："早餐要吃好，午餐要吃饱，晚餐要吃少。"这正是将人体一天之内需要的热量和营养素合理分配到一日三餐中的简便方法。早餐需要保证营养充足，因此应以奶类、谷类和蛋类为主，早餐热量应占到一天摄入热量的30%；午餐是机体一天所需营养的主要来源，最好以粗粮、米面为主食，辅以鱼、肉、蔬菜、豆制品等，午餐热量应占全天摄入热量的40%；晚间不可暴饮暴食，晚餐热量不宜超过全天摄入热量的30%。

除了三餐的合理搭配外，保证规律的进食时间和进食量也是平衡饮食的重要方面，不规律进食很容易导致肠胃炎、胃溃疡等肠胃疾病。

2．适量饮食

大学生的活动量大，新陈代谢也比较快，每日消耗的热量比较多。由于每个人的饮食习惯不同，所以饮食量一般以个人主观感受为主。一日三餐吃到七分饱或八分饱是比较健康的，暴饮暴食或断食少食是极不可取的。

3. 卫生饮食

俗话说："病从口入。"卫生饮食对保持身体健康非常重要，可以减少疾病的发生。进食之前，除了要检查食品的洁净度、新鲜度和注意个人卫生之外，还要注意少吃腌制、油炸或高糖高脂类食品，少喝含糖、含酒精的饮料。

二、运动前后的营养

（一）运动前的营养

运动前应以高糖、低脂肪的食物为主，可食用一些既容易消化，又能提供糖类的食物，如米饭、面包等。高纤维的食物（如全麦面包、高纤维饼干等）不容易消化，易造成腹部不适，因此应避免在运动前吃这类食物。

（二）运动后的营养

运动后的体能恢复直接影响本次锻炼的效果，还影响第二天的运动能力。因此，锻炼后应适当休息，并补充营养，以尽快恢复体能。

1. 水分的补充

剧烈的运动会导致机体大量失水。失水量达到体重的 1%时，容易引起机体疲劳和不适；失水量达到体重的 3%时，机体不适感会加重，运动能力会下降 20%～30%。因此，运动后应积极补充水分，缓解缺水状态。

2. 电解质的补充

汗液中的电解质主要是钠离子、氯离子、钾离子和钙离子。运动时，人体的电解质会随着汗水流失，因此长时间运动后应饮用淡盐水或运动饮料来补充水分和电解质。

3. 糖类的补充

糖类是人体运动时的主要能量来源，其以葡萄糖的形式释放到血液中，为肌肉和身体其他器官提供能量。体内糖类不足容易引起机体疲劳和运动能力下降，因此，运动后及时补充糖类就显得格外重要。

知识窗

运动后适宜摄入的食物和应避免摄入的食物

一般来说，运动后应摄入适量的流质食物或其他易消化食物，以补充水分和糖类。以下列出各类适宜摄入的食物，锻炼者可以依照个人习惯、喜好和需求量等进行选择。具体包括：① 800～1 000 mL 运动饮料；② 500 mL 纯果汁；③ 300 g 水果（如苹果、香蕉、橘子等）；④ 6～10 片饼干；⑤ 两片面包和一杯牛奶。

运动后应避免饮酒和饮用含咖啡因的饮料，因为这类饮品有利尿的作用，会进一步促进体内水分减少。酒精还会影响肝糖的合成和受损组织的恢复，对运动恢复极为不利。

积极拓展，感受快乐

设计自己的健身食谱

通过设计健身食谱活动，培养学生的健康意识和分析问题、解决问题的能力，加深学生对营养知识的理解。

以小组为单位开展活动。每位组员列出自己的健身食谱，并参照食物营养成分表，与小组成员讨论，分析食谱是否健康科学、搭配合理，然后进行修改，最后形成一份适合自己的健身食谱。

第二节　职业病的预防和运动疗法

一、颈椎病

（一）什么是颈椎病

颈椎病是一种常见病，是指颈椎间盘退行性改变、颈椎骨质增生及颈部损伤等引起颈段脊柱内外平衡失调，刺激或压迫颈部神经、血管而产生一系列症状的疾病。其主要症状是颈部和背部的功能障碍和疼痛，表现为颈部、肩部、上肢麻木，头晕，恶心等。

（二）致病原因

颈部的肌肉细长而不丰厚，易受牵拉劳损，再加上扭转、侧屈过度会进一步导致损伤而引起各种病变。伏案劳作或保持不端正的姿势会使颈椎处于屈曲位或某些特定位（见图 2-1），长此以往，会使颈椎间盘所受压力增大，颈部肌肉因非协调受力而疲劳酸痛。

图 2-1　低头族

（三）预防与运动疗法

（1）在学习（劳动）过程中要保持端正的姿势，每隔半个小时要休息几分钟，活动颈部。

（2）有针对性地做颈部、肩部的伸展运动，锻炼肩部肌群，增加肌肉力量和柔韧性。

二、腰肌劳损

（一）什么是腰肌劳损

腰肌劳损又称“功能性腰痛”“腰背肌筋膜炎”，主要是指腰骶部肌肉、筋膜等软组织慢性损伤，主要症状为腰或腰骶部酸痛或胀痛，有时为刺痛或灼痛。

（二）致病原因

长时间保持背部弓起、向前微倾的坐位姿势（见图 2-2），会导致腰部肌肉超负荷，容易刺激局部而形成损伤性炎症。此外，急性腰扭伤也是导致腰肌劳损的重要原因。

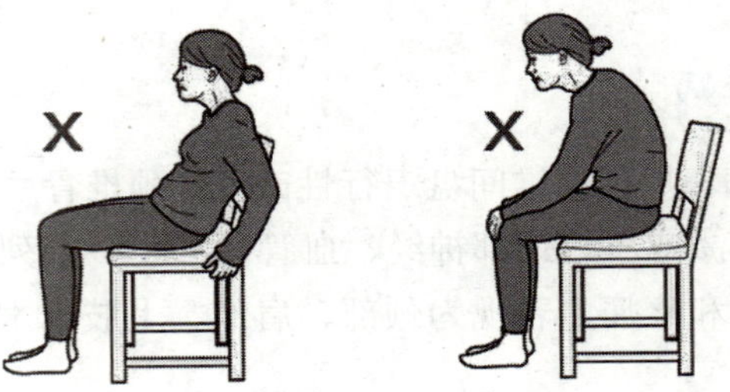

图 2-2　错误坐姿

（三）预防与运动疗法

（1）学习（工作）时要经常变换体位，纠正不良姿势。

（2）在进行体育活动或搬抬重物前要做好准备活动，防止突然用力使腰部扭伤。

（3）应加强腰部肌群的力量和柔韧性练习。

（4）经常练习太极拳、五禽戏、健身操等。这些传统的健身方法对预防腰肌受损很有益处。

三、肩周炎

（一）什么是肩周炎

肩周炎（见图 2-3）又称“肩关节组织炎”，是一种发生于肩周肌肉、肌腱、滑囊和关节囊等软组织的慢性炎症。

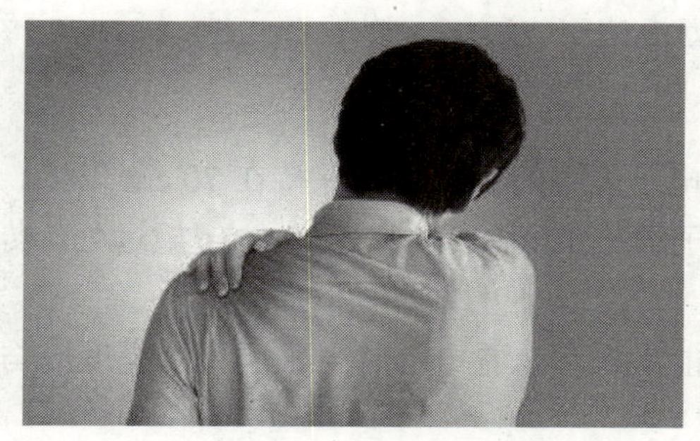

图 2-3 肩周炎

（二）致病原因

肩关节是人体关节中活动范围最大的关节。其关节囊较松弛，关节的稳定性大部分靠关节周围的肌肉、肌腱和韧带的力量来维持。长期伏案学习或工作会导致肩部的肌肉韧带疲劳、僵硬，加之肩关节平常活动比较频繁，周围软组织经常受到摩擦和挤压，故易发生慢性劳损。

（三）运动疗法

（1）旋肩，向前、向后各旋肩 20～30 次。

（2）两手相握提起至头顶，用力向上推，然后放下，做 20～30 次。

（3）自然站立，两脚与肩同宽，两臂轻轻前后摆，并逐渐增大摆动幅度，每天早晚各做 50～100 次。

（4）提物站立，两脚与肩同宽，上体向前弯，双臂向下做捞物动作，每天早晚各做 50～100 次。

四、视疲劳综合征

（一）什么是视疲劳综合征

视疲劳综合征是以眼部各种不适症状为突出表现的一组症候群，主要表现为眼球酸胀不适或疼痛，视物模糊，不能久视。

（二）致病原因

长时间注视书本或电子屏幕的时候，眨眼次数会明显减少（由日常每分钟 22 次左右锐减至 5 次左右），导致眼睛干涩，并容易出现视疲劳综合征。

（三）预防与运动疗法

1．预防

（1）双眼距书本或电子屏幕的距离需要保持在 70 cm 以上。

（2）注视书本或电子屏幕 1 h 后要休息 5 min，望望远处，转动眼球，眨眨眼。

（3）看书时房间不能太昏暗，看电脑时电子屏幕的亮度应与房间的亮度相当。

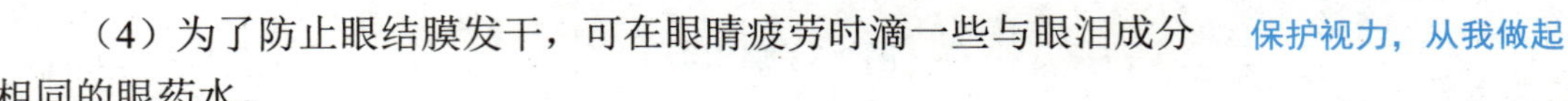

保护视力，从我做起

（4）为了防止眼结膜发干，可在眼睛疲劳时滴一些与眼泪成分相同的眼药水。

2．运动疗法

（1）每天进行 2 h 的户外活动能缓解视疲劳。

（2）做眼保健操。

（3）极目远眺对调节眼功能有一定的作用。自然站立，两眼先平视远处，再慢慢将视线收回。如此反复数次，注意配合深呼吸。

五、扁平足

（一）什么是扁平足

扁平足就是足弓塌陷。长期保持站立姿势会使足部负担过大，容易引起足部疼痛，严重时会引发扁平足。

（二）预防与运动疗法

防治扁平足的主要方法是做矫正体操，重点锻炼胫骨前肌、腓骨长肌、胫骨后肌、屈指长肌及足部肌等。例如，练习足尖走、足跟走、足外侧走、踢毽子，练习坐位时足内翻、足趾屈伸、足趾钳物等。每日锻炼 1～2 次，每次 20～30 min。

六、下肢静脉曲张

（一）什么是下肢静脉曲张

下肢静脉曲张是指下肢浅静脉系统处于伸长、蜿蜒而曲张的状态，多是由不良的工作习惯引起的。长时间站立或进行重体力劳动会导致腹压增大，加重了下肢静脉内的压力，久而久之引起静脉扩张、延伸甚至曲张，最终导致静脉瓣膜机能不全。

（二）预防与运动疗法

（1）平时要多做双腿摆动、蹬夹练习，多做腿部按摩。

（2）长时间站立时，不要总用两条腿一起支撑全身重量，可有所侧重，让两条腿轮换休息；还可踮起脚后跟，上下活动，或做下蹲练习。

（3）练习游泳、慢跑、骑自行车、跳绳等。运动后，抬高肢体促进下肢静脉的血液回流。

积极拓展，感受快乐

久坐和坐姿不端正是健康的隐秘“杀手”，会导致腰酸背痛、身心疲劳。在日常学习中，要注意避免久坐，保持端正的坐姿（见图 2-4），这不仅有益于身体健康，还能提升个人的气质和体态美。

两两结合，互相给对方拍照，并指出对方的坐姿问题。然后，有针对性地制订一周训练计划。

按照计划坚持每天“打卡”拍照。隔一段时间，总结自己的变化，并将训练前后的对比照片打印出来，贴在显眼的位置，提醒自己时刻保持端正的坐姿。

图 2-4　端正的坐姿

第三节　运动损伤的预防与处理

一、运动损伤的预防

预防运动损伤，应做到以下几点。

（1）加强运动安全教育。克服麻痹思想，提高预防运动损伤的意识。

（2）认真做好准备活动。对可能发生运动损伤的关节与易伤部位，要及时采取预防措施。

（3）合理安排运动量。练习时防止局部运动器官负担过重。

（4）加强保护与帮助。在加强同伴间的相互保护与帮助的同时，特别要加强与提高自我保护能力。例如，摔倒时应立即曲肘、低头、团身滚动；由高处跳下时用前脚掌着地，同时曲膝缓冲等。

（5）加强医务监督，提高自我保健意识。

二、运动损伤的处理

（一）出血

出血是运动损伤中较为常见的一种情况，可分为外出血与内出血两类。其中，外出血分为动脉出血、静脉出血和毛细血管出血 3 种，可以出血的颜色与出血的情形进行区分：动脉出血呈喷射状，血色鲜红；静脉出血漫涌而出，血色暗红；毛细血管出血为缓慢渗出。

一般成人的血液总量为 4 000～5 000 mL。若出血量达到全身总血量的 20%，人会出现面色苍白、头晕乏力、口渴等急性贫血的症状；若出血量超过全身总血量的 30%，将危及生命。因此，对于外出血的伤者，尤其是大动脉出血，必须立即止血；对疑有内脏或颅内出血的伤者应尽快送医院处理。

止血的方法主要有冷敷法、抬高患肢法和压迫法。

冷敷法常用于急性闭合性软组织损伤。最简便的处理方法是用冷水冲洗或用冷毛巾敷于伤处，有条件的可使用氯化烷喷射。

抬高患肢法用于四肢出血。抬高患肢使伤处血压降低，血流量减少，以达到减少出血的目的。

压迫法包括指压法、绷带加压包扎法和止血带法。

1．指压法

指压法：用手指的指腹压在出血动脉近心端相应的骨面上，以阻断血液的流动来达到止血的目的。这种止血方法常用于动脉出血，操作简便，止血迅速，是一种临时性止血的好方法。

现将身体不同部位止血的指压法介绍如下。

- **额部、颞部出血：**一只手扶住伤者的头并将其固定，用另一只手的拇指在耳屏前上方一指宽处摸到颞浅动脉搏动后，将该动脉压迫在颞骨上，可止同侧额部、颞部出血。
- **眼以下面部出血：**在下颌角前约 1.5 cm 处摸到颌外动脉搏动后，用拇指将该动脉压迫在下颌骨上，可止同侧面部出血。
- **肩部与上臂部出血：**在锁骨上窝内 1/3 处摸到锁骨下动脉搏动后，用拇指把该血管压迫在第一肋骨上，可止同侧肩、腋部及上臂出血。
- **前臂与手部出血：**将伤臂稍外展、外旋，在肱二头肌内缘中点处摸到肱动脉搏动后，用拇指或食指、中指、无名指三指将该动脉压迫在肱骨上，可止同侧前臂与手部出血。

❖ **大腿与小腿出血**：使伤者仰卧，患腿稍外展、外旋，在腹股沟中点稍下方摸到股动脉搏动后，用双手拇指重叠（或用掌根）把该动脉压迫在耻骨上，可止同侧下肢出血。

❖ **足部出血**：在踝关节背侧，于胫骨远端摸到胫前动脉搏动后，把该动脉压迫在胫骨上；在内踝后方，将胫后动脉压迫在胫骨上，可止足部出血。

2．绷带加压包扎法

绷带加压包扎法：用数层无菌敷料覆盖伤口，再用绷带加压包扎以压住出血的血管，同时抬高患肢，从而达到止血的目的。该方法适用于小动脉、小静脉和毛细血管的止血。

3．止血带法

止血带法：用胶管或绳子（宽布条、三角巾和毛巾均可）绑扎在伤口的近心端。若是较大的肢体动脉出血且为运送伤者方便起见，则应使用止血带。若是上肢出血，则应将止血带捆扎在上臂的上 1/3 处（切忌将其捆扎在上臂中段，以避免损伤桡神经）；若是下肢出血，则应将止血带捆扎在大腿中部。

值得注意的是，使用止血带前应先将患肢抬高，以使静脉血回流，并用软织敷料垫好局部后再捆扎止血带，以刚刚摸不到止血带远端的肢体动脉为宜。捆扎上止血带后，每隔 0.5～1 h 必须放松一次，放松 3～5 min 后再扎上。放松止血带是为了防止组织长时间缺氧而坏死，放松止血带时可暂用指压法止血。

（二）软组织损伤

软组织是指人体的皮肤、皮下组织、肌肉、肌腱、韧带、关节囊、滑膜囊、神经和血管等。这些组织在外力作用下发生机能或结构的异常，称为软组织损伤。软组织损伤分为开放性损伤与闭合性损伤两类。前者包括擦伤与撕裂伤等，后者包括挫伤与肌肉拉伤等。

1．擦伤

擦伤是运动中最常发生的一种损伤，多发生于对抗性体育项目中及摔倒等意外情况下。

（1）主要症状：皮肤被擦破出血或有组织液渗出，有一定的创口。

（2）处理方法：对于小面积轻度擦伤且伤口干净者，只需涂抹一些碘附即可；对于大面积重度擦伤，应先用生理盐水清洗伤口后再涂抹碘附，覆盖消毒布，最后用纱布包扎。

2．撕裂伤

人在剧烈运动或受到强烈撞击时会造成肌肉撕裂，常见的有眉际皮肤撕裂等。

（1）主要症状：伤口周边多不整齐，常常伴有周围软组织的损伤。

（2）处理方法：轻度伤用碘附涂抹即可；若伤口较大，则须止血并缝合伤口，必要时注射破伤风抗毒血清，以防感染。

3．挫伤

挫伤是指由钝器作用造成以皮内或/和皮下及软组织出血为主要改变的闭合性损伤。挫伤又分为单纯性挫伤与混合性挫伤。前者是指单纯的皮肤或/和皮下组织的挫伤，后者是指在皮肤或/和皮下组织挫伤的同时，还合并有其他组织器官的损伤（如腹部挫伤可能会伴有内脏器官的破裂）。

（1）主要症状：单纯性挫伤表现为局部疼痛、肿胀、淤血、压痛和运动功能障碍。当内脏器官出现损伤时，伤者会出现头晕、脸色苍白、心慌气短、出虚汗、四肢发凉，甚至休克。

（2）处理方法：单纯性挫伤在24 h内应冷敷或加压包扎，并抬高患肢或外敷中药，24 h后可进行热敷、按摩和理疗。混合性挫伤并出现休克的伤者，经急救处理后应尽快送医院检查与治疗。

4. 肌肉拉伤

肌肉拉伤是指肌肉在运动过程中急剧收缩或过度牵拉引起的损伤。这是常见的运动损伤之一，在引体向上与仰卧起坐练习时较容易发生。

（1）主要症状：肌肉拉伤后，伤处会疼痛、肿胀，用手可摸到肌肉紧张形成的索条状硬块，触痛明显，且活动受到限制。肌肉严重拉伤时，伤者可听到断裂声，伤处疼痛与肿胀明显，肌肉出现收缩畸形，皮下淤血显著，运动功能出现严重障碍。肌纤维部分断裂时，伤处可摸到凹陷；肌腹中间完全断裂时，会出现“双驼峰”畸形；肌肉一端完全断裂时，肌肉呈“球状”畸形。

（2）处理方法：对于轻度的肌肉拉伤，可即刻实施冷敷、局部加压包扎并抬高患肢，24 h后可实施按摩或理疗。若肌肉部分完全断裂，则应在加压包扎后立即送医院做手术缝合。

（三）关节韧带损伤

关节韧带损伤是指关节因外力异常扭转而造成的韧带损伤，以及关节附近其他软组织结构的损伤。在体育运动中，关节韧带损伤以腰部关节、肩关节、髌骨和踝关节的损伤最为常见。例如，跳水时，由双腿后摆过大导致的腰部关节扭伤；打球时，由投球、扣球和发球动作不当导致的肩关节扭伤；跳高、跳远时由踏跳不合理或摔倒受到撞击导致的髌骨损伤；由高处跳下时失去平衡，踝关节过度内翻或外翻导致的踝关节扭伤等。

1. 主要症状

关节韧带损伤一般表现为关节疼痛或压痛，在急性期有肿胀、皮下淤血、关节功能障碍等情况。

2. 处理方法

一般性关节韧带损伤在24 h内可实施冷敷，必要时加压包扎；24 h后应采取理疗、按摩和针灸治疗。待疼痛减轻后，伤者可增加功能性练习。对于急性腰部损伤，如果伤者出现剧烈疼痛则不可对其轻易移动，应使伤者平卧在担架上送至医院诊治。平日应卧硬板床（或在腰部下面垫一个枕头），以使肌肉韧带处于放松状态。

（四）关节脱位

关节脱位又称“脱臼”，是指在体育运动中由外力作用致使关节失去正常的连接关系。

关节脱位可分为完全性脱位与半脱位（又称“错位”）两种，以肩、肘关节脱位较为常见。严重的关节脱位会伴有关节囊损伤。

1. 主要症状

关节脱位发生时，伤者会即刻产生剧烈疼痛与明显压痛，关节周围显著肿胀并伴有关节畸形，关节功能丧失，有时还会产生肌肉痉挛，严重时伤者会出现休克症状。

2. 处理办法

用夹板或三角巾固定患肢并尽快将伤者送医院治疗。如施救者没有整复技术与经验，切不可随意对伤处做复位动作，以免加重伤情。

（五）骨折

骨折是指骨的完整性与连续性在外力的作用下遭到破坏的一种损伤。常见的骨折有肱骨骨折、尺（桡）骨骨折、手指骨折、小腿骨骨折和肋骨骨折等。例如，摔倒时用手臂直接撑地会引起尺骨或桡骨骨折。

1. 主要症状

骨折发生后，患处通常会出现肿胀、畸形且疼痛难忍，肢体失去正常的功能，肌肉产生痉挛。骨折严重时，伤者会伴有出血、神经损伤和发烧，乃至出现休克的症状。

2. 处理办法

伤者一旦出现骨折，暂勿随意移动患肢，应先用夹板或其他代用品固定患肢，然后及时护送伤者到医院治疗。如伤者出现休克症状，应先对其实施人工呼吸；若伤者伴有伤口出血，应同时实行止血操作。

（六）脑震荡

脑震荡是指头部在受到外力击打后，即刻发生的短暂的脑神经功能障碍。除了外力击打，摔倒时头部着地也是脑震荡的常见原因。脑震荡是最轻的一种脑损伤，经治疗后大多可以痊愈。脑震荡可以单独发生，也可以与其他颅脑损伤（如颅内血肿）合并存在，应注意及时做出鉴别与诊断。

1. 主要症状

脑震荡发生后，伤者即刻会出现意识丧失、呼吸表浅、脉搏缓慢、肌肉松弛，瞳孔稍放大但左右对称等现象；清醒后常伴有头晕、头痛、恶心或呕吐、失眠、耳鸣和记忆力减退等。

2. 处理方法

伤者平卧，不可坐起或立起，头部冷敷并注意保暖。对于昏迷者，可用手指掐点人中、内关穴或给嗅闻氨水；对于呼吸障碍者，可实施人工呼吸并立即送医院治疗。伤者在恢复期要保持环境安静，卧床休息直至头痛、头晕症状消失，切忌过早地参加体育运动与脑力劳动。

积极拓展，感受快乐

扫描右侧二维码，观看骨折急救视频，模拟发生骨折的场景，以及正确运用骨折处理方法进行救助。以小组为单位开展活动，组内评选出扮演受伤者和施救者的同学。

要求：① 全员参与，每个成员都要有具体分工；② 组长分配角色，自备道具；③ 施救方法的演示清楚到位，要点明确；④ 操作结束后，由老师进行评价。

第四节　急救知识

一、急救的意义和原则

急救是对意外或突然发生的伤病事故进行紧急的、临时性的处理，其目的是保护伤者的生命安全，避免或减轻伤者的痛苦，预防并发症，并为伤者转运和进一步治疗创造条件。

急救力求迅速、准确、有效，做到快抢、快救和快送医院处理。在急救的过程中，切不可惊慌失措、顾此失彼，即使遇到危急情况，也要保持镇静，敏捷而有条不紊地开展抢救工作。经急救处理后的伤者应及时送至医院，并向医生介绍伤者的发病情况及抢救经过。

发生骨折、关节脱位、严重的软组织损伤或合并其他损伤时，伤者常因出血、疼痛等发生休克，这对伤者的生命安全造成了极大的威胁。因此，在现场急救时要首先注意预防发生休克，若有伤者休克必须优先处理。

二、现场急救方法

（一）休克与抗休克

1. 休克产生的原因及症状

休克是一种由有效循环血量锐减，组织血流灌注广泛、持续、显著地减少，导致全身微循环功能不良，生命重要器官机能产生严重障碍的综合症候群。在运动过程中，引起休克的原因主要有以下两个：

（1）剧烈疼痛，如骨折等。剧烈疼痛通过神经反射使伤部周围血管扩张，导致有效血容量相对减少。

（2）大出血，如腹部挫伤、肝脾破裂出血等使有效循环血量减少。

伤者在休克早期常出现烦躁不安、呻吟、表情紧张、脉搏稍快、呼吸浅而急促等症状。

这一时期常常会被忽略。至休克中期，伤者会出现精神萎靡、表情淡漠、面色苍白、口渴、畏寒、头晕、出冷汗、四肢发冷、脉搏无力、血压和体温下降等症状，严重者会出现昏迷。休克晚期，伤者会出现多器官功能衰竭。

2．抗休克措施

（1）一般处理。让伤者安静平卧，松解衣领，注意保暖，给予亲切的安慰和鼓励，并适当给伤者饮用茶、姜汤、盐水等以减轻其口渴症状；若伤者头部受伤或呼吸困难，应将其头部稍微抬高，以避免颅内压增高，静脉回流受阻，也使横膈上升而造成呼吸困难。

（2）对症处理。若伤者有大量出血，则应立即为其止血；若伤者已昏迷，则应使之平躺，密切观察伤者的生命体征并及时送医。

（二）心跳与呼吸停止的急救

心肺复苏术

溺水、严重损伤、休克、重病等会造成伤者呼吸或心搏骤停，如果不及时抢救，则伤者很快就会死亡。心肺复苏术是抢救这类伤者的重要手段，其目的是帮助伤者恢复呼吸与血液循环。心肺复苏术的主要操作程序如下。

1．判断意识

拍打伤者的双肩并大声呼唤“同学，你怎么了”。如果伤者没有任何反应，说明其病情危急，如图 2-5 所示。

2．高声呼救

高声呼救“快来人呀，有人晕倒了，赶快拨打 120，会急救的一起来救护”，如图 2-6 所示。

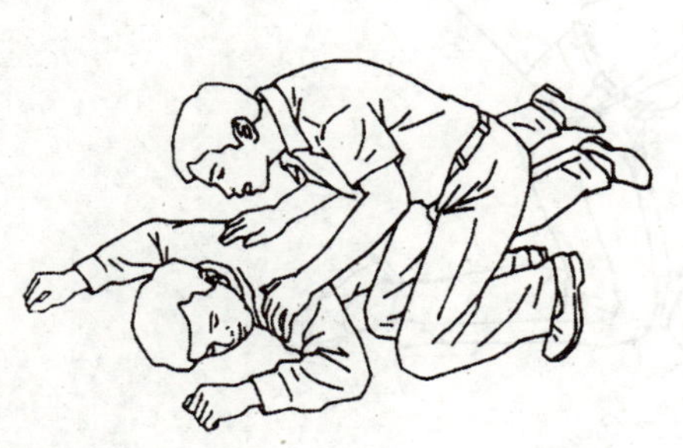
图 2-5 判断意识

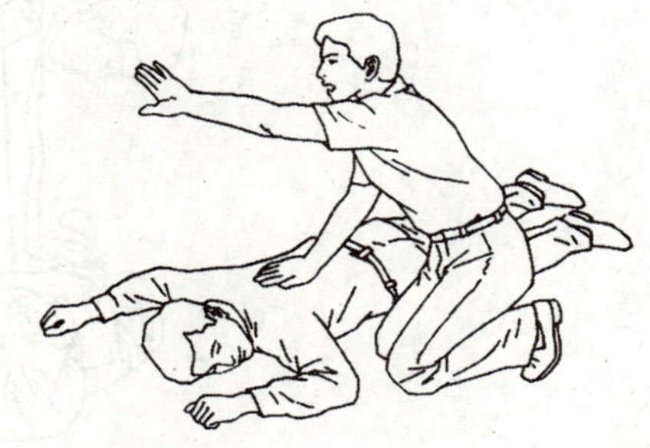
图 2-6 高声呼救

3．复苏体位（仰卧位）

如果伤者是以俯卧位倒在地上，要把他翻转成复苏体位，即使其仰卧在坚硬的平面上（转换体位时，要将头、颈、脊柱整体移动），如图 2-7 所示。

4．查看呼吸与颈动脉搏动

迅速清除伤者口腔异物（如口香糖、呕吐物等），将耳贴近伤者口鼻，听口鼻处有无呼吸声，并侧头注视伤者胸部约 6 s，观察胸部有无起伏。同时，用食指与中指轻摸伤者的喉结处，然后向外侧滑至颈动脉（气管与颈部肌肉之间），检查伤者颈动脉是否搏动，如图 2-8 所示。

图 2-7　复苏体位

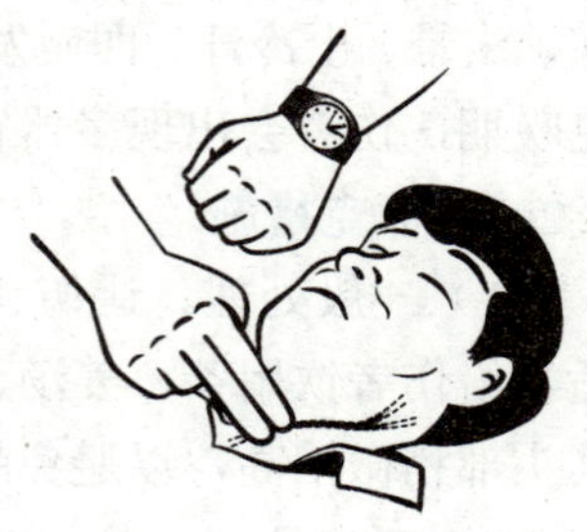

图 2-8　查看颈动脉是否搏动

5. 胸外心脏按压与口对口人工呼吸

若伤者有自主呼吸，则继续保持其气道通畅。若伤者无自主呼吸与脉搏，则应迅速进行胸外心脏按压、打开气道并做人工呼吸。

（1）胸外心脏按压。胸外心脏按压的目的主要是建立人工循环，恢复伤者的自主心跳。其具体方法如下：施救者跪于伤者一侧（一般为右侧），将两手上下重叠，并将手掌根部放在伤者乳头连线的中点处（见图 2-9），然后翘起手指，伸直双臂（肘关节不弯曲），双肩垂直于按压部位，借助自身体重与肩部力量向下压，将伤者胸骨下压约 5 cm 后，随即松手使胸骨复原（手掌不离开胸骨），如此反复有节律地（每分钟 100～120 次）进行按压，直至伤者恢复心跳为止。

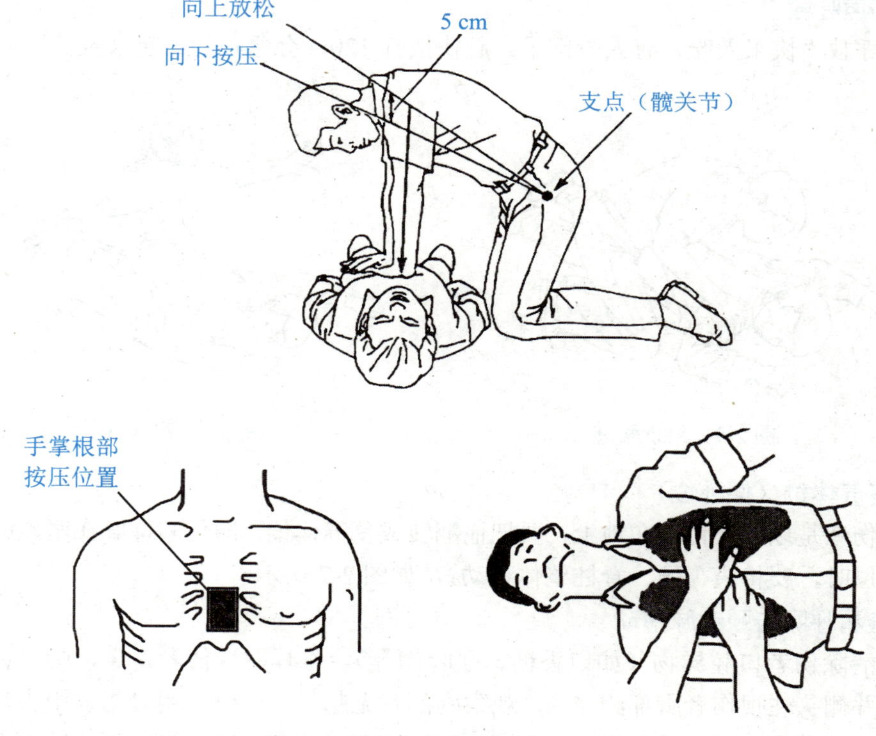

图 2-9　胸外心脏按压的方法及部位

（2）打开气道。实施胸外心脏按压后，伤者可能会出现呕吐的情况，这时需要用仰头举颌法打开气道。其操作方法是：使下颌角与耳垂连线垂直于地面，如图 2-10 所示，然后用双手扶住患者头部使其偏向一侧，以利于液体状异物顺势流出，也可以将食指或小指包上纱布或手帕，从伤者口腔中掏取异物。

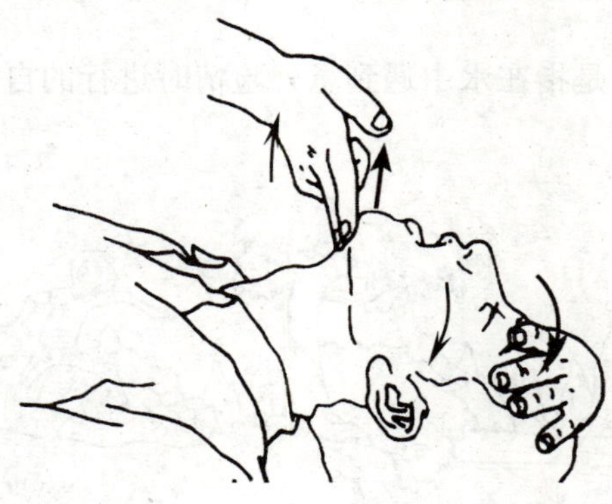

图 2-10　打开气道

（3）人工呼吸。打开伤者口腔，用嘴包住伤者的双唇深吹两口气，吹气时应捏住伤者的鼻孔（以免鼻腔漏气），如图 2-11 所示，同时注意观察伤者胸部有无起伏。吹气后，放松伤者鼻子，施救者抬头并侧过一边深深吸气，以备下一次吹气。施救者如此反复并有节律地（每分钟 12～16 次）进行吹气，直至伤者恢复自主呼吸为止。

图 2-11　人工呼吸

（4）人工呼吸与胸外按压的协调。胸外按压与人工呼吸的比例以 30∶2 为宜，即连续胸外按压 30 次，做人工呼吸两次。在做完每轮吹气按压后，要检查伤者是否恢复脉搏与自主呼吸，但要注意检查所用的时间不要超过 5 s。

（5）判断操作是否成功。对伤者实施人工呼吸与胸外按压后，若能感觉到伤者的大动脉搏动，或者发现伤者已经恢复了自主呼吸、双瞳孔由大缩小、肤色（特别是唇与指甲的颜色）转红润，则表示操作成功。

另外，如果急救现场有自动体外除颤器（AED），则在伤者心搏骤停的 4 min 内，可利用自动体外除颤器对其进行除颤与心肺复苏。

（三）溺水救援

溺水自救的方法

若自己溺水或遭遇他人溺水，要保持冷静，并实施恰当的救护措施。

1. 自我救护

自我救护（见图 2-12）是指在水中遇到意外险情时进行的自我保护措施。

图 2-12　游泳运动的自我救护

（1）若游进中自感体力不支，则应立即采取仰卧漂浮泳姿，向岸边或有浮动和固定支撑的目标靠近，同时发出求救信号。

（2）当游进中发生肌肉痉挛，可按以下方法实施自救：对于小腿肌肉痉挛，应及时仰浮在水面上，一只手握住肌肉痉挛肢体的脚趾，同时用力将其拉向身体，另一只手按下膝盖，帮助发生肌肉痉挛的腿伸直；对于手部肌肉痉挛，应反复握拳再张开，直到肌肉痉挛消除为止；对于腹部肌肉痉挛，应仰浮水中，迅速弯曲双腿并向胸部靠近，双手抱膝，随即松手并伸展身体，重复以上动作直到肌肉痉挛消除为止。

（3）如在水中被长藤植物缠住，可采取仰卧姿势进行解脱，再从原路游出。

（4）如被水中的旋涡吸住，可采取仰卧姿势从旋涡外沿全速游出。

2. 救护他人

（1）间接救护。间接救护是指利用救生器材，对较为清醒的溺水者实施的救护。救生器材主要包括救生圈、竹竿、木板、轮胎、泡沫块、绳子等。

（2）直接救护。直接救护是指不借助任何救生器材，徒手对溺水者进行施救。施救者须经专业训练才可以实施直接救护。在接近或寻找溺水者时，施救者要使溺水者背向自己，以避免被溺水者抱住，然后将其拖带出水面，如图 2-13 所示。

图 2-13　拖带溺水者

积极拓展，感受快乐

生命对每个人来说，都无比珍贵。为了提高学生应对突发事件和意外伤害的能力，请每位同学按照本节所讲的心肺复苏术的操作程序，面对教具演示心肺复苏术。

要求：① 施救方法的演示清楚到位，要点明确；② 操作结束后，由老师进行评价。

第三章 体育锻炼与体能

学习目标

- 了解体能的内涵。
- 掌握科学评价体能的方法，会制订体能锻炼计划。
- 掌握提高有氧耐力、肌肉力量、柔韧性和改善身体成分的锻炼方法。

素质目标

- 养成锻炼习惯，增强自身体质。
- 在锻炼的过程中，磨炼意志，培养不怕苦、不怕累、顽强拼搏的精神。

第一节　体能及其评价

一、体能的内涵

体能是指人体各器官系统的机能及在体育活动中表现出的能力，主要包括有氧耐力、肌肉爆发力、肌肉耐力、柔韧性、身体成分等。

（一）有氧耐力

有氧耐力是国民体质测定中最重要的一项，是反映运动持久能力的指标。拥有良好有氧耐力的人，能比别人更有效地完成日常活动，并且不容易感到疲累。

（二）肌肉爆发力

肌肉爆发力是指肌肉在最短时间内收缩时所能产生的最大张力。几乎所有的身体活动均需要用到肌肉爆发力，肌肉爆发力强有助于预防关节扭伤、肌肉疼痛和身体疲劳。需注意的是，不应单纯强调某些特定肌肉群爆发力的发展，否则会影响身体的结构和形态。

（三）肌肉耐力

肌肉耐力是指一块肌肉或肌肉群在一段时间内重复进行肌肉收缩的能力，它与肌肉爆发力密切相关。拥有良好的肌肉爆发力与耐力的人较容易维持正确的姿势，提高工作效率，而肌肉爆发力和耐力较差的人较容易产生肌肉疲劳与酸疼的现象。

（四）柔韧性

柔韧性是反映人体关节的运动能力和肌肉韧带的伸展能力的指标。影响柔韧性的因素有骨骼、关节结构，以及关节周围的肌肉、脂肪、皮肤与结缔组织。柔韧性强有助于增大肢体的活动范围，预防肌肉拉伤和关节扭伤。

（五）身体成分

身体成分是反映人体脂肪成分与非脂肪成分比例的指标，可以用来衡量一个人是否肥胖。保持理想体重并维持适当的身体成分对健康有重要意义。

二、科学评价体能

（一）评价有氧耐力

有氧耐力是进行耐力运动（如长跑、游泳等）的基础。运动生理学的研究表明，心肺适应水平代表了全身的有氧耐力水平。因此，测试有氧耐力的方法是测试人体的最大摄氧量，又称“最大耗氧量（VO_{2max}）”。常见的测试方法如下。

1. 12 min 跑

12 min 跑是测试有氧耐力最简单的方法之一。测试方法是首先做准备活动，然后在跑道上尽量快跑，过程中如果感到呼吸困难，应减慢速度，及时调整呼吸，最后根据表 3-1 确定跑动距离对应的有氧耐力等级。例如，张某某，男，17 岁，12 min 内跑了 2.35 km，则他的有氧耐力等级为一般。

表 3-1　以 12 min 跑测试有氧耐力的评价标准

有氧耐力等级		13～19 岁受试者跑动距离/km	20～29 岁受试者跑动距离/km
男	很差	<2.08	<1.95
	较差	2.08～2.18	1.95～2.10
	一般	2.19～2.49	2.11～2.39
	较好	2.50～2.75	2.40～2.62
	良好	2.76～2.97	2.63～2.82
	优秀	≥2.98	≥2.83
女	很差	<1.60	<1.54
	较差	1.60～1.89	1.54～1.78
	一般	1.90～2.06	1.79～1.95
	较好	2.07～2.29	1.96～2.14
	良好	2.30～2.41	2.15～2.32
	优秀	≥2.42	≥2.33

2. 台阶测试

台阶测试是一种常见的测试有氧耐力的方法，其优点包括：在室内就可以进行，不需要昂贵的器械，可以在很短的时间内完成，适合不同身体条件的人。

台阶测试的要点如下。

（1）男生台阶测试的台阶高度为 30 cm，女生台阶测试的台阶高度为 25 cm。根据受试者身高的不同，台阶高度还可做适当的调整。

（2）测试时间为 3 min，受试者每分钟上下台阶踏 30 次，可以让同伴用节拍器或声音进行提示。每次下台阶后、下台阶后上体和双腿必须伸直，不能曲膝。

（3）做完台阶测试后，受试者应立即坐下，并测量运动后 1 min 至 1 min 30 s，2 min 至 2 min 30 s，3 min 至 3 min 30 s 等 3 个恢复期的心率。运动生理学的研究表明，有氧耐力好的人比有氧耐力差的人在恢复期的心率低。

（4）根据公式计算台阶测试评定指数：台阶测试评定指数=台阶运动持续时间（s）×100/（2×恢复期 3 次心率之和）。

（5）对照表 3-2 确定有氧耐力等级。例如，王某某，男，17 岁，评定指数为 52.5，则他的有氧耐力等级为 2 分（较差）。

表 3-2　以台阶测试评价有氧耐力的参考标准

有氧耐力等级	18～25 岁年龄段男性评定指数	18～25 岁年龄段女性评定指数
1 分（差）	45.0～48.5	44.6～48.5
2 分（较差）	48.6～53.5	48.6～53.2
3 分（一般）	53.6～62.4	53.3～62.4
4 分（较强）	62.5～70.8	62.5～70.2
5 分（强）	≥70.9	≥70.3

（二）评价肌肉爆发力

肌肉爆发力是指肌肉在最短时间收缩时所能产生的最大张力。评价肌肉爆发力可采用一次重复最大重量测试方法，即测试最多只能举起一次的重量。

针对上体肌肉群，可以采用的一次重复最大重量测试方法包括负重屈肘、肩上举和仰卧推举等，如图 3-1 至图 3-3 所示。针对腿部肌肉群，可以采用的一次重复最大重量测试方法主要是坐姿蹬腿，如图 3-4 所示。

需要注意的是，由于这种测试容易导致肌肉损伤，所以受试者必须经过一至两周的力量练习，并在具备技术和力量条件的情况下进行测试。

图 3-1　负重屈肘

图 3-2　肩上举

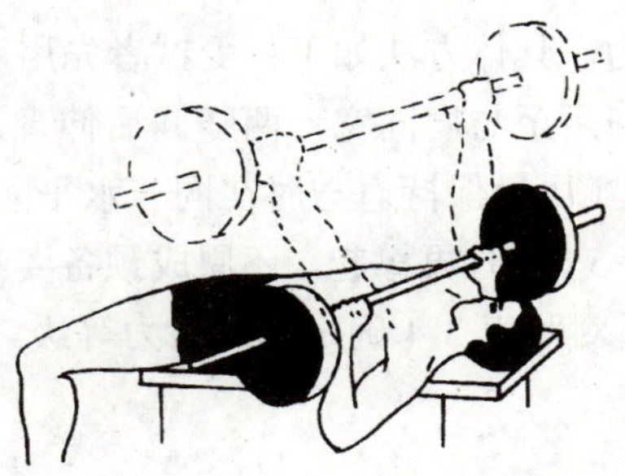

图 3-3　仰卧推举

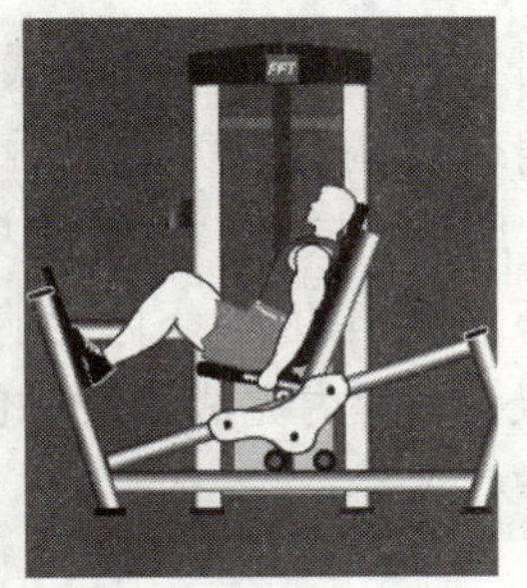

图 3-4　坐姿蹬腿

以仰卧推举为例，具体的测试方法如下。

（1）受试者针对选定的肌肉群做 5～10 min 的准备活动。

（2）受试者选择毫不费力就能举起的重量进行练习，并逐渐增加重量直到只能举起一次，然后记录该次举起的重量。

（3）计算肌肉爆发力分数，公式如下：

肌肉爆发力分数=一次重复最大重量/体重×100

例如，一位体重为 68 kg 的男生，他的仰卧推举重量为 80 kg，那么他的肌肉爆发力分数=80÷68×100≈117.7 分。

（4）对照表 3-3 确定肌肉爆发力等级。男生仰卧推举 117.7 分对应的肌肉爆发力等级为较好。

表 3-3　以一次重复最大重量测试评价肌肉爆发力的参考标准

测试方式		肌肉爆发力分数及等级					
		很差	较差	一般	较好	好	优秀
男	仰卧推举	<50 分	50～99 分	100～110 分	111～130 分	131～149 分	>149 分
	负重屈肘	<30 分	30～40 分	41～54 分	55～60 分	61～79 分	>79 分
	肩上举	<40 分	40～50 分	51～67 分	68～80 分	81～110 分	>110 分
	坐姿蹬腿	<160 分	160～199 分	200～209 分	210～229 分	230～239 分	>239 分
女	仰卧推举	<40 分	40～69 分	70～74 分	75～80 分	81～99 分	>99 分
	负重屈肘	<15 分	15～34 分	35～39 分	40～55 分	56～59 分	>59 分
	肩上举	<20 分	20～46 分	47～54 分	55～59 分	60～79 分	>79 分
	坐姿蹬腿	<100 分	100～130 分	131～144 分	145～174 分	175～189 分	>189 分

（三）评价耐力

评价肌肉耐力的方法有很多，最简单的是俯卧撑测试和卷腹测试。俯卧撑测试主要测试肩部、臂部和胸部肌肉耐力，卷腹测试主要测试腹部肌肉耐力。

1. 俯卧撑测试

俯卧撑测试通常用于测试男性肌肉耐力。具体方法如下：受试者先用双手撑地，十指向前，身体成俯卧姿势；然后，调整双手间距至与肩同宽，两腿向后伸直，用脚尖撑地，如图 3-5 所示；接着，屈臂使身体平直下降（尽量保持肩与肘在同一水平面上，注意躯干、臀部和下肢要挺直），下降至胸部离地 2.5～5 cm 时再撑起，还原成预备姿势，即为完成一次。记录 1 min 内完成俯卧撑的次数，然后对照表 3-4 确定肌肉耐力等级。

图 3-5　标准俯卧撑

表 3-4　以俯卧撑测试评价肌肉耐力的参考标准（男）

年龄组	1 min 内完成俯卧撑的次数对应的肌肉耐力等级				
	差	一般	较好	好	优秀
18～20 岁	4～11 次	12～19 次	20～29 次	30～39 次	≥40 次
21～25 岁	3～9 次	10～16 次	17～25 次	26～33 次	≥34 次
26～30 岁	2～8 次	9～15 次	16～22 次	23～29 次	≥30 次

2. 卷腹测试

卷腹的特点在于能够排除腿部肌肉的作用，同时可以避免背部承受过大的压力。做卷腹时，上体与垫子的角度不应超过 40°，肩部抬起的高度为 14～25 cm，如图 3-6 所示。

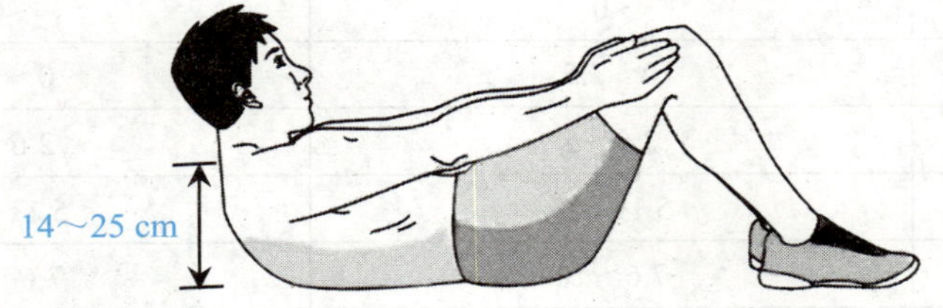

图 3-6　卷腹

卷腹测试方法如下：受试者仰卧于垫上，曲膝成 90°，双脚稍分开，双臂伸直，用指尖去触摸膝盖，摸到后还原成仰卧姿势，即为完成一次。记录最终完成的次数，然后对照表 3-5 确定肌肉耐力等级。要求两次卷腹动作的时间间隔不超过 10 s，否则停止记录。

表 3-5　以卷腹测试评价肌肉耐力的参考标准

组别	完成卷腹的次数对应的肌肉耐力等级				
	差	一般	较好	好	优秀
男	≤29 次	30～44 次	45～59 次	60～74 次	≥75 次
女	≤24 次	25～39 次	40～49 次	50～59 次	≥60 次

（四）评价柔韧性

柔韧性测试的方法有坐位体前屈、肩部柔韧性测试等。本书将会在第五章体质健康测试中对坐位体前屈测试进行详细介绍，所以这里只介绍肩部柔韧性测试。

肩部柔韧性测试主要测试肩关节的活动范围，具体测试方法如下：受试者自然站立，举起左臂，前臂向体后伸展，同时用右手从体后去触及左手，尽可能地使两手手指重叠，如图 3-7 所示。之后交换双手动作，再做一次。两手手指所重叠的长度（单位：cm）即为肩部柔韧性测试的得分，对照表 3-6 可确定肩部柔韧性等级。

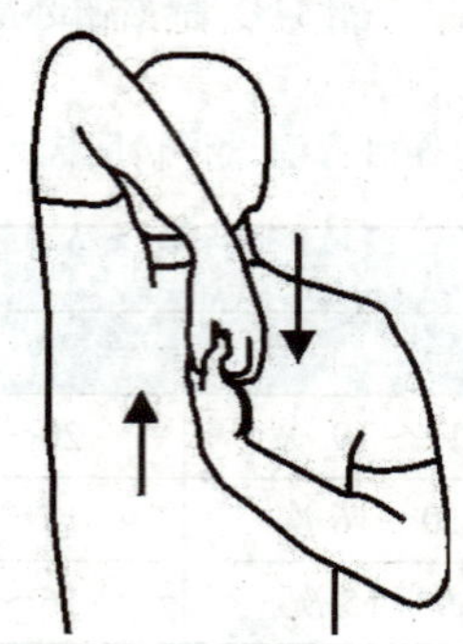

图 3-7　肩部柔韧性测试

表 3-6　肩部柔韧性的评价标准

柔韧性等级	左手在上时两手手指重叠的长度/cm	右手在上时两手手指重叠的长度/cm
很差	<0	<0
一般	0～2.5	0～2.5
较好	2.6～5	2.6～5
好	5.1～7.5	5.1～7.5
优秀	7.6～10	7.6～10

（五）评价身体成分

最常用的身体成分评价方法是体重指数[BMI=体重（单位：kg）/身高^2（单位：m）]法。本书将会在第五章体质健康测试中对体重指数进行详细介绍，所以这里不再介绍。

三、制订体能锻炼计划

（一）制订体能锻炼计划的基本原则

在制订体能锻炼计划时，需要考虑安全性原则、渐进性原则、FIT 原则等。

1．安全性原则

安全性原则要求锻炼者以“安全第一”为原则，在制订和实施体能锻炼计划过程中时刻注意保护自己。在有条件的情况下，可以请运动医学专家根据个体体质健康情况开具运动处方，根据运动处方有目的、有计划地进行锻炼。

2. 渐进性原则

渐进性原则的要求包括以下三点。

（1）体育锻炼不能急于求成，要有目的、有计划、有步骤、循序渐进地进行。

（2）运动负荷必须符合自己的实际情况。锻炼后既要有适度的疲劳感觉，又要有能胜任的愉快感，然后再加以调整，以取得新的锻炼效果。

（3）体育锻炼应遵循人体活动能力变化规律。人体活动能力的提高要经过上升阶段（适应阶段）、稳定阶段（调动生理机能）和下降阶段（产生疲劳），因此，每次锻炼前要做好准备活动使身体“预热”，结束前应做好整理放松练习。

3. FIT 原则

FIT 表示次数（frequency）、强度（intensity）和时间（time）。要想在体能锻炼中取得良好的效果，就必须科学地控制每周锻炼的次数、强度和时间。

次数：表示每周进行体育锻炼的次数。一般来说，每周至少应该进行 3～5 次体育锻炼。

强度：锻炼强度要适宜，要符合锻炼者的身体状况和健康水平。在进行力量练习时，可以采用控制负荷的重量、组数和每组的个数来控制强度。强度过高或过低都难以达到预期的效果。

时间：表示每次锻炼持续的时间，应与锻炼目的相匹配。例如，为了提高心肺循环系统的耐力，至少应持续 20～30 min 的有氧运动。

（二）制订体能锻炼计划的方法

（1）制订体能锻炼计划前对自己的体质、健康状况、体能水平、运动水平等进行检查与评价，同时充分考虑个人的具体情况，包括性别、作息规律、兴趣爱好、锻炼目的、目标职业特点等。

（2）根据上述检查结果、评价结果及个人具体情况确定具体的锻炼方法。

（3）确定锻炼次数、强度和时间，设计体能锻炼计划。

（4）按照计划积极进行锻炼。

（5）对锻炼过程进行评价。

（6）适当修订锻炼计划。

（7）按修订后的计划进行锻炼。

（8）经过一段时间，再次进行评价，检查锻炼效果。

积极拓展，感受快乐

大一学生小刚对自己的体能进行了评价，发现自己的健康状况正常，肌肉力量较差，肌肉耐力一般，柔韧性较好，体重略微超重。他制订的体能锻炼计划如表 3-7 所示。

表 3-7　小刚的体能锻炼计划

项目		具体内容
制订锻炼目标	远期目标（学年）	体重指数恢复正常
	近期目标（一个月）	肌肉力量和肌肉耐力达到良好水平
采用的锻炼手段和方法		中长跑和俯卧撑
锻炼的次数、强度和时间		次数：每两天跑一次中长跑、做一次俯卧撑练习，根据情况交替进行。 强度：1 000 m 中长跑；俯卧撑每次做 5 组，每组 20 个。 时间：每天锻炼 30 min
锻炼的注意事项（饮食、生活方式方面）		保持规律的作息和均衡的饮食
锻炼一个月后的体能测试结果		

结合小刚的例子，请同学们制订自己的锻炼计划。

第二节　发展有氧耐力

一、基本原理

发展有氧耐力的基本原理是开展由大肌群参与的、中等强度的、持续时间较长的有氧运动，以提高呼吸系统和心血管系统吸收、输送氧的能力，以及肌肉摄取利用氧的能力，增强机体有氧代谢能力，提高全身耐力和心肺功能。

经常进行有氧运动的人拥有较强的心肺功能和有氧供能能力，其心脏每次能泵出更多的血液，这些血液能够携带更多的由肺部吸入的氧输送到身体各个部分，满足全身新陈代谢的需要，同时提高全身大肌肉群的持久运动能力。

二、锻炼方法

有氧运动可以有效地发展有氧耐力，但由于不同人的体质健康状况和所拥有的运动经验不同，因此，在选择锻炼方法时要因人而异，充分考虑自身实际情况，这样才能保证锻炼效果，如表 3-8 所示。

表 3-8　适合不同人群的锻炼方法

人群特征	适合的运动方式	适合的运动项目
体质较弱； 较少参加体育锻炼； 运动技能水平较差	运动强度较小； 能量消耗较少； 对运动技能要求较低	长跑（慢跑）、走跑交替、快走、远足、跳绳
体质一般； 有时参加体育锻炼； 运动技能水平中等	运动强度中等； 能量消耗一般； 对运动技能有一定的要求	游泳、自行车、滑冰、轮滑、越野滑雪、健美操、体育舞蹈
体质较好； 经常参加体育锻炼； 运动技能水平较高	运动强度较大，对抗性强，持续一定的时间； 能量消耗较大； 对运动技能有一定的要求	乒乓球、羽毛球、网球、篮球、足球等

有氧运动要达到一定的强度才能起到锻炼效果。一般来说，可以运用靶心率来控制运动强度。所谓靶心率，是指通过有氧运动提高心血管系统的机能时有效而安全的运动心率。靶心率通常为锻炼者最高心率的 70%～85%。其计算公式为：

靶心率=（220−年龄）×（70%～85%）

依据上述公式计算可知，20 岁锻炼者的靶心率为 140～170 次/分钟。

在锻炼的过程中，个体需要依据自己的实际情况来确定和运用靶心率，调控运动强度。如果自身体质较弱或较少参加体育锻炼，应以靶心率的下限为标准进行锻炼，适应一段时间后再逐步提高锻炼强度。此外，进行有氧运动贵在坚持，每次锻炼时间不应少于 20 min，每周锻炼次数不应少于 3 次。

积极拓展，感受快乐

为了磨炼学生的意志，发展学生的有氧耐力，增强学生的体质，请以班级为单位，举办环校趣味跑比赛，比赛安排示例如表 3-9 所示。

表 3-9　比赛安排示例

比赛安排	内容
比赛项目	环校趣味跑
比赛时间	课余时间
比赛路线	学校大门口（出发地点）——教学楼 A——教学楼 B——图书馆——食堂——操场（终点）
参赛人员	全班学生
比赛规则	参赛学生佩戴学生证和号码牌从学校大门口的起点处起跑，按规定的比赛路线至中转站点领取中转牌，然后继续向前跑，最终至终点（学校操场）领取名次牌。 比赛只计名次、不计时间，参赛学生跑完全程后把中转牌和名次牌一并交给老师，由老师统计最终排名

（续表）

比赛安排	内容
注意事项	赛前做好准备活动，听发令枪响再起跑；比赛中不得恶意干扰其他选手；赛后注意做整理放松练习

第三节　发展肌肉力量

一、基本原理

人体共有600多块肌肉，它们在神经系统的支配下，通过收缩和放松完成身体的各项活动。按照肌肉收缩特点的不同，肌肉力量可分为肌肉的绝对力量（即最大力量）、爆发力、耐力等。其中，肌肉绝对力量和肌肉耐力密切相关，都是与健康有关的体能；而爆发力是与运动技能有关的体能，从某种意义上可看作是力量和速度的结合。

二、锻炼方法

发展肌肉力量的练习多为对抗阻力的力量练习。不同的力量练习所产生的效果不同。一般来说，锻炼效果主要是由运动次数和强度决定，其中运动强度通常用最大力量百分比（运动负荷与最大力量的百分比）来表示，如表3-10所示。

表3-10　不同锻炼方法及对应的锻炼效果

运动强度（最大力量百分比）	运动次数/次	锻炼效果
50%～65%	4～5	主要发展肌肉耐力
66%～80%	3～4	主要发展肌肉爆发力
81%～90%	3～4	主要发展肌肉的体积和绝对力量
91%～100%	3～4	主要发展肌肉的绝对力量

（一）发展肌肉耐力的锻炼方法

1. 双杠臂屈伸

双杠臂屈伸（见图3-8）以锻炼胸肌、肱三头肌和三角肌（前束）为主，同时锻炼背阔肌、斜方肌等。

做双杠臂屈伸时，若双手握距较窄，上体后仰，身体呈反弓形，则对肱三头肌刺激大；若双手握距较宽，身体前倾，则对胸肌刺激大。

注意事项：下降速度放慢，身体不要降得太低，以免对肩关节造成较大压力；身体不可随意晃动，要保持平衡。

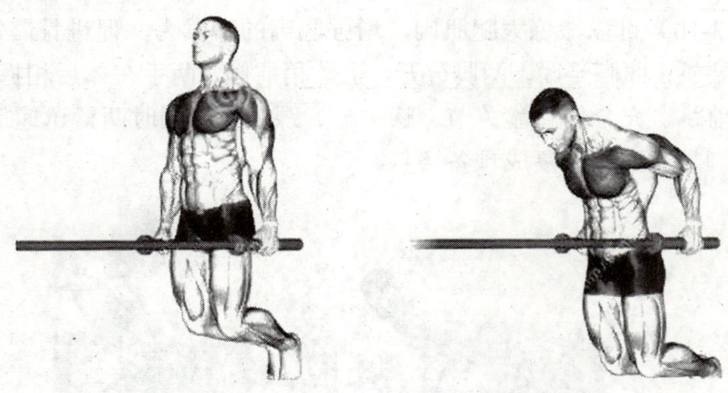

图 3-8　双杠臂屈伸

2. 单杠引体向上

单杠引体向上（见图 3-9）是一种依靠自身力量克服自身体重的向上引体的垂吊练习，能较好地锻炼上肢、腰腹、背部等部位的肌肉，增强肌肉耐力。

单杠引体向上的动作要领：两手正握单杠，握距略宽于肩，掌心向前，两脚离地，两臂自然伸直；以背阔肌的收缩力量将身体向上拉起，当下巴超过单杠时稍做停顿，感受背阔肌的收缩；然后，逐渐放松背阔肌，让身体徐徐下降，直到恢复起始姿势，即为完成一次。向上引体时，可以弯曲膝关节，将两小腿向后交叉，使身体略微后倾，这样能更好地锻炼背部肌肉。

注意事项：身体上拉时吸气，还原时呼气，不可长时间憋气。

图 3-9　单杠引体向上

（二）发展肌肉爆发力的锻炼方法

1. 蛙跳

蛙跳（见图 3-10）可以锻炼大腿肌肉，增强肌肉的爆发力，促进骨骼发育。

蛙跳的动作要领：曲膝半蹲，两脚分开，上体稍前倾，两手在体后相握，成预备姿势；两腿用力蹬伸向前跳，充分伸直髋关节、膝关节、踝关节，同时两臂迅速后摆，随后曲膝落地缓冲，用全脚掌着地，恢复成预备姿势。

图 3-10 蛙跳

2. 深蹲

深蹲（见图 3-11）可以锻炼腿部肌肉和臀部肌肉，增强肌肉的爆发力。

深蹲的动作要领：自然站立，双脚分开至与肩同宽，脚尖稍微向外，双臂前伸至水平位置；自然下蹲，将臀部向后下方送出，微收下颌，目视前方，注意骨盆不要前倾或后倾；下蹲至大腿与地面平行或稍低时稍做停顿，注意保持膝关节的稳定，将重心控制在足弓处；站起时用脚后跟发力把自己蹬起来。

图 3-11 深蹲

积极拓展，感受快乐

双杠动作不仅可以发展身体上肢、肩带及胸背肌肉群的力量和柔韧性，还能提高身体的灵敏度和协调能力。如果选择用双杠动作来锻炼身体，你会如何制订锻炼计划呢？

（1）结合自己身体情况确定锻炼目标。

远期目标（学年目标）：________________

近期目标（周目标）：________________

（2）锻炼方法。

①________________；②________________

③________________；④________________

（3）锻炼次数、强度和时间。

次数：________________

强度：________________

时间：________________

（4）锻炼的注意事项：________________

（5）自己的收获和感悟：________________

第四节 发展柔韧性

一、基本原理

柔韧性主要取决于两个方面：一是关节活动幅度的大小，二是跨过关节的韧带、肌腱和肌肉等软组织的弹性与伸展性。其中，关节的活动幅度是天生的，后天很难改变，但跨过关节的韧带、肌腱和肌肉等软组织的伸展性则可以通过合理的训练得以提高。

二、锻炼方法

（一）手指、手腕的柔韧性练习

（1）握拳，然后伸展，反复练习。

（2）两手十指相触，用力内压，使手臂与手背成直角。

（3）两手十指交叉，直臂向头上翻腕，掌心朝上。

（4）手腕先伸屈，再绕环。

（5）用左手掌心压右手四指，连续推压，然后交换双手，再做一次。

（6）面对墙站立，连续做手指推撑。

（7）左、右手交替抓下落的下球。

（8）靠墙倒立。

（二）肩关节柔韧性练习

（1）面向肋木，双手扶肋木，做体前屈动作，注意压肩。

（2）两人面对面站立，双手扶对方肩，一起做体前屈动作，注意直臂压肩。

（3）面对墙站立，脚尖与墙面相距约一脚距离，双手上举，手掌、手臂、胸部依次触墙，用力压肩。熟练后逐渐加大脚尖与墙面的距离。

（4）两人背对背站立，双手上举，在头顶互握；两人同时做弓箭步，向前拉肩。

（5）背向肋木站立，双手反握肋木，边下蹲边拉肩。

（6）练习各种握法（正握、反握、正反握等握法）的单杠悬垂摆动。

（三）腰腹部柔韧性练习

（1）弓箭步转腰压腿。

（2）两脚前后开立，向左后转，向右后转，来回转腰。

（3）俯身手握脚踝，尽量使头部、胸部、腹部与腿相贴。

（4）站在一定高度的台阶上做体前屈动作，尽量用手触及地面。

（四）胸部柔韧性练习

（1）做俯卧背屈伸动作，注意保持腿不动，积极抬上体、挺胸。

（2）面对墙站立，手掌、手臂贴于墙面，尽量伸臂，挺胸下压，让胸部尽量贴墙。

（3）双手握吊环，身体后仰，使胸挺出。要求充分伸臂、顶背，拉肩部和胸部。

（五）下肢柔韧性练习

（1）压腿。面对肋木站立，将一只脚放在肋木上，另一条腿站立，脚尖朝前，然后勾脚正压，如图 3-12 所示。

（2）踢腿。侧对肋木站立，手扶肋木，做原地正踢（注意勾脚）、侧踢、后踢，然后做行进间正踢、侧踢、后踢。

（3）弓箭步压腿。

（4）跪坐压脚面。

（5）练习用脚内侧、脚外侧、脚跟、脚尖行走。

（6）负重深蹲。要求脚跟不离地，尽量使脚弯曲。

（7）两人面对面坐，双脚互顶，双手相拉，一人前俯，一人后仰。

柔韧性练习之压腿

图 3-12　压腿

积极拓展，感受快乐

为发展学生的柔韧性，培养学生的团结合作精神，请以班级为单位开展趣味传球游戏。同学们自由组合，6～8 人为一组，自行商量确定传球顺序。

游戏方法为第一位同学手持球向前跑 50 m，然后以弯腰进行腿间传球的方式将球递给第二位同学；第二位同学手持球向前跑 50 m，然后以后仰传球的方式将球递给第三位同学，第三位同学手持球向前跑 50 m，然后以侧方传球的方式将球递给第四位同学，依此类推……最先完成传球并到达终点的小组获胜。传球时传球者要确认对方拿到球后再放手，如果中途球掉落，可以捡起来重新传递。

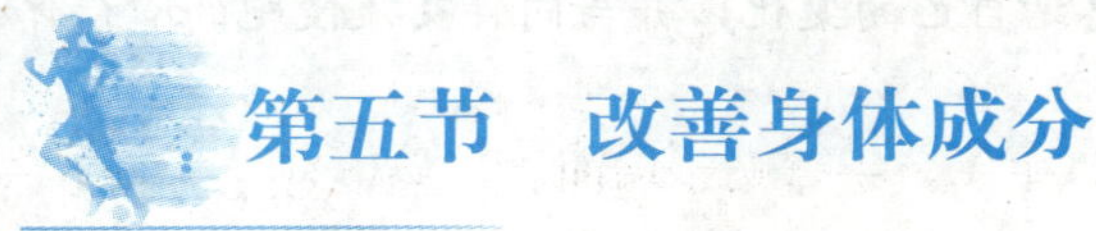

第五节　改善身体成分

一、基本原理

身体成分是指组成人体质量的脂肪重量和去脂体重（又称“瘦体重”）各组成成分的比例，可以用来衡量一个人是否肥胖。

瘦体重是肌肉、皮肤、骨骼、器官、体液及其他非脂肪组织的总和，而肌肉是其最重要的组成部分。瘦体重与体能、有氧代谢、最大摄氧量、肌肉力量等有密切关系。要想减少脂肪重量，增加去脂体重，应减少摄入的热量，同时科学健身，加强体育锻炼，从而消耗热量，达到减脂增肌的目的。

二、锻炼方法

改善身体成分是一个需要长期坚持的过程，需要采用体育锻炼和控制饮食相结合的办法。简单地说，就是既要“迈开腿”，又要“管住嘴”。进行体育锻炼时，应进行中低强度的持续时间较长的有氧运动，如以跑步、骑自行车、跳绳等形式运动 40 min。运动持续的时间越长，越能充分利用身体中的脂肪供能。同时，通过科学饮食来减少热量摄取，就能降低身体的脂肪含量，改善身体成分。

进行体育锻炼和控制饮食贵在坚持，其本质是培养良好的生活习惯。锻炼者可以采用自我监督法、放松法、目标奖励法（见表 3-11）等补充做法调动积极性，培养坚定的意志，最终达到改善身体成分，提升健康水平的目标。

表 3-11　体育锻炼和控制饮食的补充做法

补充做法	具体内容
自我监督法	记录自己每周的体重和每天摄取的食物种类和数量；每周进行一次总结，做到均衡饮食
放松法	通过体育运动或者听音乐等休闲娱乐方式调节情绪，避免由于情绪波动而导致暴饮暴食或断食
目标奖励法	设定阶段目标体重，在完成阶段目标时，可以奖励自己，但不能用食物来奖励

积极拓展，感受快乐

慢跑训练不仅可以锻炼身体，改善身体成分，还可以磨炼意志，培养自律、积极、坚定的意志品质。

请同学们两两结合，共同实施每天慢跑 30 min 的计划，互相监督，坚持每天“打卡”拍照。隔一段时间，总结自己的变化，并与同伴交流慢跑的心得体会。

第四章 我的大学体育

DISIZHANG

学习目标

- 掌握大学体育的组织形式。
- 了解体育俱乐部教学改革探索的情况。
- 了解线上线下融合的体育教学新模式。

素质目标

- 积极参加体育课、早操、课间活动、课余训练、体育竞赛等体育活动。
- 积极参与学校体育俱乐部。
- 灵活运用线上线下融合的锻炼模式，培养锻炼习惯。

第一节　大学体育的组织形式

一、体育教学

体育教学是学校实施体育教育最主要的组织形式，其既是学校体育工作的中心环节，又是实现学校体育目标的基本途径。体育教学分为理论课教学和实践课教学两部分。

（一）理论课教学

理论课教学是指教师根据体育理论教材，按照教学计划和课时进度，系统地向学生传授体育科学知识的过程。其目的是加强学生对体育的理性认识和对体育文化内涵的深刻理解，使学生形成终身进行体育锻炼的意识。

（二）实践课教学

实践课教学是以身体练习为基本手段，以教师为主导，以学生为主体的体育教学过程，是学校实现体育教育目标的基本手段。教师在教学过程中要注意充分调动学生的主观能动性，确定合适的运动负荷，从而有效地锻炼学生的体格，增强学生的体能。

二、课外体育活动

课外体育活动是学校体育的重要组成部分，也是体育教学的延伸与补充。其目的是让学生将课上所学的知识与技能在课外进行具体的实践。课外体育活动主要包括早操与课间活动。

（一）早操

早操既是学生作息制度的组成部分，又是学校维持正常教学秩序的重要环节。做早操是指学生每天早上起床后到室外做操或进行一般性的身体活动。

早操时长一般控制在 15～20 min，因为学生上午要上课，所以早操的活动量不宜太大。早操的内容可以是广播体操，也可以是健身跑和各种身体素质练习。早操的组织形式应为集体活动与个人活动相结合。

大学生坚持做早操不仅可以锻炼个人意志，促进身心健康，而且可以消除早晨起床后大脑的抑制状态，激活机体的生理机能，促使自己以充沛的精力和饱满的热情开始一天的学习生活。

知识窗

出早操是时代发展需求

教育部体育卫生与艺术教育司原司长宋尽贤回忆说，出早操源于中华人民共和国成立初期我国高校准军事化的管理要求。1990 年 10 月 11 日，教育部颁发了《大学生体育合格标准》，该文件规定，大学生每周出早操的次数不得少于 3 次。这一规定也使出早操成为一项制度，在大学里延续了几十年。

在教育部体育卫生与艺术教育司原副司长曲宗湖看来，出早操制度的出台是落实每天锻炼一小时的举措。“从 1979 年到 1985 年，我们开展了全国学生体质健康监测工作，监测结果表明，学生体质处于下降趋势。为了改变这一状况，我们在工作中强调了每天锻炼一小时的重要性，并在有关文件中对大学生出早操做了明确规定。”

经过一番努力，2010 年全国学生体质监测结果表明，大学生体质下滑现象得到明显遏制，但视力不良现象增多。近年来，大学生体质监测结果整体呈不稳定状态，部分大学生的监测结果甚至不如中学生。

长期参与我国学生体质监测工作的教育部体育卫生与艺术教育司巡视员廖文科认为，大学生体质下降既受社会发展、人们出行方式改变的影响，也受网络时代“少动多静”生活方式的影响，有不少大学生晚睡晚起、沉迷上网、不上课、不吃早餐，养成了不良的生活习惯。

大学生体质的好坏不仅关系到个人健康，也关乎家庭幸福和国家安危。相关部门应进行科学引导和管理，决不能听之任之，放任下去。

（二）课间活动

课间活动是指学生利用课间休息的时间在教室外做一些轻松的身体活动。课间活动是一种较好的休息方式，可以为学生注入新的活力与精力，从而提高其学习效率。

三、课余体育训练

课余体育训练是在普及群众性体育运动的基础上，对部分热爱体育运动、身体素质良好、有专项运动特长的大学生进行系统的体育训练的过程。

课余体育训练有两个目的，一是提高大学生的运动水平，为不同层次的体育比赛选拔人才；二是为学校培养体育骨干，以便指导与推动群众性体育运动的开展。

课余体育训练必须根据大学生的年龄特点、运动基础、生理特点和心理特点制订专门的训练计划，必须遵循体育训练的原则，采用科学的训练方法进行训练，以确保大学生在增强体质的基础上进行力所能及的课余体育训练，切实提高其运动水平和运动成绩。

四、课余体育竞赛

课余体育竞赛是大学生课余参加的校内和校外体育运动竞赛的统称。课余体育竞赛具有竞争性与趣味性的特点，是推动学校群众性体育运动开展的有效形式，具有振奋人心、鼓舞热情、宣传体育精神和增强学生体质的作用。课余体育竞赛能够体现体育教学、课外体育活动和课余体育训练的效果，还能加强学生之间的交流，增强大学生的团队意识与集体意识。

知识窗

体育社团及运动队

学校体育社团及运动队是由本校学生基于对某项体育运动的共同兴趣和爱好自愿组成、经学校批准成立并由体育教师统一管理的学生组织。学校体育社团及运动队是学校开展体育活动的重要组织形式，也是学校开展全民健身和阳光体育运动的重要途径。

一般来说，学校会开设篮球、羽毛球、乒乓球、田径、游泳、足球、网球、棒垒球、排球、跆拳道、剑道、健美操等社团及运动队，每周在固定时间开展活动。运动队的成员大多是在社团活动中脱颖而出或通过竞赛选拔出来的，他们会代表学校参加市、区各级各类体育比赛，为校争光。

体育社团及运动队透过体育竞赛向外界展示本校学生的风采和实力。这种体育组织形式为学生创设了开发潜能、激活兴趣的舞台，同时丰富了学生的校园文化生活。

第二节　体育俱乐部教学改革探索

一、大学体育俱乐部概述

体育俱乐部是一种群众性体育组织，既指体育爱好者为增进身体健康和促进相互间的和谐关系而自发结合的开展经常性体育活动的组织，也指群众体育活动的场所或具体活动。

（一）大学体育俱乐部的主要形式

大学体育俱乐部主要有以下两种模式：一是由学校体育教研室所组建的体育教学俱乐部，二是由学生社团组织或体育爱好者自发组织成立的课外体育锻炼俱乐部。

体育教学俱乐部是指针对体育教学授课对象中具有共同体育锻炼爱好的大学生，基于

其生理、心理、社会和自我完善等需要，以素质教育、健康教育和完成教学任务为目标，从大课程观出发，在任课单元内专门实施的体育项目教学、训练、竞赛与能力培养等教学活动。它与课外体育锻炼、群体竞赛和运动训练有机地融为一体，并纳入“体育大课程”之中，成为一种综合性的体育教学活动。

课外体育锻炼俱乐部是指针对具有共同体育爱好的大学生，基于其生理、心理、社会和自我完善的需要，以丰富业余生活、提高技战术水平、振奋团队精神和实现自我等为目标，在课余时间实施专门项目的体育锻炼、运动竞赛与能力培养等活动。

（二）国内外大学体育俱乐部

19 世纪初，许多进入大学的美国学生将自己家乡的体育活动形式带到校园里，并在班级之间开展多种多样的体育比赛，大学体育俱乐部随之开始萌芽。1843 年，耶鲁大学成立了划船俱乐部，1850 年，哈佛大学成立了常青藤体育俱乐部，1857 年，圣保罗学院成立了划船俱乐部、板球俱乐部。1922 年，美国成立了高校体育俱乐部指导者联合会。

美国高校体育俱乐部的种类很多，每个俱乐部人数一般为 10～45 人。目前美国各大学有各类单项体育俱乐部 12 000～16 000 个，平均每 10 个学生就对应一个体育俱乐部。美国的大学体育俱乐部一般分为甲、乙、丙三个等级。其中，甲级俱乐部是最高水平的运动俱乐部，许多甲级俱乐部培养出了职业运动员，学校通常会为甲级俱乐部成员提供奖学金；乙级俱乐部为一般水平的运动俱乐部；丙级为传统的课余体育俱乐部，旨在丰富学生的课余文化生活。

日本的大学体育俱乐部包括课内必修俱乐部与课外自由俱乐部。其中，课外自由俱乐部与社会体育联系密切。近年来，日本一直提倡面向社会开放学校体育设施，同时鼓励学校积极利用社会体育设施，使体育设施社会化程度不断提高。在日本，学校体育正成为社会体育的有机组成部分。

在我国，较早实施体育教学俱乐部制的大学有浙江大学、深圳大学等。目前我国高校建立的体育俱乐部以单项俱乐部居多，受到了大学生的广泛欢迎。大学生参与体育俱乐部的动机多种多样，主要有健康动机（如增强体质、改善身体成分、缓解学习压力等）、交往动机（如扩大交际范围、加深友谊等）和成就动机（如提高运动技术水平、提高体育文化素养等）。

二、大学体育俱乐部的组织与管理

（一）体育教学俱乐部的组织与管理

1. 体育教学俱乐部的设置

俱乐部的设置原则是顺应社会发展趋势，以人才培养目标为依据，根据学校现有的体育场地设施、师资结构和学生需求等进行设置。目前较普及的有篮球、排球、足球、网球、乒乓球、羽毛球、健美操、体育舞蹈、健身运动、跆拳道、野外生存的单项体育俱乐部。

2．体育教学俱乐部的选课工作

学校应利用宣传栏、广播、网络等多种信息平台和渠道发布选课信息，让广大学生在选课以前能基本了解体育教学俱乐部的项目设置、组织形式、活动内容和教师的基本情况。学生可根据自己的兴趣爱好自由选择想参加的体育教学俱乐部。有条件的学校可开发体育俱乐部选课系统，让学生通过网络进行选课。

3．体育教学俱乐部的教学形式

体育教学俱乐部的教学形式可以概括为教师依据学期教学计划、学生的实际情况制订以“教学模块”为单元的教学计划，灵活实施教学。在教学过程中教师可采用集中辅导与个别辅导相结合的方式及“以赛带练”“以赛促练”的方式，不断提高和巩固大学生对运动项目的兴趣，促进大学生运动技术与运动技能水平的提高。

4．体育教学俱乐部的学习效果评价

首先，体育教学俱乐部的学习效果评价应采取过程评价和结果评价相结合的方法。在进行评价时，应注重学生的实际参与过程，注重学生平时参与体育教学俱乐部活动的具体表现，注重学生个体的差异性，注重学生在运动竞赛中所取得的成绩、名次，以及进步情况。其次，体育教学俱乐部的学习效果评价应采取定量评价与定性评价相结合的方式，客观公正地评价每位大学生的体育学习情况。

（二）课外体育俱乐部的组织与管理

1．课外体育俱乐部的组织

课外体育锻炼俱乐部的组织形式主要有以下几种：

（1）由体育教研室组织。体育教研室根据学校现有的场地设施、器材、师资、经费和设置的体育项目等具体情况，组建相应的体育俱乐部。

（2）由大学社团组织。大学社团为丰富学生的业余文化生活，根据学生的爱好与要求组织各类社团，其中包括课外体育俱乐部。

（3）由体育教师个人组织。体育教师根据学生需求和自身的专业特长组织课外体育俱乐部。此类俱乐部一般涵盖社会上比较流行的运动项目，常见的有跆拳道俱乐部、轮滑俱乐部等。

（4）由体育爱好者自由结合。大学生根据自身爱好，以“小团体”形式自由结合组成单项体育俱乐部，常见的有足球俱乐部、篮球俱乐部、网球俱乐部、羽毛球俱乐部等。

2．课外体育俱乐部的指导

（1）学校指派教师指导。学校根据体育俱乐部的特点，指派具有一定专业技术水平的专职体育教师进行指导。此类指导工作多与学校体育工作和任务密切相关。

（2）体育教师组织指导。部分体育教师根据自己的专业特长，利用课余时间指导相关俱乐部的活动。

（3）大学社团聘请具有一定专业技术的校外人员进行指导。

（4）校外具有一定技术水平的人员自愿参与指导工作。

第三节　线上线下融合的体育教学新模式

一、线上线下融合的课程设置

大学体育课程设置通常采取课内、课外一体化，线上、线下相结合的形式。

大学一年级一般开设体育公共必修课和公共选修课，以学生体育竞赛、体育社团和早晚锻炼作为身体锻炼的补充手段，以体质测试作为学生身体健康状况的监测手段。大学二年级一般在大学一年级的基础上增设网络选修课程，开辟学生学习体育知识的新渠道。大学三、四年级学生会逐步走出校门参与定岗实践，在校内时间明显缩短，因此学校通常会取消早晚锻炼，保留网络课程。学生可以根据自己的时间安排，自主选择选修项目。

在“互联网+”形势下，不少学校还会采用课堂教学与课外体育锻炼相结合的教学模式，开发慕课、微课等网络教学课程，为学生提供网络学习平台，作为课堂教学的补充。

二、线上线下融合的教学与锻炼模式

线上线下融合的教学与锻炼模式包括以下几个方面。

一是教材创新。教材在原本以文字、图片传授知识的基础上，针对每章节内容配备图片、音频、视频等资源。学生用一部移动终端设备轻松一扫便可获得新的学习体验，可以手捧图书、眼看视频、耳听声音，更有利于学生掌握和理解相关知识，极大地提高了学生的阅读兴趣。

二是搭建网络教学及服务平台，应包含体育健康知识、运动项目学习、身体素质锻炼等模块。教师根据自身所授课程筛选网络优质资源，或根据教学所需录制授课视频，通过网络教学及服务平台与学生共享。网络学习模式促进学生充分利用碎片化时间，巩固所学知识，进一步提升运动技能、实践能力和核心素养。

三是利用大数据的存储、计算、分析技术服务专业梯队建设，或为专业赛事提供数据服务等。学校还可以针对大学生每年一次的体质测试达标情况，按年级、性别建立数据库，基于数据分析学生的身体素质、运动情况等。以具体数据为导向，合理制定教学内容、身体素质锻炼重点以及相应的考核内容，使教学活动和训练活动更具有针对性。

四是利用移动终端设备进行课外指导。教师可以利用微信群、QQ 群或直播平台，与学生分享精彩比赛片段、健身视频等优质教学资源，还可以布置作业或在线答疑。学生可以反馈学习情况、训练情况或进行提问。

五是将物联网技术应用于体育锻炼。为健身器材配置二维码，通过扫描健身器材上的二维码，学生可观看健身器材的使用说明和锻炼方法，便于掌握科学的健身方法。教师利用物联网技术，结合校园一卡通构建“智慧健身”综合管理平台，借此掌握学生的运动频率、运动量、项目选择及运动场人流量等，从而对健身器材、运动场馆、健身指导等进行统筹安排。

六是利用运动软件实现教师与学生的沟通交流，便于教师根据学生的健身习惯、娱乐习惯、比赛情况、社交特点等因材施教，从而满足学生的个性化锻炼需求。

第五章 体质健康测试

DIWUZHANG

学习目标

- 了解《国家学生体质健康标准（2014 年修订）》的说明、评价指标与分值。
- 熟悉《国家学生体质健康标准（2014 年修订）》的项目。

素质目标

- 能顺利完成《国家学生体质健康标准（2014 年修订）》的测试项目。
- 会运用锻炼方法使自己达到《国家学生体质健康标准（2014 年修订）》的要求。
- 在测试的过程中认真对待，实事求是，不弄虚作假。

第一节 《国家学生体质健康标准》的说明、评价指标与分值

大学生体质健康评价是高等学校体育工作的重要环节，也是学校教育评价体系的重要组成部分。建立全面、科学的学生体质健康评价体系，可使学生自身、家长、学校、社会等各方面及时了解学生的身体健康状况，促使学生调整自己的学习和锻炼目标，并为学校和教育管理部门制订和调整体育教育政策提供科学依据。

为贯彻落实“健康第一”的指导思想，切实加强学校体育工作，促进学生积极参加体育锻炼，养成良好的锻炼习惯，提高体质健康水平，教育部于 2014 年 7 月颁布了最新的《国家学生体质健康标准（2014 年修订）》（以下简称《标准》）。

《标准》评价指标体系包括三个部分：身体形态、身体机能和身体素质指标。其目的是了解各年级学生体质健康状况的基本水平，并通过检测与评价各年级学生体质健康状况，实现该标准的功能。

下面我们就结合修订后的《标准》，简要介绍一下大学生体质健康评价的要点与方法。

一、《标准》说明

（1）《标准》是国家学校教育工作的基础性指导文件和教育质量基本标准，是评价学生综合素质、评估学校工作和衡量各地教育发展的重要依据，是《国家体育锻炼标准》在学校的具体实施，适用于全日制普通小学、初中、普通高中、中等职业学校、普通高等学校的学生。

（2）《标准》的修订坚持“健康第一”的指导思想，落实相关要求，着重提高《标准》应用的信度、效度和区分度，着重强化其教育激励、反馈调整和引导锻炼的功能，着重提高其教育监测和绩效评价的支撑能力。

（3）《标准》从身体形态、身体机能和身体素质等方面综合评定学生的体质健康水平，是促进学生体质健康发展、激励学生积极进行身体锻炼的教育手段，是国家学生发展核心素养体系和学业质量标准的重要组成部分，是学生体质健康的个体评价标准。

（4）《标准》将适用对象中的普通高等学校学生划分为大学一、二年级为一组，三、四年级为一组。

（5）大学各组别的测试指标均为必测指标。其中，身体形态类中的身高、体重，身体机能类中的肺活量，以及身体素质类中的 50 m 跑、坐位体前屈为各年级学生共性指标。

（6）本标准的学年总分由标准分与附加分之和构成，满分为 120 分。标准分由各单项指标得分与权重乘积之和组成，满分为 100 分。附加分根据实测成绩确定，即对成绩超

过 100 分的加分指标进行加分，满分为 20 分；大学的加分指标为男生引体向上和 1 000 m 跑，女生 1 min 仰卧起坐和 800 m 跑，各指标加分幅度均为 10 分。

（7）根据学生学年总分评定等级：90.0 分及以上为优秀，80.0～89.9 分为良好，60.0～79.9 分为及格，59.9 分及以下为不及格。

二、大学生体质健康评价指标与分值

《标准》中对大学生体质健康的评价指标与权重做了详细说明，如表 5-1 所示。

表 5-1 大学生体质健康标准评价指标与权重

评价指标（测试项目）	权重/%	备注
体重指数（BMI）	15	必测
肺活量	15	必测
50 m 跑	20	必测
坐位体前屈	10	必测
立定跳远	10	必测
引体向上（男）/1 min 仰卧起坐（女）	10	必测
1 000 m 跑（男）/800 m 跑（女）	20	必测

注：体重指数（BMI）=体重（单位：kg）/身高 ^{2}（单位：m）。

表 5-2 至表 5-9 是具体的评分标准及加分标准。

表 5-2 男女生体重指数（BMI）单项评分表

单位：kg/m^2

等级	单项得分	男生	女生
正常	100	17.9～23.9	17.2～23.9
低体重	80	≤17.8	≤17.1
超重		24.0～27.9	24.0～27.9
肥胖	60	≥28.0	≥28.0

表 5-3 男生/女生肺活量单项评分表

单位：mL

等级	单项得分	男生		女生	
		大一、大二	大三、大四	大一、大二	大三、大四
优秀	100	5 040	5 140	3 400	3 450
	95	4 920	5 020	3 350	3 400
	90	4 800	4 900	3 300	3 350

（续表）

等级	单项得分	男生		女生	
		大一、大二	大三、大四	大一、大二	大三、大四
良好	85	4 550	4 650	3 150	3 200
	80	4 300	4 400	3 000	3 050
及格	78	4 180	4 280	2 900	2 950
	76	4 060	4 160	2 800	2 850
	74	3 940	4 040	2 700	2 750
	72	3 820	3 920	2 600	2 650
	70	3 700	3 800	2 500	2 550
	68	3 580	3 680	2 400	2 450
	66	3 460	3 560	2 300	2 350
	64	3 340	3 440	2 200	2 250
	62	3 220	3 320	2 100	2 150
	60	3 100	3 200	2 000	2 050
不及格	50	2 940	3 030	1 960	2 010
	40	2 780	2 860	1 920	1 970
	30	2 620	2 690	1 880	1 930
	20	2 460	2 520	1 840	1 890
	10	2 300	2 350	1 800	1 850

表 5-4　男生/女生 50 m 跑单项评分表

单位：s

等级	单项得分	男生		女生	
		大一、大二	大三、大四	大一、大二	大三、大四
优秀	100	6.7	6.6	7.5	7.4
	95	6.8	6.7	7.6	7.5
	90	6.9	6.8	7.7	7.6
良好	85	7.0	6.9	8.0	7.9
	80	7.1	7.0	8.3	8.2
及格	78	7.3	7.2	8.5	8.4
	76	7.5	7.4	8.7	8.6
	74	7.7	7.6	8.9	8.8
	72	7.9	7.8	9.1	9.0

（续表）

等级	单项得分	男生		女生	
		大一、大二	大三、大四	大一、大二	大三、大四
及格	70	8.1	8.0	9.3	9.2
	68	8.3	8.2	9.5	9.4
	66	8.5	8.4	9.7	9.6
	64	8.7	8.6	9.9	9.8
	62	8.9	8.8	10.1	10.0
	60	9.1	9.0	10.3	10.2
不及格	50	9.3	9.2	10.5	10.4
	40	9.5	9.4	10.7	10.6
	30	9.7	9.6	10.9	10.8
	20	9.9	9.8	11.1	11.0
	10	10.1	10.0	11.3	11.2

表 5-5　男生/女生坐位体前屈单项评分表

单位：cm

等级	单项得分	男生		女生	
		大一、大二	大三、大四	大一、大二	大三、大四
优秀	100	24.9	25.1	25.8	26.3
	95	23.1	23.3	24.0	24.4
	90	21.3	21.5	22.2	22.4
良好	85	19.5	19.9	20.6	21.0
	80	17.7	18.2	19.0	19.5
及格	78	16.3	16.8	17.7	18.2
	76	14.9	15.4	16.4	16.9
	74	13.5	14.0	15.1	15.6
	72	12.1	12.6	13.8	14.3
	70	10.7	11.2	12.5	13.0
	68	9.3	9.8	11.2	11.7
	66	7.9	8.4	9.9	10.4
	64	6.5	7.0	8.6	9.1
	62	5.1	5.6	7.3	7.8
	60	3.7	4.2	6.0	6.5

（续表）

等级	单项得分	男生		女生	
		大一、大二	大三、大四	大一、大二	大三、大四
不及格	50	2.7	3.2	5.2	5.7
	40	1.7	2.2	4.4	4.9
	30	0.7	1.2	3.6	4.1
	20	-0.3	0.2	2.8	3.3
	10	-1.3	-0.8	2.0	2.5

表 5-6　男生/女生立定跳远单项评分表

单位：cm

等级	单项得分	男生		女生	
		大一、大二	大三、大四	大一、大二	大三、大四
优秀	100	273	275	207	208
	95	268	270	201	202
	90	263	265	195	196
良好	85	256	258	188	189
	80	248	250	181	182
及格	78	244	246	178	179
	76	240	242	175	176
	74	236	238	172	173
	72	232	234	169	170
	70	228	230	166	167
	68	224	226	163	164
	66	220	222	160	161
	64	216	218	157	158
	62	212	214	154	155
	60	208	210	151	152
不及格	50	203	205	146	147
	40	198	200	141	142
	30	193	195	136	137
	20	188	190	131	132
	10	183	185	126	127

表 5-7 男生 1 min 引体向上/女生 1 min 仰卧起坐单项评分表

单位：次

等级	单项得分	男生		女生	
		大一、大二	大三、大四	大一、大二	大三、大四
优秀	100	19	20	56	57
	95	18	19	54	55
	90	17	18	52	53
良好	85	16	17	49	50
	80	15	16	46	47
及格	78			44	45
	76	14	15	42	43
	74			40	41
	72	13	14	38	39
	70			36	37
	68	12	13	34	35
	66			32	33
	64	11	12	30	31
	62			28	29
	60	10	11	26	27
不及格	50	9	10	24	25
	40	8	9	22	23
	30	7	8	20	21
	20	6	7	18	19
	10	5	6	16	17

表 5-8 男生/女生耐力跑单项评分表

单位：分·秒

等级	单项得分	男生（1 000 m）		女生（800 m）	
		大一、大二	大三、大四	大一、大二	大三、大四
优秀	100	3′17″	3′15″	3′18″	3′16″
	95	3′22″	3′20″	3′24″	3′22″
	90	3′27″	3′25″	3′30″	3′28″
良好	85	3′34″	3′32″	3′37″	3′35″
	80	3′42″	3′40″	3′44″	3′42″

（续表）

等级	单项得分	男生（1 000 m）		女生（800 m）	
		大一、大二	大三、大四	大一、大二	大三、大四
及格	78	3′47″	3′45″	3′49″	3′47″
	76	3′52″	3′50″	3′54″	3′52″
	74	3′57″	3′55″	3′59″	3′57″
	72	4′02″	4′00″	4′04″	4′02″
	70	4′07″	4′05″	4′09″	4′07″
	68	4′12″	4′10″	4′14″	4′12″
	66	4′17″	4′15″	4′19″	4′17″
	64	4′22″	4′20″	4′24″	4′22″
	62	4′27″	4′25″	4′29″	4′27″
	60	4′32″	4′30″	4′34″	4′32″
不及格	50	4′52″	4′50″	4′44″	4′42″
	40	5′12″	5′10″	4′54″	4′52″
	30	5′32″	5′30″	5′04″	5′02″
	20	5′52″	5′50″	5′14″	5′12″
	10	6′12″	6′10″	5′24″	5′22″

表 5-9　大学生加分指标评分表

加分	男生 1 min 引体向上/次		女生 1 min 仰卧起坐/次		男生 1 000 m 跑/s		女生 800 m 跑/s	
	大一、大二	大三、大四	大一、大二	大三、大四	大一、大二	大三、大四	大一、大二	大三、大四
10	10	10	13	13	−35″	−35″	−50″	−50″
9	9	9	12	12	−32″	−32″	−45″	−45″
8	8	8	11	11	−29″	−29″	−40″	−40″
7	7	7	10	10	−26″	−26″	−35″	−35″
6	6	6	9	9	−23″	−23″	−30″	−30″
5	5	5	8	8	−20″	−20″	−25″	−25″
4	4	4	7	7	−16″	−16″	−20″	−20″
3	3	3	6	6	−12″	−12″	−15″	−15″
2	2	2	4	4	−8″	−8″	−10″	−10″
1	1	1	2	2	−4″	−4″	−5″	−5″

注：引体向上、1 min 仰卧起坐均为高优指标，学生成绩超过单项评分 100 分后，以超过的次数所对应的分数进行加分；1 000 m 跑、800 m 跑均为低优指标，学生成绩低于单项评分 100 分后，以减少的秒数所对应的分数进行加分。

第二节　《国家学生体质健康标准》的项目

为了便于大家进一步了解和实施《标准》，下面简要介绍一下主要测试项目的测试意义、所需测试器材及具体的测试方法。

一、体重指数

该项目是将身高和体重综合起来，以每厘米身高的体重来确定学生的体形匀称度，可反映学生是营养不良、正常体重，还是超重和肥胖。

大学生体质健康测试项目

如果所测得的体重指数数值小于或大于同年龄段的体重指数的范围，就说明身体的匀称度欠佳，需要通过调整饮食结构或积极参加体育运动来增加肌肉组织或减少体内多余的脂肪。

（一）测试器材

测试器材为身高体重测量仪。

（二）测试方法

受试者赤足，立正姿势站在测试仪托盘上，同时上肢自然下垂，足跟并拢，足尖分开约成 60°，足跟、骶骨部及两肩胛区同时与立柱相接触，躯干自然挺直，头部直立，耳屏上缘与眼眶下缘齐平，如图 5-1 所示。

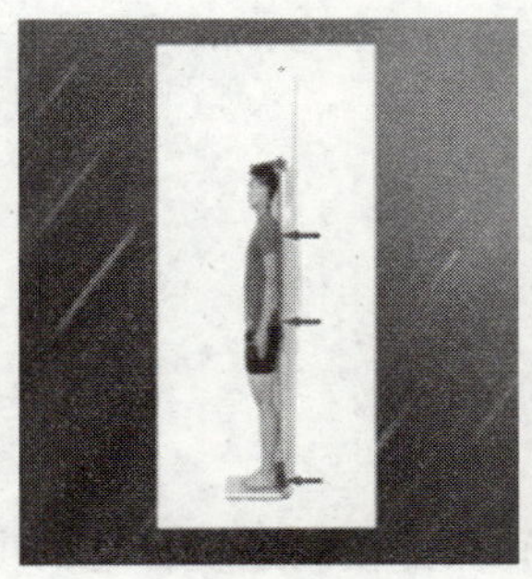

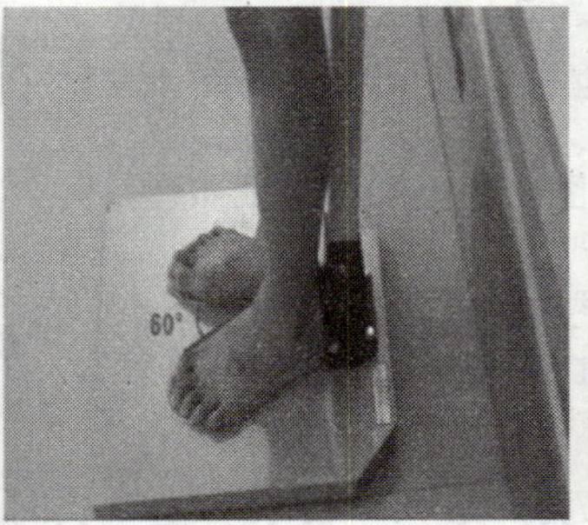

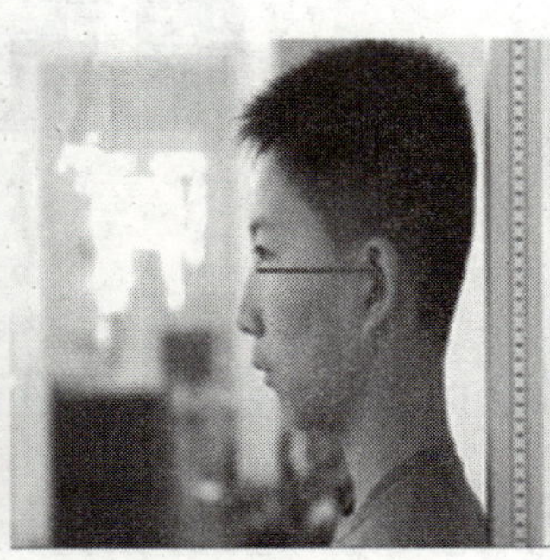

图 5-1　身高体重测试

测试者站在受试者右侧，将水平压板轻轻沿立柱下滑，轻压于受试者头顶，然后读出身高测量结果，读数时注意双眼与压板水平面一致。接着读出体重测量结果，并将其记录下来。

身高的测量单位为 cm，测量结果精确到 1 位小数，测量误差不得超过 0.5 cm。体重的测量单位为 kg，测量结果精确到 1 位小数，测量误差不得超过 0.1 kg。

二、肺活量体重指数

肺活量是指在不限时间的情况下，一次最大吸气后再尽最大气量所呼出的气体量，单位为 mL。它是反映人体呼吸系统机能状况、人体生长发育水平的重要机能指标之一。

（一）测试器材

测试器材为电子肺活量计和干燥的一次性吹嘴。

（二）测试方法

将电子肺活量计放置在平稳桌面上。受试者面对仪器站立，手持吹嘴，试吹一至两次，检查仪器表有无反应和吹嘴或鼻处是否漏气。如果仪器一切正常，受试者深吸气，然后屏住气对准吹嘴尽力深呼气，直到不能呼气为止。此时液晶屏上显示的数字即为肺活量值。测试中不得二次吸气、吹气，被测者也不必紧张，以中等速度和力度吹气效果最好。每位受试者测 3 次，每次间隔 15 s。测试者记录每次数值，选取最大值作为测试结果。具体如图 5-2 所示。

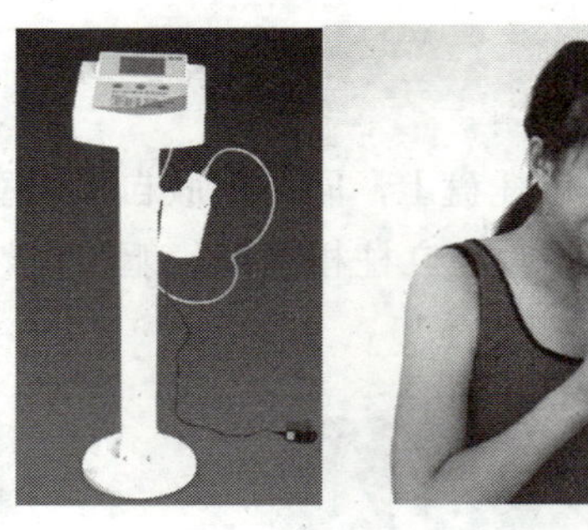

图 5-2　肺活量测试

三、1 000 m 跑（男）、800 m 跑（女）与 50 m 跑

1 000 m 跑（男）与 800 m 跑（女）是一项要求学生较长时间保持较高速度行进的项目，是对学生的速度、耐力、协调性、灵敏性和柔韧性等要求较高的体能类测试项目。

50 m 跑是国际上通用的测试项目，通过较短距离的高强度跑步测试学生的速度素质。速度素质可以反映人体中枢神经系统的机能状态和神经与肌肉的调节机能，也可以综合反映人体的爆发力、反应速度、柔韧性等素质。

（一）测试器材

400 m、300 m、200 m 田径场跑道，发令旗一面，秒表若干块。

（二）测试方法

受试者至少两人一组进行测试，以站立式预备，当听到“跑”口令后开始起跑。发令员在发出口令的同时摆动发令旗，此时计时员开始计时。当受试者身体到达终点线的垂直面时，停止计时。具体如图 5-3 所示。

1 000 m 跑（男）与 800 m 跑（女）的测量单位为 min 和 s，测试结果不计小数；50 m 跑的测量单位为 s，测试结果保留 1 位小数。

图 5-3　跑步测试

四、立定跳远

立定跳远是测试爆发力的项目，爆发力是在最短时间内发挥的最大力量。爆发力的大小不仅取决于力量，而且取决于力量和速度的配合。

立定跳远的测量单位为 cm，测试结果只保留整数。

（一）测试器材

测试器材为沙坑、丈量尺。

（二）测试方法

受试者两脚自然分开，站立在起跳线后，脚尖不得踩线，跳跃时两脚同时起跳，不得有垫步或连跳动作。每人试跳 3 次。具体如图 5-4 所示。

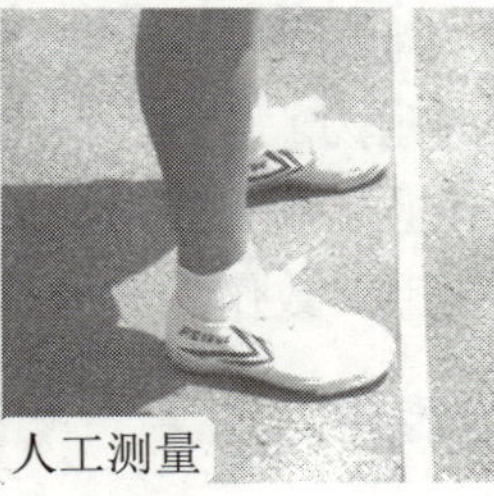

图 5-4　立定跳远测试

立定跳远的距离是指起跳线后缘至最近着地点后缘的垂直距离。测试结果取 3 次成绩中最好的一次。

五、引体向上（男）

引体向上主要测试上肢肌肉力量的发展水平，为男性上肢力量的考查项目，也是衡量男性体质的重要参考标准和项目之一。

（一）测试器材

准备高单杠或高横杠若干，杠的粗细以受试者手能握住为准。

（二）测试方法

受试者面向单杠，自然站立；然后向后摆动双臂，跳起，双手分开与肩同宽，正握杠，身体成直臂悬垂姿势。待身体停止晃动后，双臂同时用力，向上引体（身体不能有任何附加动作）；当下颌超过横杠上缘时，还原，成直臂悬垂姿势，为完成 1 次。测试人员记录受试者完成的次数。以次为单位。具体如图 5-5 所示。

图 5-5 引体向上测试

六、仰卧起坐（女）

仰卧起坐是一种比较安全地测试腹肌力量和耐力的项目。由于腹肌在仰卧起坐中发挥主要作用的同时，髋部肌肉也参与了工作，所以，这种测试既能够反映腹肌的耐力，也能够反映髋部肌肉的耐力。女生这两部分肌肉的力量和耐力与其某些生理功能有密切的联系，因此，仰卧起坐被单独列为女生的一个测试项目。

仰卧起坐直接用次数作为评价指标。

（一）测试器材

测试器材为垫子、秒表。

（二）测试方法

受试者身体仰卧于地垫上，膝部屈成 90°左右，两手指交叉于脑后，找同伴帮忙压住其踝关节，以便固定下肢；腰部发力将上体卷起，然后缓慢下降使身体复位。受试者起坐时两肘触及或超过双膝为完成 1 次，仰卧时两肩胛必须触垫，连续做 1 min。具体如图 5-6 所示。

图 5-6　仰卧起坐测试

七、坐位体前屈

坐位体前屈是用于反映人体柔韧性的测试项目。柔是指肌肉、韧带拉长的范围；韧是指肌肉、韧带保持一定长度的力量。柔韧性对于保护关节不受损伤具有重要意义。长时间缺乏柔韧性练习，可导致关节或关节周围软组织发生变性、挛缩，甚至粘连，因而限制了关节的运动幅度，牵拉时必然产生疼痛，所以扩大关节运动的幅度即扩大了人体活动的无痛范围。

（一）测试器材

测试仪器为坐位体前屈测试计。

（二）测试方法

受试者双腿伸直，两脚距离 10～15 cm，平蹬测试纵板坐在平地上。测试时，受试者上体前屈，双臂伸直向前，两手并拢，并用两手的中指尖轻轻推动标尺上的游标，直到不能向前推动为止，如图 5-7 所示。

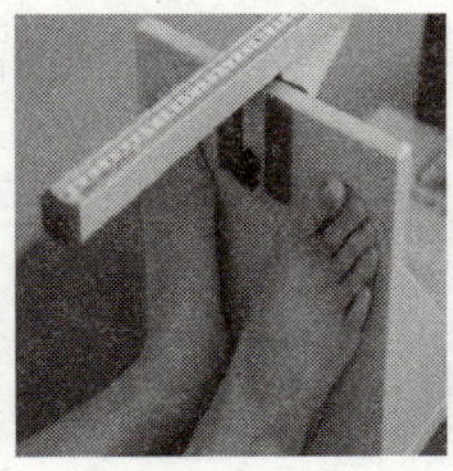

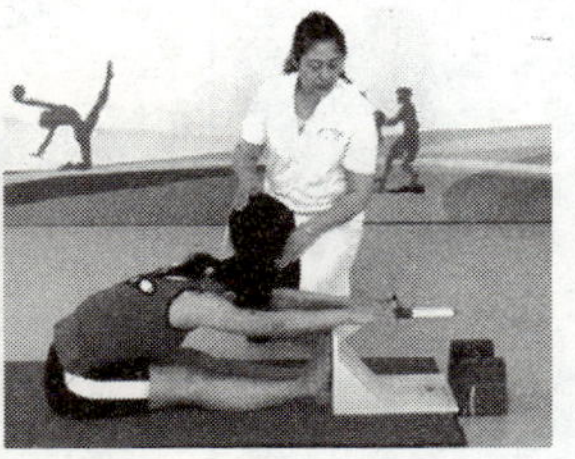

图 5-7　坐位体前屈测试

坐位体前屈的测量单位为 cm，测试结果精确到 1 位小数，然后查表评分。

第六章 大球运动

DILIUZHANG

学习目标

- 掌握篮球的基本技术、基本战术、场地、比赛规则和课外专项训练方法。
- 掌握排球的基本技术、基本战术、场地、比赛规则和课外专项训练方法。
- 掌握足球的基本技术、基本战术、场地、比赛规则和课外专项训练方法。

素质目标

- 在提升技术水平的同时，了解篮球文化、排球文化和足球文化。
- 在训练中表现积极、认真，发扬拼搏精神。
- 培养团队合作意识和顽强拼搏的意志品质。

第一节 篮 球

一、篮球概述

三分钟了解篮球运动

篮球运动起源于美国，是以投篮为核心，以得分多少决胜负的体育项目，具有集体性、对抗性和时空性的特点。篮球运动不仅能使参与者的身体在力量、速度、灵敏度和弹跳力等方面得到发展，而且可以培养参与者的集体荣誉感、严格的组织纪律性和顽强的意志品质。

体育树人

所谓篮球精神，就是将自己的感情投入篮球运动中，把篮球当成自己的亲人、自己的朋友。不管比赛是输是赢，都有篮球和队友陪伴自己，一起奋斗、一起拼搏、一起奉献，没有自私、没有不信任，永不言弃、团结拼搏。

篮球是圆的——要团结起来！

篮球是需要传递的——要相互协作！

篮球比赛是在争抢中进行的——要有竞争意识！

篮球比赛中每一分的取得都不容易——要有不屈不挠、顽强拼搏的精神！

篮球比赛的比分随时都会改写——要有坚持不懈、永不放弃的精神！

篮球比赛中对一个球的处理可能关乎胜负大局——要注重细节，细节决定成败！

篮球比赛的胜负是用实力说话的——要打好基础，抓好平时训练！

二、基本技术

篮球的基本技术是指在篮球运动中，运动员为了攻守目的所运用的各种专门动作的总称，主要包括脚步移动、传接球、运球和投篮等。

（一）脚步移动

脚步移动是指在篮球运动中，运动员为了争取时间和空间上的主动优势所运用的各种脚步动作的总称，主要包括起动、跑、急停、滑步和转身等。脚步移动是运动员在篮球比赛中能够机动、灵活地应用战术的基础。

1. 基本站立姿势

基本站立姿势是脚步移动的准备姿势，以便运动员运用各种技术动作。

动作要领：两脚前后或左右开立，与肩同宽，两膝微屈，重心落于两脚间，上体稍向前倾，两臂自然垂落于体侧，双眼注视全场情况。

2. 起动

起动是指运动员在球场上由静止状态变为运动状态的起始动作，一般用于在攻、守中抢占有利位置的行动中。起动包括向前方起动与向侧方起动。

动作要领：从基本站立姿势开始，向左侧起动时，重心左移，上体迅速左转，左脚不动，右脚前脚掌用力蹬地并向左跨出，两臂自然摆动；向前或向右起动与向左起动的动作要领相似，只是起动的方向不同而已。

3. 跑

跑是篮球运动中最基本的移动技术，包括侧身跑、变速跑、变向跑和后退跑等。其中，以侧身跑与变速跑较为常用。

侧身跑是指运动员为了在跑动中抢位、摆脱防守、接侧方或侧后方的传球而采取的一种跑动方法。

动作要领：在跑动过程中，两脚尖正对跑动方向，头和上体转向球的方向。

变速跑是指运动员在跑动过程中改变跑的速度（加速或减速）的一种方法。

动作要领：运动员在跑动的过程中，若要加速，则应上体前倾，两脚掌连续交替向后蹬地，同时迅速摆臂；若要减速，则应上体直起，加大步幅，用前脚掌抵地，缓冲减速。

4. 急停

急停是指进攻队员在快速跑动的过程中，突然制动并成静止状态的一种技术动作。常用的急停包括跨步急停和跳步急停两种。

（1）跨步急停。

动作要领：停步时，一只脚向前跨出一大步，由脚跟着地过渡到全脚掌抵地，同时迅速曲膝，上体后仰；另一只脚紧随着地时，脚尖内旋，身体顺势侧转，前脚掌内侧蹬地；两臂曲肘张开，保持身体平衡。

（2）跳步急停。

动作要领：停步时，双脚起跳，上体稍向后仰，两臂自然摆动，两脚同时平行落地，曲膝降低身体重心，两臂曲肘张开，保持身体平衡。

5. 滑步

滑步是运动员在防守时移动的主要步法。常用的滑步包括侧滑步、前滑步和后滑步 3 种步法。

（1）侧滑步。

动作要领：开始滑步前，两脚左右开立，微曲膝，两臂侧张开。向左滑步时，身体重心左移，左脚向左跨出一步，落地的同时，右脚迅速滑行跟进，即可完成一步侧滑，然后重复上述动作，如图 6-1 所示；向右滑步的动作与向左滑步相似，只是滑步的方向与之相反。

图 6-1 向左侧滑步

（2）前滑步。

动作要领：开始滑步前，两脚前后开立，微曲膝，两臂前后张开。向前滑步时，身体重心前移，前脚向前跨一步，在其落地的同时，后脚迅速滑行跟进，即可完成向前滑一步，然后重复上述动作；向后滑步的动作与向前滑步相似，只是滑步的方向相反。

6．转身

转身是指运动员以一只脚做轴（中枢脚），另一只脚蹬地并向前或向后跨出，身体顺势转动，以改变身体方向的一种方法。转身包括前转身和后转身两种方式。

（1）前转身。

动作要领：转身时（以右脚为中枢脚），左脚前脚掌向外蹬地，同时身体重心右移，左脚经体前向右跨一步，同时，中枢脚以前脚掌为轴（脚跟提起）用力碾地旋转，身体顺势右转，如图 6-2 所示。

图 6-2 前转身

（2）后转身。

后转身与前转身的动作要领相似，不同的是，在后转身时，移动的脚向自己身后跨步使身体改变方向。

双手胸前传球

（二）传接球

传接球是指在篮球运动中，队员之间有目的地转移球，以便更好地配合全队进攻的手段。传接球是组织全队进攻配合的纽带，也是提高进攻质量的重要环节。

1．传球

传球包括双手胸前传球、双手头上传球、单手肩上传球、单手胸前传球和勾手传球等。下面重点讲解双手胸前传球与单手肩上传球的动作要领。

（1）双手胸前传球。

双手胸前传球是一种基本且常用的传球方法，适用于不同方向、不同距离的传球，其特点是传球的准确性高，便于控制球。

动作要领：双手持球时，两脚开立，两膝微屈，重心落于两脚间，双手十指自然分开，与两拇指相对呈“八”字形，指根以上部位持球两侧，掌心空出，持球于胸腹之间；传球时，双臂迅速向传球方向前伸，当手臂将要伸直时，急促抖腕，同时两拇指用力下压，食指与中指用力拨球，将球传出，如图 6-3 所示。

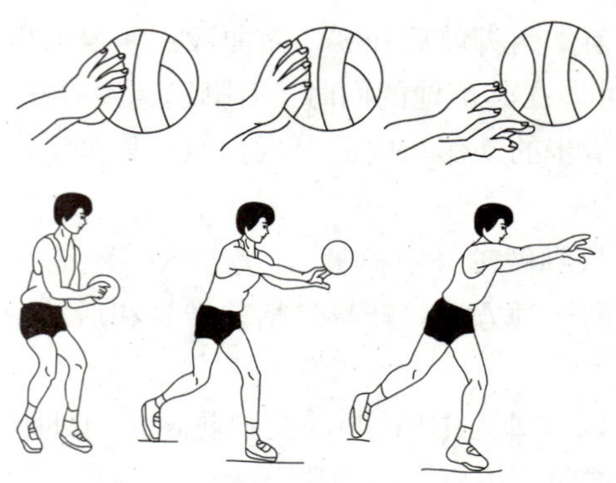

图 6-3　双手胸前传球

（2）单手肩上传球。

单手肩上传球常用于中、远距离传球，其特点是传球力量大，利于抢到后场篮板后长传快攻。

动作要领（以右手传球为例）：左脚向传球方向迈出半步，同时右臂引球至右肩上方，左手离球，左肩对着传球方向，身体重心落于右脚上。右脚内侧蹬地转身，同时迅速向前挥臂，手腕前曲，通过食指与中指拨球，将球传出，如图 6-4 所示。

图 6-4　右手肩上传球

2．接球

接球是运动员获得球的动作，是抢篮板球与断球的基础。接球主要包括双手接球与单手接球两种。

（1）双手接球。

双手接球包括双手接胸部高度的球、双手接头部高度的球、双手接低于腰部的球和双

手接地滚球等方法。下面以双手胸前接球为例介绍双手接球的动作要领。

动作要领：双眼注视来球方向，双臂向来球方向伸出，十指自然分开。当双手触及球时，手臂顺势引球，将球持于胸腹之间，如图 6-5 所示。

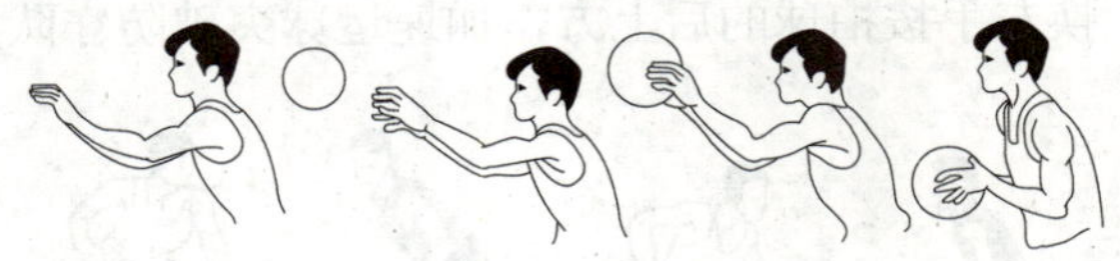

图 6-5　双手胸前接球

（2）单手接球。

动作要领（以右手接球为例）：双眼注视来球方向，右臂微屈并伸向来球方向，手掌成勺形，五指自然分开。当手指触及球时，右臂顺势引球，左手立即帮助右手，双手持球于胸腹间，如图 6-6 所示。

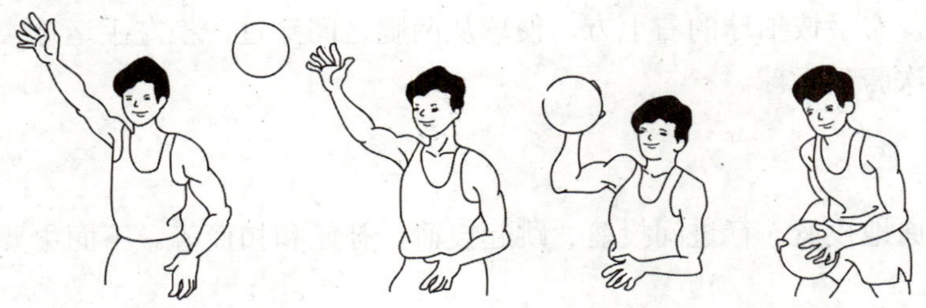

图 6-6　单手接球

（三）运球

运球包括高运球、低运球、体前变向换手运球和胯下运球等。

1. 高运球

高运球是指篮球反弹的高度在胸腹之间的运球方法，一般用于无防守的快速运球。

动作要领（以右手运球为例）：运球时，微曲膝，上体稍向前倾，目平视，以肘关节为轴，前臂自然伸屈，用右手按拍球的后上方，控制球的落点在身体的右前方，球的反弹高度在胸腹之间。

2. 低运球

低运球是指篮球反弹的高度在膝关节以下的运球方法。当持球队员接近防守队员或防守队员来抢球时，持球队员为保护球或摆脱防守，常采用低运球方法。

动作要领：运球时，抬头、目视前方，深曲膝，上体前倾，用上体、腿和另一只手臂保护球。同时，用手短促地按拍球，控制球的反弹高度在膝关节以下。

3. 体前变向换手运球

当防守队员堵截运球队员的进攻路线或运球队员运球接近防守队员时，运球队员可运用体前变向换手运球摆脱与突破对手。

动作要领（以运球队员右手运球突破对手左侧为例）：运球队员右手运球，当防守队员向右侧移动堵截时，运球队员应向右侧加速运球，以吸引防守队员偏离正常的防守位置，接着突然变向，用右手按拍球的右后上方，向左侧送拍球，左、右脚先后迅速向左前方跨出，上体左转并前倾探肩，换左手按拍球的后上方，加速运球突破防守队员，如图 6-7 所示。

图 6-7　体前变向换手运球

4．胯下运球

动作要领（以右手胯下运球为例）：运球跨步急停后，两脚前后开立，左脚在前，重心落于两脚间，右手按拍球的右上方，使球从两腿之间穿过，换左手运球，右脚向左前跨出，即完成一次胯下运球。

（四）投篮

投篮包括原地投篮、行进间投篮、跳起投篮、补篮和扣篮等。下面主要介绍原地投篮与行进间投篮。

1．原地投篮

原地投篮包括双手头上投篮、双手胸前投篮、单手头上投篮和单手肩上投篮。下面以单手肩上投篮为例介绍原地投篮的动作要领。

投篮技术

动作要领（以右手投篮为例）：从双手持球的基本站立姿势开始，左手扶球左侧，右手持球，右臂曲肘，置球于右肩上。投篮时，两脚掌蹬地，左手离球，右臂向前上方伸直时，手腕前屈，食指与中指拨球，将球投出，如图 6-8 所示。

图 6-8　原地单手肩上投篮

2．行进间投篮

行进间投篮包括单手肩上投篮、单手低手投篮、双手低手投篮、反手投篮和勾手投篮等。下面以单手低手投篮为例介绍行进间投篮的动作要领。

动作要领（以右手投篮为例）：运球队员结束运球并双手持球的同时，右脚跨出第一步；左脚跨出第二步落地时，前脚掌用力蹬地向前上方起跳，右腿曲膝自然上提，右手将球引至右肩侧上方；腾空到最高点时，左手离球，右手托球，右臂向前上方伸展；接近球篮时，手腕与手指上挑，将球投出，如图 6-9 所示。

图 6-9　行进间单手低手投篮

三、基本战术

基本战术是篮球比赛中运动员所运用的攻守方法的总称，主要分为进攻与防守两种战术。其中，进攻战术包括传切配合、掩护配合和突分配合等；防守战术包括换防配合与补防配合等。

（一）进攻战术

1. 传切配合

传切配合包括一传一切与空切两种配合方式。一传一切是指持球队员传球给同伴后，自己立即切向篮下，接同伴回传的球进行投篮的方法；空切是指无球队员根据球的传递情况，从不同的方向迎球或侧向插入篮下接球的配合方法。

2. 掩护配合

掩护配合是指队员用自己的身体为同伴挡住对方的防守队员，使同伴摆脱防守的配合方法。

3. 突分配合

突分配合是指持球队员突破防守后遇到补防或吸引对手注意力后，及时将球传给同伴，使同伴获得进攻机会的配合方法。

（二）防守战术

1. 换防配合

换防配合是指防守队员为了破坏进攻队员的掩护配合，彼此之间及时呼应并交换防守对手的一种配合方法。换防配合是破坏掩护配合的一种方法。

2. 补防配合

补防配合是指当防守队员被对手突破或绕过时，临近的其他防守队员主动放弃自己防守的对手，去补防突破队员的配合方法。

四、场地与比赛规则

（一）场地

标准篮球场是一块长 28 m，宽 15 m 的长方形平地，如图 6-10 所示。球场必须设置明显的界线，界线距观众、广告牌或其他障碍物至少 2 m。位于篮球场长边的界线叫边线，位于短边的界线叫端线。

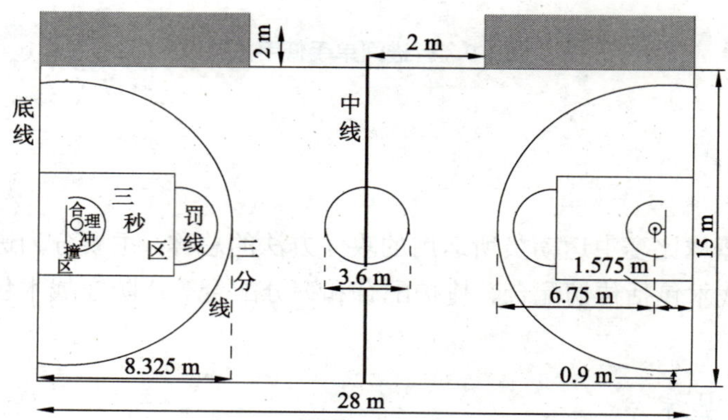

图 6-10　标准篮球场示意图

（二）比赛规则

1. 比赛方法

篮球比赛由两支球队参加，每支球队出场 5 名队员。比赛的目标是在对方球篮得分，并阻止对方在本方球篮得分。比赛由 4 节组成，每节 10 min。在比赛结束时，得分较多的球队是比赛的胜者。若此时两队比分相同，则举行 5 min 延长赛；若 5 min 后比分仍相同，则再次进行 5 min 延长赛，直至比出胜负为止。

2. 得分种类

当球已进入球篮，对投篮的队按以下方式计得分：

- ❖ 一次罚球中篮计 1 分。
- ❖ 从 2 分投篮区域中篮计 2 分。
- ❖ 从 3 分投篮区域中篮计 3 分。
- ❖ 在最后一次或仅有一次的罚球中，当球已触及篮圈但尚未进入球篮时，一名进攻队员或防守队员合法触及篮球，中篮计 2 分。

如果队员意外地将球投入本方球篮，中篮计 2 分，登记在对方队的场上队长名下。

3. 常见违例与罚则

违例即违犯规则。在篮球比赛中，队员出现以下情况视为违例：

- 队员带球跑，故意踢球，用腿的任何部分阻挡球或用拳击球。
- 控球队员在对方的限制区内持续停留超过 3 s。
- 持球队员在 5 s 内没有传球、投球或者运球。
- 控球队员将球从后场推进前场超过 8 s。
- 进攻队在场上控球时，在 24 s 内没有尝试投篮。
- 队员故意地将球投入本方球篮。
- 队员使整个球从下方穿过球篮。

当队员在比赛的过程中出现违例时，应将球判给对方队员在最靠近发生违例的地点掷球入界，正好在篮板后面的地点除外。

4. 侵人犯规与罚则

侵人犯规是指双方队员在比赛过程中的接触犯规。例如，一方队员通过伸展手、臂、肘、肩、髋、腿、膝或脚来拉、阻挡、推、撞、绊或阻止对方队员行进；队员将自己的身体扭曲成反常的姿势（超出自身的圆柱体）；一方队员对对方队员表现出粗暴的动作等都属于侵人犯规。

当队员出现侵人犯规时，应给犯规队员记一次侵人犯规以及判给对方球权或罚球。当判给对方球权或罚球时，按如下规定执行：

- 被侵犯队员未投篮，由被侵犯队员在靠近犯规地点的界线外掷界外球。
- 被侵犯队员正在投篮，投篮成功应计得分并判给其 1 次罚球；投篮未中，在 2 分区（或 3 分区）投篮，则判给其 2 次（或 3 次）罚球。

五、课外专项训练

（一）传接球训练

1. 原地对墙传球

面对墙，与墙相距 1.5～2.5 m，进行原地对墙传球练习。要求身体稍前倾，体会伸臂、翻腕、拨指等动作。

2. 原地自抛自接

双手持球向前平举，将球上抛 1.5 m 左右，然后接球。要求两脚平行开立，身体直立，接球时手臂伸直，双手十指自然分开，掌心空出。

（二）运球训练

迎面朝同伴身侧跑，相距 1.5～2.5 m 时，同伴传球给运球者。运球者运球绕球场跑动，经过同伴面前时，再将球传给同伴。要求传接球速度快，运球时动作连贯、准确，上下肢协调配合。

（三）投篮训练

两人绕球场跑动，相互传球，接近篮筐时，以三步上篮的方式进行投篮。要求投篮动作连贯，上下肢协调配合，不得走步。

积极拓展，感受快乐

“3V3”街头篮球比赛

为了培养学生的篮球兴趣，提高学生的篮球水平，增强学生的体质，以班级为单位，举办“3V3”街头篮球比赛。

（1）比赛地点：学校篮球场。

（2）比赛人数：同学们自由组队，每支队伍应有5人，其中3人为上场队员，2人为替补队员。老师另外指定3名同学担任裁判、3名同学担任记分员。

（3）比赛规则：比赛分为上、下半场，上下半场各6 min，中间休息2 min。比赛采用单循环方式，所有参赛队伍均能相遇一次，最后按各队在整个比赛中的积分进行排名。胜一场积2分，负一场积0分。如果两队积分相同，则进入加时赛。

（4）比赛奖励：前3名的队伍获得集体奖，在比赛中得分最多的运动员获得MVP称号，并给予奖励。

第二节　排　球

一、排球概述

三分钟了解排球运动

排球运动是指以通过变化击球路线与落点造成对方失误为目的，以得分多少决胜负的集体项目，具有技巧性、对抗性和集体性的特点。排球比赛无时间限制，且对抗强度较大，因此，对人的身体素质与心理素质能产生较好的锻炼作用。

体育树人

2019年9月29日，中国女排取得世界杯11连胜并成功卫冕后，收到了来自习近平总书记的热烈祝贺和诚挚问候。

从1981年中国女排在第三届世界杯上第一次夺得世界冠军起，中国女排开启了“五连冠”的辉煌岁月。在那个百废待兴的年代，女排姑娘们发扬了艰苦奋斗、顽强拼搏的精

神，在国际赛场上一次次为国争光，让整个国家为之振奋，让整个民族为之自豪。“学习女排，振兴中华”的口号响彻全国，给予了全国人民极大的精神鼓舞。

在一代代排球人的努力下，诞生于“五连冠”时期的女排精神得到了传承和发扬。承载女排精神的年轻一代中国女排，继续在国际赛场上披荆斩棘，斩获了一个又一个世界冠军，成为新一代中国青年的楷模和学习的榜样。

中国女排在改革开放四十多年中从一个巅峰走向另一个巅峰，她们是中国社会巨大变革和飞速发展的亲历者，也是改革开放的建设者。女排精神也不断被时代赋予新的含义、新的价值。作为大学生，我们要学习女排精神，不管在体育运动方面，还是在学习生活中，都要有顽强拼搏、敢打敢拼、不服输的精神。

二、基本技术

排球的基本技术是指在比赛规则允许的情况下，运动员能够运用的各种合理的击球动作和配合动作的总称，主要包括准备姿势与移动、发球、传球、垫球、扣球和拦网等。

（一）准备姿势与移动

准备姿势与移动是在排球运动中运用得最多的两项基本技术。它们是实施发球、传球、垫球、扣球和拦球等各项技术的前提与基础，并且对各项技术动作的运用起着串联作用。

1. 准备姿势

按照身体重心高低的不同，准备姿势分为稍蹲、半蹲和低蹲三种。下面以半蹲为例介绍准备姿势的动作要领。

动作要领：两脚左右或前后开立至稍比肩宽（根据场上情况，可选择左脚在前或右脚在前），脚跟提起，膝微屈，脚尖和膝稍内扣；上体前倾，重心前移，肩超膝，膝超脚尖；两臂自然弯曲并置于腹前，目视来球。

2. 移动

移动的基本步法包括并步与滑步和交叉步等。

（1）并步与滑步。

动作要领（以向前移动为例）：从两脚前后开立的准备姿势开始，后脚用力蹬地，前脚向来球方向跨出一步，后脚迅速跟上并成准备姿势。连续的并步移动称为滑步。

（2）交叉步。

动作要领：从准备姿势开始，向右移动时，上体稍向右转，左脚从右脚前方向右交叉跨一步，然后右脚再向右跨一大步，同时身体转向来球方向并成准备姿势。

（二）发球

发球过程分为准备姿势、抛球和击球三个环节。下面分别以正面上手发球与侧面下手发球为例介绍发球的动作要领。

1．正面上手发球

发球技术

正面上手发球的特点有发球力量大、速度快、弧度平、旋转强和落点易于控制等。

（1）准备姿势：面对球网站立，两脚前后自然开立，左脚在前，两膝微屈，上体前倾，左手持球于胸前。

（2）抛球：左手将球垂直平稳地抛向右肩的前上方，抛至头上三个球左右的高度；同时右臂抬肘约与肩平，前臂后引，手掌置于头后上方；上体略向后移，挺胸、展腹、身体重心后移至右脚。

（3）击球：身体重心前移，收腹，同时带动右臂迅速向肩前上方挥动，在最高点伸直手臂，用力掌击球的后中部。在触球的刹那，手腕适当地向前推压，如图 6-11 所示。

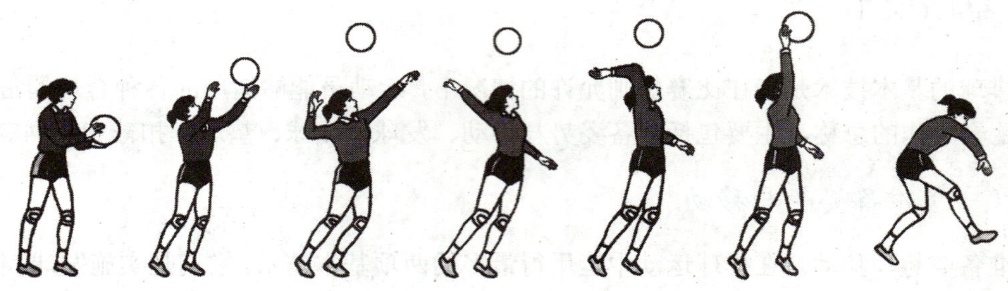

图 6-11　正面上手发球

2．侧面下手发球

侧面下手发球的特点是发球动作较为简单，发球稳定性较高，但攻击性较弱。

（1）准备姿势：右肩对网站立，两脚左右开立至与肩同宽，上体稍前倾，身体重心落于两脚间或稍偏右脚，左手持球于腹前。

（2）抛球：左手将球抛至胸前，距身体约一臂远，同时右臂摆至身体右侧后下方，上体稍右转。

（3）击球：右脚内侧蹬地，身体左转，带动右臂向前摆动，在腹前用全掌击球的下部，将球击出。击球时手臂要伸直，眼睛要看着球。

（三）传球

传球是进行排球比赛与组织战术的基础。传球的种类很多，下面以正传（正面双手传球）与背传为例介绍传球的动作要领。

1．正传

（1）动作要领：传球前采取稍蹲姿势，身体站稳，上体挺直，双手自然抬起，掌心向外，目视来球方向；当来球距额前上方一个球左右的位置时，双脚蹬地、伸膝、伸开双臂，张开双手，向前上方击球，将球传出，如图 6-12 所示。

（2）传球的手形：当手触及球时，双手自然张开呈半球状，手腕稍向后仰，拇指、食指和中指拖住球的后下部，两拇指相对呈“一”字形，双手间保持一定的距离（不超过球的直径）。

（3）传球的用力：传球时主要是利用蹬地、伸膝、向上展体和伸臂动作，配合手指与手腕的弹力将球传出。

2. 背传

动作要领：传球时，上体保持正直或稍向后仰，两膝半屈，身体重心落于两脚间，双手自然抬起，掌心向外，目视来球方向；迎球时，微仰头挺胸，下肢蹬地，同时上体向上方伸展；触球时，手腕后翻，掌心向上击球的底部（手形与正传的手形相同），同时下肢蹬地、展腹、抬臂、伸肘，通过手指和手腕的弹力把球向后上方传出，如图 6-13 所示。

图 6-12　正传　　　图 6-13　背传

（四）垫球

垫球分为正面双手垫球、体侧垫球、跨步垫球和挡球等。下面以正面双手垫球与跨步垫球为例介绍垫球的动作要领。

1. 正面双手垫球

正面双手垫球是指双手在腹前垫击来球的一种垫球方法。该垫球方法是各项垫球技术的基础。

（1）动作要领：垫球前，运动员在判断球的落点后迅速移动到该点，身体正对来球方向，并以准备姿势站好；当来球接近腹前时，双臂夹紧前伸，含胸、收肩、收腕、抬臂，将球准确地垫在小臂上，如图 6-14 所示。

（2）垫球的手形：双手四指上下相叠，掌根紧靠；两拇指平行相靠，紧压在上层手指中指的第二节上，如图 6-15 所示。

图 6-14　正面双手垫球

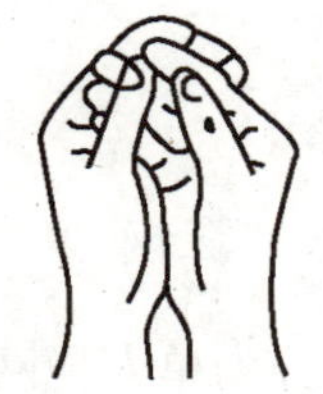

图 6-15　垫球的手形

（3）击球点与垫球部位：击球点应保持在腹前约一臂处；垫球部位以腕关节以上 10 cm 左右桡骨内侧平面为宜，如图 6-16 所示。

2. 跨步垫球

跨步垫球是指当来球距身体仅一步左右的距离，且速度较快或位置较低，此时运动员迅速向前方或侧方跨出一步垫球的技术动作。

动作要领：垫球前，运动员首先应判断来球的落点，然后迅速向来球方向跨出一步，曲膝制动，身体重心移至跨出的脚上。双臂夹紧伸直插入球下，用两前臂击球的后下部，将球平稳地向目标方向垫出。

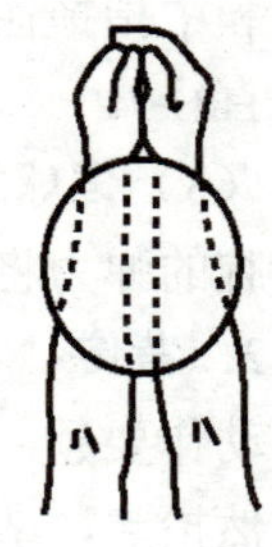

图 6-16　垫球部位

（五）扣球

扣球分为正面扣球、自我掩护扣球和勾手扣球等。下面以正面扣球（两步助跑右手扣球）为例介绍扣球的动作要领。

（1）准备姿势：采取稍蹲姿势，两臂自然下垂，观察来球，做好向各个方向助跑起跳的准备。

（2）助跑：助跑时，左脚先向前迈一小步（便于寻找和对正方向），接着右脚再迅速跨出一大步，同时两臂绕体侧向后引；左脚及时跟上右脚，踏在右脚之前，两脚尖稍向右转，曲膝制动的同时两臂自后积极向前摆动。

（3）起跳：助跑制动之后，两臂用力向上摆，同时两脚猛力蹬地向上起跳。

（4）空中击球：起跳后，挺胸展腹，上体稍向右转，右臂向后上方抬起，身体成反弓形；挥臂时，收腹，身体左转，带动肩、肘、腕等各部分关节向前上方做甩鞭动作；击球时，五指微张呈勺形，以掌心击球的后中部，同时屈腕、屈指向前推压，将球扣出。

（5）落地：落地时，前脚掌先着地，然后过渡到全脚掌着地，顺势曲膝收腹，以缓冲下落的力量，如图 6-17 所示。

图 6-17　正面扣球

（六）拦网

拦网分为单人拦网与集体拦网。两者的个人动作要领相同，但后者更注重队员之间的协调与配合。下面以单人拦网为例介绍拦网的动作要领。

（1）准备姿势：面对拦网，两脚左右开立至与肩同宽，两膝微屈，双臂在胸前曲肘距网 30～40 cm。

（2）移动：常用的移动步法有并步、滑步和交叉步等。为了及时对正对方的进攻点，拦网队员需要及时移动。

（3）起跳：原地起跳时，两膝弯曲（弯曲程度因人而异，以能够发挥最大弹跳力为原则），身体重心降低，双脚用力蹬地，同时两臂在体侧弧形划过后用力上摆，带动身体垂直起跳。

（4）空中击球：在起跳的过程中，双手经额前向球网上沿的前上方伸出，两臂平行球网伸直，前臂靠近网，两肩尽量上提；拦网时，两臂尽力过网伸向对方上空，两手自然张开，屈指、屈腕呈勺形，以便包住球；手触及球时，两手要突然紧张，手腕下压盖住球的前上方。

（5）落地：落地时，面对对方，曲膝缓冲，同时屈肘向下收臂，如图 6-18 所示。

图 6-18 单人拦网

三、基本战术

排球比赛的基本战术主要包括阵容配备、进攻战术和防守战术等。

（一）阵容配备

排球比赛的阵容配备主要有“四二”配备和“五一”配备。

1.“四二”配备

“四二”配备是指上场队员中有 4 名进攻队员和两名二传队员。4 名进攻队员中有两名主攻队员与两名副攻队员。主（副）攻队员应站在对角的位置上。

2.“五一”配备

“五一”配备是指上场队员中有 5 名进攻队员与 1 名二传队员。为了弥补主二传队员来不及传球时的被动局面，可以在二传队员的对角位置上，配备 1 名有进攻能力的队员接应二传队员。

（二）进攻战术

1. “中一二”进攻战术

“中一二”进攻战术的阵形：二传队员站位于 3 号，5 号队员垫球至 3 号队员，3 号队员传球给 2 号队员或 4 号队员扣球进攻，如图 6-19 所示（图中实线为传球路线，虚线为队员移动路线）。

2. “边一二”进攻战术

“边一二”进攻战术的阵形：二传队员站位于 2 号，6 号队员垫球至 2 号队员，2 号队员传球给 3 号队员或 4 号队员扣球进攻，如图 6-20 所示。

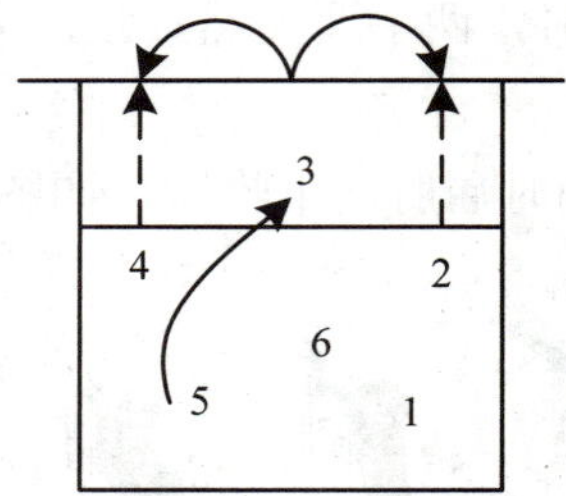

图 6-19 “中一二”进攻战术

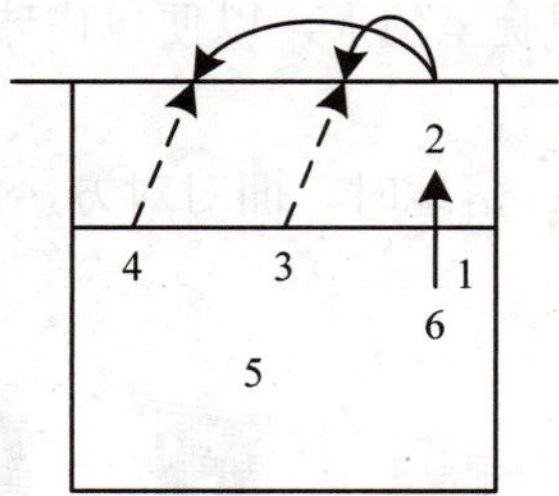

图 6-20 “边一二”进攻战术

（三）防守战术

防守战术是组织进攻与反攻战术的基础，主要包括接发球防守与接扣球防守等。

1. 接发球防守

下面以 5 人接发球防守战术与 4 人接发球防守战术为例，对防守战术进行简要介绍。

（1）5 人接发球防守战术。

5 人接发球防守战术是排球比赛中基本且常用的接发球战术。其阵形是除前排一名二传队员或后排准备插上的二传队员外，其余 5 名队员都参与接发球。5 人接发球时，球员的位置应根据本方一攻战术来确定。

（2）4 人接发球防守战术。

4 人接发球防守战术的阵形是除前排一名二传队员与后排准备插上的二传队员外，其余 4 名队员都要参与接发球。其特点是可以缩短后排二传队员与扣快球队员跑动的距离，有利于提高进攻的速度。

2. 接扣球防守

接扣球防守战术由拦网与后排防守两部分组成。其中，拦网又分为无人拦网、单人拦网、双人拦网和三人拦网等。下面以双人拦网防守战术为例对接扣球防守战术进行简要介绍。

双人拦网防守战术主要用于对手的扣球力量较大，线路变化多时，其具体包括“边跟进”防守与“心跟进”防守。

（1）“边跟进”防守。

“边跟进”防守是指当队员成“M”形站位（见图 6-21）时，2 号队员与 3 号队员网前拦网，4 号队员后退至攻防线后参与后场防守，1 号队员或 5 号队员跟进保护和防守对方吊球。其适用于对方进攻力量强，扣球多，吊球少时。

（2）“心跟进”防守。

“心跟进”防守是指当队员成“M”形站位时，2 号队员与 3 号队员网前拦网，4 号队员后退至攻防线后参与后场防守，6 号队员专职跟进、保护拦网和防吊球。其适用于对方经常采用打吊结合的战术时。

四、场地与比赛规则

（一）场地

排球场包括比赛区域与无障碍区域两个部分。其中，比赛区域为 18 m×9 m 的长方形，如图 6-22 所示；比赛场地边线外的无障碍区域的宽度至少为 5 m，端线外的无障碍区域的宽度至少为 8 m，比赛区域上空的无障碍空间的高度至少为 12.5 m（从地面量起）。

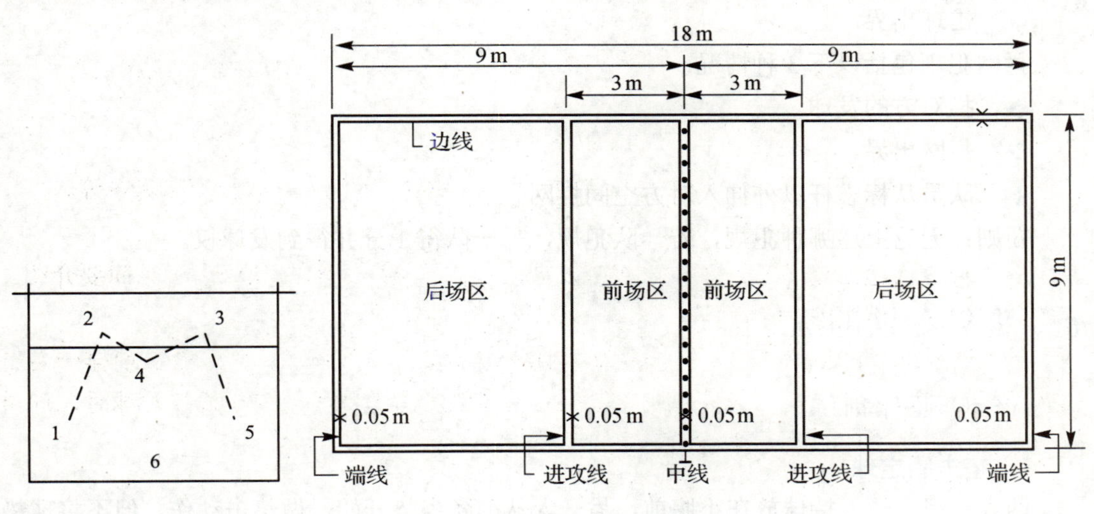

图 6-21　“M”形站位

图 6-22　排球场

（二）比赛规则

1. 赛制规则

排球比赛由两支球队参加，每支球队由 12 名队员组成，两队各派 6 名队员在由球网分开的场地上进行比赛。两队遵照规则，将球击过球网，使其落在对方场区的地面上，而防止球落在本方场区的地面上。每队可击球 3 次（拦网触球除外），将球击回对方场区。

比赛由发球开始，发球队员击球使其从网上飞至对方场区，比赛由此开始并连续进行，直至球落地、出界或某一队不能合法地将球击回对方场区。

排球比赛采用 5 局 3 胜制，前 4 局比赛采用 25 分制，每支球队只有赢得至少 25 分，并同时超过对方 2 分时，才胜 1 局。决胜局的比赛采用 15 分制，一队先得 8 分后，两队交换场区，按原位置顺序继续比赛到结束，先获 15 分并领先对方 2 分者为胜。

2. 犯规与罚则

排球竞赛中的犯规主要包括发球犯规、击球犯规和拦网犯规。

下列情况均属于发球犯规：

- 发球队队员未依照上场阵容单的顺序，轮流发球。
- 发球队员在击球时或击球跳起落下时，踏及场区（包括端线）或发球区以外地面。
- 发球队员在第一裁判员鸣哨后 8 s 内没有将球击出。
- 发球出界。

击球犯规包括以下 3 种情况：

- 在比赛过程中，一名队员（拦网队员除外）连续两次击球或球连续两次触及其身体的不同部位。
- 在比赛过程中，击球队员将球接住或抛出。
- 击球出界。

拦网犯规包括以下 3 种情况：

- 拦对方的发球。
- 拦网出界。
- 队员从标志杆以外伸入对方空间拦网。

罚则：无论上述哪种犯规，若一队犯规，另一队得 1 分并得到发球权。

五、课外专项训练

（一）垫球训练

1. 垫击固定球

两人一组，一人持球放在小腹前，另一人从准备姿势开始，做垫击动作，但不将球垫出，只体会击球动作。要求击球手形和触球部位正确，注意全身协调用力。

2. 垫击抛来球

两人一组，一抛一垫。抛球要抛准，尽量固定抛球的高度、速度及落点。垫球者用原地正面垫球的动作将球垫回。熟练后，再逐渐加大难度，练习向前后、左右垫球和移动垫球。

（二）拦网训练

（1）在网前徒手做原地起跳拦网练习，体会拦网手形。

（2）两人一组，隔网站立，一人在网前抛高球，另一人起跳拦网，注意把握起跳时

机，体会压腕动作。

积极拓展，感受快乐

花式传球游戏

为了培养学生的排球兴趣，提高学生的传球能力，以班级为单位开展花式传球游戏，让学生感受排球运动的无限魅力。

游戏一：传球入圈

（1）场地器材：在地上画一个半径为 6 m 的圆圈，在圆圈中间摆 3 个大呼啦圈，另为每人准备一个排球（见图 6-23）。

（2）游戏规则：学生站在圆圈线外，一人一球，原地垫球 3 次后以正传的方式把球抛入呼啦圈中。

游戏二：过网传球接力

（1）场地器材：在排球场布置传球场地，如图 6-24 所示，准备 2 个排球。

（2）游戏规则：学生分为人数相等的两队，隔着网站好。排头听信号向对面传球，传球时必须站在进攻线后，传球的击球点必须在额前，球过网传到对面排头即为传球成功。两队依次进行传球接力。

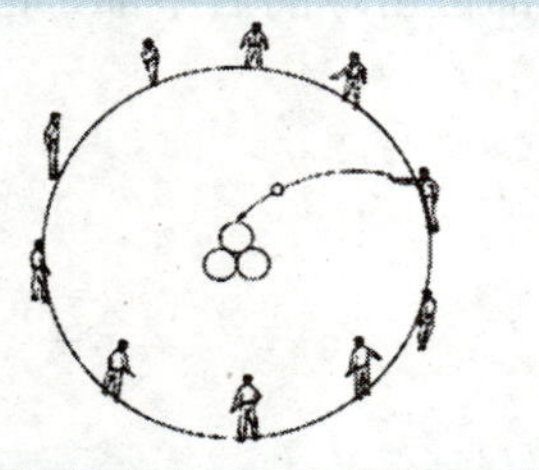

图 6-23　传球场地

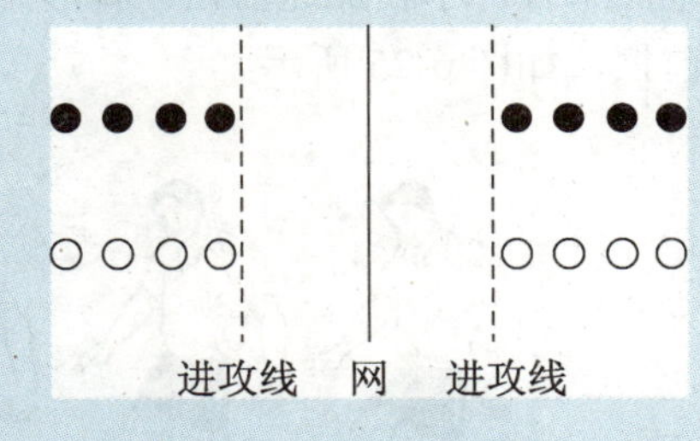

图 6-24　传球场地

第三节　足　球

一、足球概述

三分钟了解足球运动

现代足球运动起源于英国，是以射门为目标，以得分多少决定胜负的一种体育项目，具有对抗性、集体性和多变性的特点。足球运动不仅能提高参与者的身体素质，而且有利于培养其顽强拼搏的精神与团队协作意识。

二、基本技术

足球的基本技术是指运动员在足球竞赛规则允许的情况下，运用身体的有效部位合理地完成各种动作的总称。足球的基本技术包括踢球、接球、头顶球、运球和抢截球等。

（一）踢球

踢球是指运动员有目的地利用脚的某个部位将球踢向预定目标的技术动作。其主要用于传球与射门。

足球踢球技巧

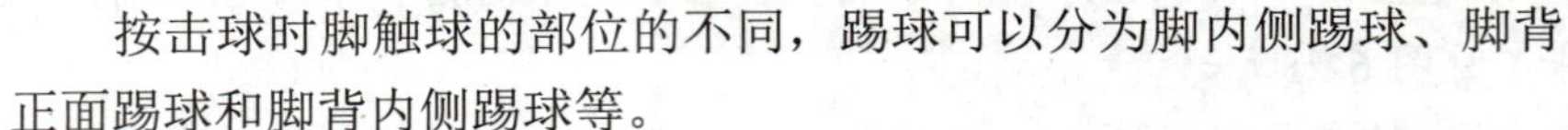

按击球时脚触球的部位的不同，踢球可以分为脚内侧踢球、脚背正面踢球和脚背内侧踢球等。

1．脚内侧踢球

脚内侧踢球是指用脚内侧的跖趾关节、舟骨和根骨所构成的三角部位接触球的一种踢球方法。其特点是触球面积大，可控性强，出球平稳准确，出球力量较小，适用于短距离传球与射门。

动作要领：直线助跑，支撑脚踏在球侧约 15 cm 处，膝微屈，脚尖指向出球方向。支撑脚落地的同时，踢球腿以髋关节为轴由后向前摆动，膝、踝外展，脚跟前送，脚尖稍翘，脚掌与地面平行。小腿加速前摆，脚形固定，用脚内侧部位击球的后中部，击球后，踢球腿随球前摆，如图 6-25 所示。

图 6-25　脚内侧踢球

2．脚背正面踢球

脚背正面踢球是指用脚背正面的楔骨与趾骨末端部位触球的一种踢球方法。其特点是踢摆幅度大，摆速快，便于发力，但出球路线缺乏变化，适用于远距离传球与大力射门。

动作要领：直线助跑，支撑脚踏在球侧约 15 cm 处，膝微屈，脚尖指向出球方向，踢球腿自然后摆，小腿后屈。支撑脚落地的同时，踢球腿以髋关节为轴带动小腿前摆。膝关节接近球体上方时，小腿加速前摆，脚背绷直，脚趾扣紧，以脚背正面击球的后中部，击球后，踢球腿顺势前摆，如图 6-26 所示。

图 6-26　脚背正面踢球

3. 脚背内侧踢球

脚背内侧踢球是指用脚背内侧的几个楔骨与趾骨末端部位接触球的一种踢球方法。其特点是摆幅度大，摆速快，踢球力量大，助跑方向和支撑脚站位灵活，出球的方向变化较多，适用于中、远距离传球与射门。

动作要领：沿出球方向 45°角斜线助跑，支撑脚踏在球体侧后方 20～25 cm 处，膝微屈，脚尖指向出球方向，身体稍倾向支撑脚一侧，踢球腿自然后摆。支撑脚落地的同时，踢球腿以髋关节为轴带动小腿前摆。膝关节接近球体上方时，小腿加速前摆，脚尖外转，脚面绷直，脚趾扣紧，以脚背内侧击球的后中部，击球后，踢球腿顺势前摆，如图 6-27 所示。

图 6-27　脚背内侧踢球

（二）接球

接球又称“停球”，是指运动员有目的地运用身体的有效部位触球，将运行中的球接控在所需范围内的技术动作。常用的接球方法有脚内侧接球与脚底接球等。

1. 脚内侧接球

脚内侧接球的特点是触球面积大，接球平稳，便于改变球的方向。

动作要领：

接地滚球时，身体正对来球，支撑腿微屈，接球腿曲膝外转前迎，脚内侧对准来球，脚内侧触球瞬间自然后撤，将球控制在需要的位置上，如图 6-28 所示。

接反弹球时，支撑脚踏在落球点的侧前方，膝微屈，上体稍前倾，并向停球方向微转。

接球腿曲膝上提，膝、踝外转，脚内侧对准球的反弹路线，当球落下反弹刚离地时，用脚内侧触压球的中上部，如图 6-29 所示。

图 6-28　脚内侧接地滚球　　图 6-29　脚内侧接反弹球

2．脚底接球

脚底接球的特点是动作简单，控球稳定。

动作要领：身体正对来球，支撑腿踏在球的侧后方，膝微屈，停球腿自然曲膝上提，脚尖翘起，用前脚掌触压球的中上部，如图 6-30 所示。

（三）头顶球

头顶球是指运动员有目的地用额部将球击向预定目标的技术动作。头顶球包括前额正面顶球与前额侧面顶球。

1．前额正面顶球

前额正面顶球的特点是触球部位平坦，发力顺畅，易于控制出球方向，出球平稳有力。

动作要领：身体正对来球，两腿前后开立，膝微屈，上体后仰，身体重心置于后脚，两臂自然张开。当球运行到身体垂直部位前的瞬间，后腿用力蹬地，身体重心前移，迅速向前摆体，微收下颌，用前额正面击球的后中部，如图 6-31 所示。

图 6-30　脚底接球

图 6-31　前额正面顶球

2．前额侧面顶球

前额侧面顶球的特点是动作突然、能变换出球方向，但触球面积小，出球力量较小。

动作要领：两脚前后开立，与来球方向同侧的脚在前，两膝微屈，身体重心置于后脚。上体与头部向出球的相反方向倾斜，两臂自然张开。当球运行到体前上方时，后脚用力蹬地，上体迅速向出球方向扭摆，屈体甩头，用前额侧面击球的后中部，如图 6-32 所示。

图 6-32　前额侧面顶球

（四）运球

运球是指运动员在跑动中用脚连续推拨球，使球处于自己控制范围之内的技术动作。常用的运球方法有脚内侧运球、脚背正面运球和脚背外侧运球等。

1．脚内侧运球

脚内侧运球的特点是易于控球，但其运球速度慢，适用于掩护性运球。

动作要领：运球时，支撑脚踏于球的侧前方，膝微屈，重心移至支撑脚，身体略转向运球方向，运球腿曲膝上提，脚尖外转，在向前迈步的过程中用脚内侧推球前进，如图 6-33 所示。

图 6-33　脚内侧运球

2．脚背正面运球

脚背正面运球的特点是直线推拨，速度快，但运球路线单一。其多用于快速运球前进或前方纵深距离较大时。

动作要领：运球时，身体自然放松，两臂自然摆动，上体稍向前倾，步幅不宜过大；运球脚提起时，膝微屈，脚跟提起，脚尖下指，在向前迈步的过程中用脚背正面推球前进，如图 6-34 所示。

图 6-34　脚背正面运球

3．脚背外侧运球

脚背外侧运球的特点是具有较强的灵活性与可变性，易于控制运球方向与提高运球速度。其多用于快速奔跑与向外改变运球方向时。

其动作要领与脚背正面运球相似，只是在摆脚时，脚尖稍向内转，用脚背外侧推球前进，如图 6-35 所示。

图 6-35　脚背外侧运球

（五）抢截球

抢截球是指在比赛规则允许的范围内，运动员有目的地运用身体的某一部位，将对方控制下或传递中的球夺过来、踢出去或破坏掉的技术动作。常用的抢截球方法有正面抢球与侧面抢球等。

1. 正面抢球

动作要领：两脚前后开立，两膝微屈，身体重心下移，落于两脚。在控球队员运球脚触球且即将着地或刚刚着地时，抢球队员支撑脚用力蹬地，抢球脚以脚内侧对球，并曲膝向球跨出将球堵截。身体重心随即移至抢球脚，支撑脚前跨将球控制住，如图 6-36 所示。

2. 侧面抢球

动作要领：当与对方控球队员平行跑动时，身体重心稍向下移，靠近对手一侧的手臂紧贴身体，如图 6-37 所示。当对方靠近自己一侧的脚离地时，用肘关节以上部位冲撞对方相应部位，使其失去平衡，趁机将球控制在自己脚下。

图 6-36　正面抢球

图 6-37　侧面抢球

三、基本战术

足球的基本战术是指在足球比赛中，一方为了战胜对方，根据主客观情况所采取的个人行动与集体配合的方法。足球战术可分为比赛阵形、进攻战术和防守战术三大部分。攻、守战术中又分别包含个人战术、局部战术和整体战术。

（一）比赛阵形

足球的比赛阵形是指为了适应攻守战术的需要，队员在场上的位置排列与职责分工的基本形式。阵形的序列由后向前依次为守门员、后卫、前卫和前锋。守门员的职责是固定的，一般不列入比赛阵形中。因此，较为常见的比赛阵形有 4—2—4、4—3—3、3—5—2 和 4—4—2 等。例如，4—2—4 阵形为 4 名后卫、两名前卫和 4 名前锋。

（二）进攻战术

1. 个人进攻战术

个人进攻战术包括：① 采取有效措施，摆脱对方防守队员；② 跑动到有利位置，接应同伴传球；③ 运球突破对方防线，寻求射门机会；等等，其目的均为进球得分。

2. 局部进攻战术

局部进攻中常用“二过一”战术配合。“二过一”战术配合是指两名进攻队员在局部区域通过连续传球与跑位，突破一名防守队员的配合。“二过一”战术配合包括斜传直插二过一、直传斜插二过一和跳墙式二过一。

斜传直插二过一是指当对方防守队员逼近正在运球的进攻队员时，进攻队员将球传给同伴，然后直插到对方防守队员身后的空当，接应同伴传球的一种战术配合，如图 6-38 所示（实线为传球方向，虚线为跑动方向，曲线为运球方向）。

直传斜插二过一是指进攻队员将球直传给同伴，当对方防守队员逼近控球同伴时，同伴将球传至对方防守队员身后的空当，进攻队员立即斜插入空当，接应同伴的传球的一种战术配合，如图 6-39 所示。

跳墙式二过一是指当防守队员逼近正在运球进攻的队员时，进攻队员将球传给同伴，同伴接球后直接将球传至对方防守队员身后的空当，进攻队员快速切入空当，接应同伴传球的一种战术配合，如图 6-40 所示。

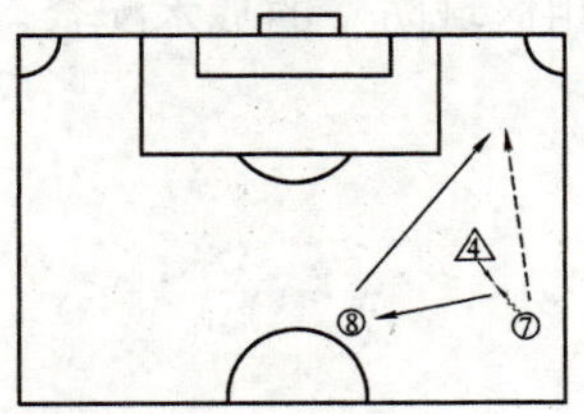

图 6-38　斜传直插二过一

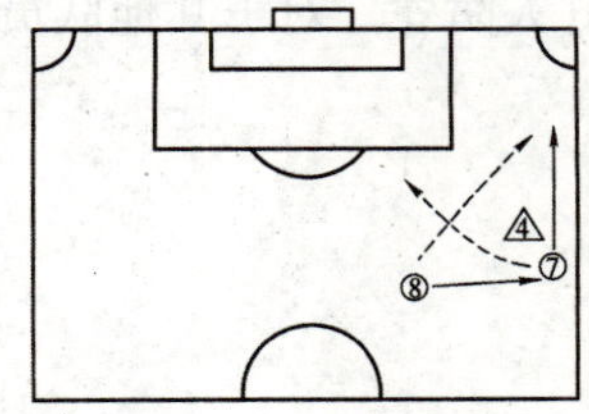

图 6-39　斜传直插二过一

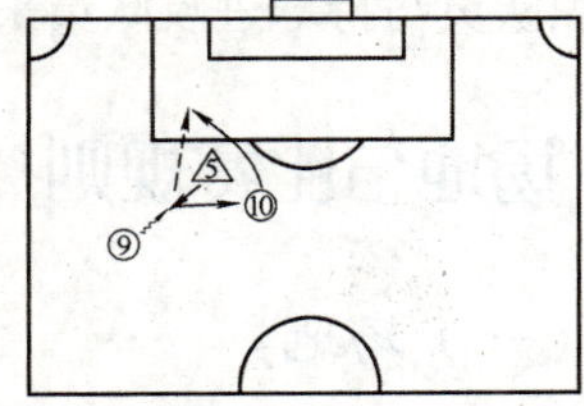

图 6-40　跳墙式二过一

3. 整体进攻战术

整体进攻战术主要包括边路进攻与中路进攻。

边路进攻是指在对方半场两侧区域发起的进攻。边路进攻可充分利用场地的宽度，拉开对方的防线，使对方边路场区的防守队员分散、防守相对薄弱，以便进攻队员利用对方边路的空当突破防线，再通过传中等方式，创造射门机会。

中路进攻是指在对方半场中部发起的进攻。中路进攻的特点是进攻人数多，配合点多，破门机会多，但由于对方中路防守严密，突破难度也较大。

（三）防守战术

1. 个人防守战术

常用的个人防守战术有选位与盯人等。

选位是指防守队员根据位置职责与临场情况，选择适当的防守位置的一种防守战术。防守队员选位的点，一般应在本队球门中心与被防守队员之间的连线上。

盯人是指防守队员对进入本方防守区域内的对方队员实施监控，并及时封堵对方队员接球或传球的一种防守战术。

2．局部防守战术

常用的局部防守战术有保护、补位和围抢等。

保护是指一名防守队员在防守对方队员持球进攻时，另一名防守队员在其身后选择适当位置进行协助防守的战术配合。

补位是指一名防守队员的防守出现漏洞时，另一名防守队员及时上前弥补漏洞的战术配合。通过同伴间的相互补位，可以有效地遏制与破坏对方的进攻。

围抢是指在局部区域内，多名防守队员同时围堵对方控球队员，以达到抢截或破坏对方进攻目的的战术配合。

3．整体防守战术

整体防守战术主要包括盯人防守、区域防守和混合防守等。

盯人防守是指每一名防守队员都有明确的防守对象，对手移动到哪里就紧跟盯防到哪里的战术配合。

区域防守是指每名队员负责自己的防守区域，并在该区域内盯人防守的战术配合。

混合防守是指盯人防守与区域防守相结合的一种防守方法。一般情况下，对于对方中场组织队员与持球进攻队员采用盯人防守，对于其他队员采用区域防守的战术配合。

四、场地与比赛规则

（一）场地

足球场地通常为长方形，长为90～120 m（国际标准100～110 m），宽为45～90 m（国际标准为64～75 m），如图6-41所示。

（二）比赛规则

1．赛制规则

一场足球比赛应有两支球队参加，每队上场队员不得多于11名，其中必须有一名守门员。如果任何一队少于7人上场，则比赛不能开始。

比赛分为两个半场，每半场45 min。特殊情况经裁判员与双方同意另定的除外。比赛中场休息时长不得超过15 min。

当球的整体从球门柱间及横梁下越过球门线，而此前未违反竞赛规则，即为进球得分。在比赛中，进球数较多的队为胜者。若两队进球数相等或均未进球，则比赛为平局。

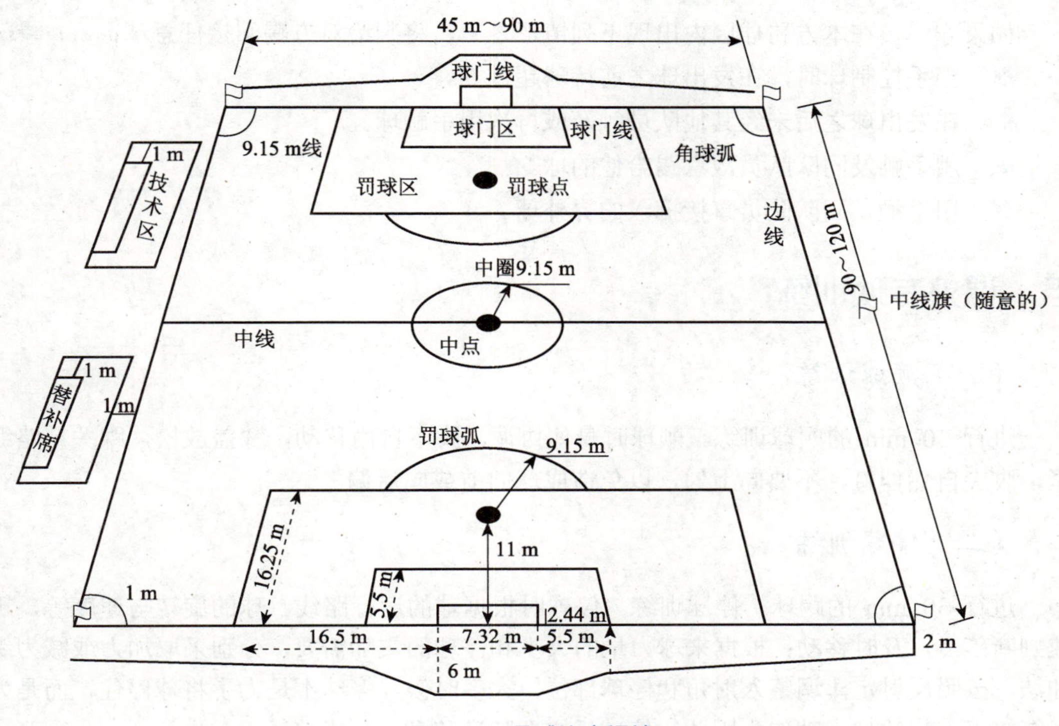

图 6-41　足球比赛场地

2. 犯规及其罚则

（1）越位犯规及其罚则。

越位犯规是指处于越位位置的队员有干扰比赛、干扰对方队员和利用越位位置获得利益的行为。若队员仅处于越位位置，或在越位位置直接接到同伴的球门球、界外球或角球时，不属于越位犯规。

罚则：裁判员应判由对方队员在越位地点踢间接任意球。如果该队员在对方球门区内越位，那么这个任意球可以在越位时所在球门区内任何地点执行。

（2）不正当行为及其判罚。

如果队员在比赛中出现下列情形之一，将被判为犯规，并判由对方在犯规地点踢直接任意球：

- 拉扯、推、踢（或企图踢）、绊摔（或企图绊摔）或冲撞对方队员。
- 为了得到对球的控制而抢截对方队员时，触球前触及对方队员。
- 向对方队员吐唾沫。
- 故意手球（不包括守门员在本方罚球区内手触球）。

如果队员在比赛中出现下列情形之一，将判给对方踢间接任意球：

- 队员动作具有危险性。
- 队员阻挡对方队员。
- 队员阻挡对方守门员从其手中发球。

如果守门员在本方罚球区内出现下列情形之一，将判给对方踢间接任意球：

- 当手控制球时，在发出球之前持球超过 6 s。
- 在发出球之后未经其他队员触及或再次用手触球。
- 用手触及同队队员故意踢给他的球。
- 用手触及同队队员直接掷入的界外球。

五、课外专项训练

（一）颠球训练

进行 30 min 的颠球训练。颠球时身体协调，脚下自由移动，膝盖放松，踝关节略绷紧，脚尖自然伸直，不要向上勾，以免造成球向前或向后偏。

（二）停球训练

进行 30 min 的踢球、停球训练。停球时根据球的运行路线、球的旋转与速度等，迅速判断落点，及时移动；根据来球力量的大小和停球的实际需要，分别采取加力或减力缓冲法，按照反射定律调整入射角和停球部位。大多时候，停球不是为了将球停住，而是为了衔接下一步的技术动作，因此，停球后立即随球移动，不要停顿。

（三）射门训练

（1）进行脚弓推射训练，加大力量，提高射门命中率。

（2）进行脚背抽射训练，注意利用支撑脚调节身体重心，同时把握好摆动腿和支撑腿的位置。

积极拓展，感受快乐

7 人制足球教学游戏比赛

同学们自由组队，每队 7 人，自行商议并决定比赛阵形。老师担任裁判，并指定两位同学担任助理裁判。比赛过程中，要求参赛队员尽量运用所学技术和战术，老师根据比赛情况适时给予指导。

（1）人员安排：1 名裁判、2 名助理裁判、2 支队伍。

（2）比赛阵形：常见阵形有 3-2-1 阵形和 3-1-2 阵形，如图 6-42 所示。

（3）比赛规则：比赛分上、下半场，上、下半场各 15 min，中场休息 2 min。如出现犯规或其他不当情况，裁判应鸣哨暂停，指出错误并进行指导。

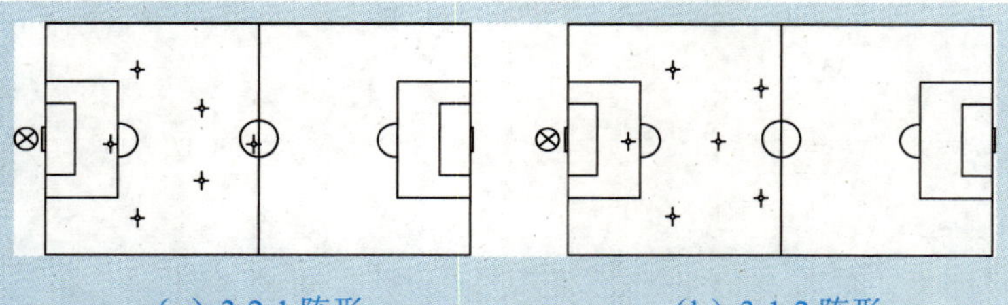

（a）3-2-1 阵形　　（b）3-1-2 阵形

图 6-42　比赛阵形

第七章 小球运动

DIQIZHANG

学习目标

- 掌握乒乓球的基本技术、基本战术、场地、比赛规则和课外专项训练方法。
- 掌握羽毛球的基本技术、基本战术、场地、比赛规则和课外专项训练方法。
- 掌握网球的基本技术、基本战术、场地、比赛规则和课外专项训练方法。

素质目标

- 在提升技术水平的同时，了解乒乓球文化、羽毛球文化和网球文化。
- 在训练中表现积极、认真，发扬拼搏精神。
- 培养坚持不懈、顽强拼搏的意志品质。

第一节　乒乓球

一、乒乓球概述

三分钟了解乒乓球运动

乒乓球运动起源于英国，其所用器材简单，易于开展，运动量可大可小，参加者不受年龄、性别等限制。乒乓球在我国有良好的群众基础，深受青年学生的欢迎。乒乓球比赛通常设有男女单打、男女双打、男女团体和男女混双等 7 个比赛项目。

体育树人

我国乒乓球运动长盛不衰，连续几十年在世界最高竞技舞台上大放光彩。乒乓球运动繁荣发展的原因是多元的，其中乒乓精神是主因。

什么是乒乓精神？乒乓精神可以概括如下：胸怀祖国、放眼世界、为国争光的爱国精神，发奋图强、自力更生、艰苦奋斗的实干精神，不屈不挠、勤学苦练、不断钻研、不断创新的工匠精神，同心同德、团结战斗的集体主义精神，胜不骄、败不馁的革命英雄主义精神。

依靠乒乓精神，中国乒乓球队在世乒赛、奥运会、世界杯三大赛事上，共获得了 100 多个世界冠军，数次囊括世锦赛 7 个乒乓球项目的全部冠军、奥运会乒乓球项目的全部金牌。这是我国竞技体育运动史上绝无仅有的辉煌战绩。

二、基本技术

（一）握拍方法

1. 直握拍方法

拇指第一指节与食指第二指节握住球拍的正面，拍柄压住虎口；中指、无名指和小指自然弯曲斜向并列于球拍背面，中指第一指节顶住球拍的后上部使球拍保持平稳，如图 7-1 所示。

2. 横握拍方法

中指、无名指和小指自然地握住拍柄，拇指在球拍正面，轻贴在中指的旁边，食指自然伸直，斜放于球拍的背面，虎口轻微贴拍，如图 7-2 所示。

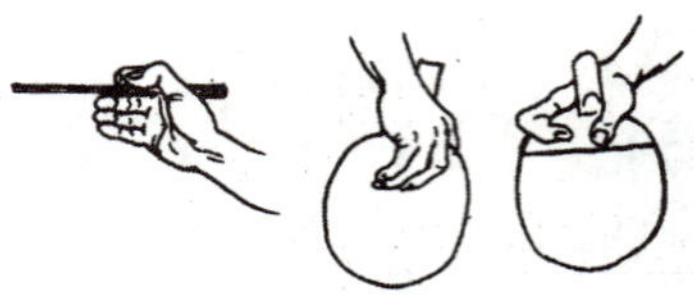

图 7-1 直握拍方法

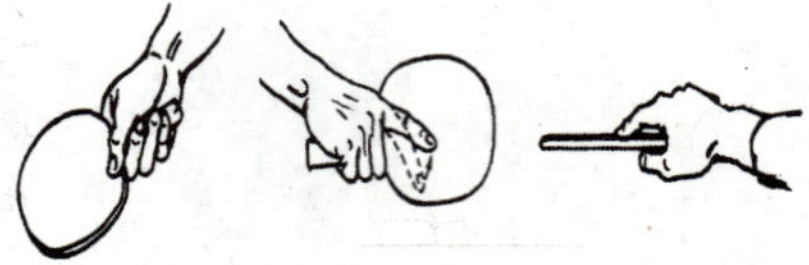

图 7-2 横握拍方法

（二）基本步法

1. 单步

以一只脚的前脚掌为轴，另一只脚向前、后、左、右的某个方向移动一步。单步的特点是移动范围较小，身体重心较为稳定。其多在来球离身体不远的情况下使用。

2. 跨步

一只脚向来球方向跨出一大步，另一只脚跟着移动。跨步的特点是移动范围较大，身体重心起伏也大。其多在来球急、角度大的情况下使用。

3. 滑步

两脚几乎同时向来球方向蹬地，离球远的脚先落地。滑步的特点是移动范围较大，身体重心平稳，便于发力。其多在来球角度较大、球速较快时使用。

4. 交叉步

离球远的脚朝来球方向跨出一大步，并从前面超过另一脚，两脚在身前交叉，另一只脚再向来球方向移出一步。其多在来球远离身体的情况下使用。

（三）发球方法

1. 正手平击发球

将球抛起，拍面稍向前倾，当球下降至稍高于球网时，手臂向左前方发力，挥拍击球的中上部。击球后，球的第一落点应在球台中区，如图 7-3 所示。

乒乓球发球技术

2. 反手发轻短球

手臂先向后上方引拍，当球下降至比球网稍高时，前臂向前下方轻微用力送出，拍面后仰，触球中下部并向底部摩擦，如图 7-4 所示。

3. 发下旋球

执拍手的上臂带动前臂加速向前下方挥拍，前臂迅速旋内。拍面后仰较大，由球的中下部向底部摩擦击球，如图 7-5 所示。

图 7-3 正手平击发球

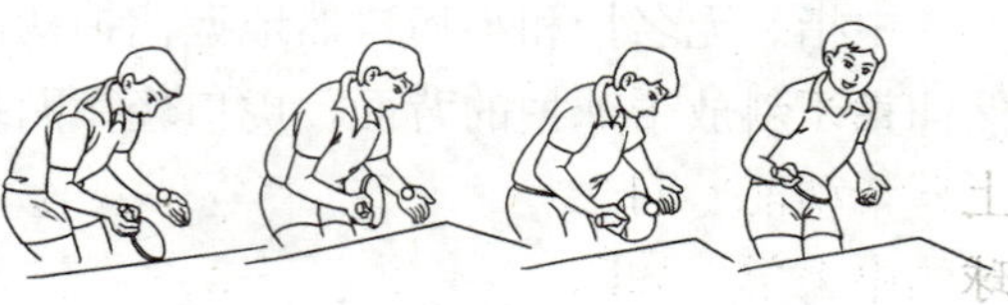

图 7-4 反手发轻短球

图 7-5 发下旋球

4．高抛发球

发球者先将球抛至 2～3 m 高的空中，待球下落至一定高度时再击球。由于抛球的高度较高，球体下落时的重力加速度骤增。挥拍时，上臂外展的幅度较大，并且要借助转腰与蹬地的力量。高抛球具有球速快、旋转强、时间差明显等特点。

（四）常用击球方法

1．推挡球

推挡球包括挡球、快推、快拨和加力推等多种方法，下面主要介绍挡球与快推的击球方法。

（1）挡球。

前臂与台面平行伸向来球。球拍触球时，前臂与手腕稍向前移动，拍面接近垂直，并在来球的上升期击球的中部，如图 7-6 所示。

（2）快推。

引拍时肘关节靠近身体右侧，前臂与台面平行。将球拍后引至左腹前，拍面垂直。击球时，前臂与手腕迅速前伸，食指用力，拇指放松使拍面稍向前倾，并在来球的上升期击球的中上部，如图 7-7 所示。

图 7-6 挡球　　图 7-7 快推

2．搓球

搓球是近台还击下旋球的一种技术。搓球时，球拍在体前，击球时上臂前伸，拍面稍向后仰，利用上臂前伸与旋外力量，将球拍向前下方送出，在来球的下降期摩擦球的中下部，如图 7-8 所示。

3．攻球

当来球将落至台面时，前臂外展，将球拍后引至身体右侧稍后。当来球从台面弹起时，上臂带动前臂向左前上方快速挥动，并配合前臂内旋动作将拍向前倾，在来球的上升期击球的中上部，如图 7-9 所示。

图 7-8　搓球

图 7-9　攻球

4. 弧圈球

执拍手沉肩垂臂，引拍至身体后下方，大臂带动前臂向前上方挥拍，并逐渐加快挥拍速度。拍触球时，右脚蹬地转体向左侧转动，迅速收缩前臂，发力要以腰、手为主，在来球的下降期击球的中部或中上部，如图 7-10 所示。

图 7-10　弧圈球

三、基本战术

- 推攻战术：主要运用正手攻球与反手推挡的速度和力量，并结合落点变化与节奏变化来压制和调动对方，以争取主动或得分。
- 两面攻战术：主要利用正、反手攻球技术的速度与力量压制对方，争取主动和创造扣杀机会。
- 拉攻战术：连续运用正手快拉创造进攻机会，然后采用突击与扣杀作为得分手段。拉攻战术是快攻打法对付削球类打法的主要战术。
- 拉、扣、吊结合战术：由拉攻与放短球结合而成，是快攻型打法对付削球打法的常用战术。
- 搓攻战术：主要运用“转、低、快、变”的搓球控制对方，以寻找战机，然后采用低突、快点或拉攻等技术展开攻势并连续进攻。
- 发球抢攻战术：发球抢攻战术是以旋转、线路、落点以及速度不同的发球来增加对方回击的难度，使其出现机会球或降低回球质量，然后抢先进攻，以争取主动或直接得分。

四、场地与比赛规则

（一）场地与器材

标准的乒乓球台由两块台面组成，每块台面的长为 137 cm，宽为 152.5 cm，球台与地面的距离是 76 cm。台面颜色为海蓝色或墨绿色。球台中间球网的网长是 183 cm，网高是 15.25 cm。乒乓球拍由底板、胶皮和海绵 3 部分组成。乒乓球呈白色、黄色或橙色，且无光泽。

（二）比赛规则

1. 赛制规则

在单打比赛中，首先由发球员合法发球，再由接发球员合法还击，然后两者交替合法还击。在双打比赛中，首先由球员合法发球，再由接发球员合法还击，然后由发球员的同伴合法还击，再由接发球员的同伴合法还击，此后，运动员按此次序轮流合法还击。

在一局比赛中，先得 11 分的一方为胜方；10 平后，先多得 2 分的一方为胜方；在一场比赛中，单打淘汰赛采用七局四胜制，双打淘汰赛与团体赛采用五局三胜制。

一场比赛应连续进行，但在局与局之间，任何一名运动员都有权要求不超过一分钟的休息时间。

2. 发球和击球

- **发球：** 发球员须用手将球几乎垂直地向上抛起，不得使球旋转，球的上升高度不少于 16 cm。当球从抛起的最高点下降时，方可击球，使球首先触及本方台区，然后越过或绕过球网装置，再触及对方的台区。
- **击球：** 对方发球或还击后，本方必须击球，使球直接越过或绕过球网装置，或触及球网装置后，再触及对方台区。

3. 发球次序

在一局比赛中，一方运动员在连续发两个球后，就换发球。比分打到 10 平或执行轮换发球法时，每得 1 分就换发球。在双打比赛中，发球与接发球次序不变，但每名运动员每次轮发两个球。

4. 得分

除被判重发球的回合，下列情况（均是在比赛状态下）运动员得 1 分：

- 对方运动员未能合法发球。
- 对方运动员未能合法还击。
- 运动员在发球或还击后，对方运动员在击球前，球触及了除球网装置以外的任何东西。
- 对方击球后，该球越过本方端线而没有触及本方台区。

- 对方阻挡。
- 对方连击。
- 对方用不符合规定的拍面击球。
- 对方运动员或其穿戴的任何东西使球台移动。
- 对方运动员或其穿戴的任何东西触及球网装置，包括对方运动员因抛乒乓球拍击球时乒乓球拍触网。
- 对方运动员不执拍手触及比赛台面。
- 双打时，对方运动员击球次序错误。
- 执行轮换发球法时，接发球运动员或其双打同伴，包括接发球一击，完成了 13 次合法还击。

五、课外专项训练

（一）垫球训练

1. 持拍垫球

一手持球，一手持拍，将球连续垫起，高度为 20 cm 左右。熟练后可加大难度，进行正反拍垫球或走动垫球。

2. 持拍垫旋转球

一手持球，一手持拍，当持球手把球抛起时，执拍手用拍面摩擦颠球一至二次，然后把球接住，体会手对球的控制力。

（二）击球训练

1. 击打地面反弹球

一手持球，一手持拍，用拍面将球垂直击向地面，当球弹起到一定高度时，继续用同样的方式连续击打地面的反弹球。熟练后可进行正反拍击球，体会击球的手感。

2. 打壁球

站在距墙 2 m 左右的位置，手持球拍，用球拍将球击向墙面，当球反弹后再击向墙面，反复练习多次。熟练后距离可增至 3～5 m，体会手腕用力的感觉。

（三）攻球训练

1. 正手攻球

站在球台前，练习定点正手攻球。要求动作完整、协调，移动迅速，及时控球，并注意观察回球路线的变化。

2. 反手推挡，正手攻球

站在球台前，练习反手推挡，正手攻球。要求动作完整、协调，移动迅速，能准确预测回球路线。

积极拓展，感受快乐

以班级为单位，举办趣味乒乓球比赛，确定比赛流程与规则。具体要求如下。

（1）确定比赛时间与地点。

（2）确定比赛项目，如用球拍垫球、用手表垫球、垫球接力、女子单打、男子单打等。

（3）确定参赛选手。

（4）确定比赛规则、比赛流程和奖励办法，选定2名裁判、2名后勤人员。

第二节　羽毛球

一、羽毛球概述

三分钟了解羽毛球运动

现代羽毛球运动诞生于英国，由网球派生而来。其简单易学，器材简单，适合男女老幼，运动量可根据个人的年龄、体质、运动水平和场地环境而定。羽毛球比赛设有男女单打、男女双打、男女团体和男女混双等7个比赛项目。汤姆斯杯赛、尤伯杯赛、苏迪曼杯以及全英羽毛球锦标赛等是羽毛球比赛中的大赛事。

体育树人

2018年5月的世界羽毛球团体锦标赛上，中国羽毛球运动员陈雨菲在半决赛中输了，中国女子羽毛球队无缘决赛。这次输球给当时只有20岁的陈雨菲带来了前所未有的触动。之后的两年多，她加强训练，不断赢球，真正从一个对什么事都不太在意的年轻小将，成长为一名渴望为队伍争取荣誉的领军人物。

“要更加自信，不要去怀疑自己。”这是在世界羽毛球团体锦标赛中失利后，陈雨菲给自己的总结。她的心态也发生了很大的变化，她说：“以前没有那么强烈的责任感，没觉得自己要去承担这个任务。自从输了球之后，想要帮助中国队拿冠军的愿望更加强烈，整个人更加坚定，信念也更足了。”

经历了世界羽毛球团体锦标赛的失利，陈雨菲加速成长，在2019年迎来了爆发，全年拿到了7个冠军，创造了7次进入决赛100%夺冠的纪录，她的世界排名也攀升至第一。

二、基本技术

（一）握拍方法

握拍方法有正手握拍和反手握拍两种，如图7-11所示（拍面与地面垂直）。

图 7-11 正手握拍法与反手握拍法

（图片来源：来自网络 https://zhidao.baidu.com/question/1604323225154674627.html）

- **正手握拍法：**虎口对着拍柄窄面的小棱边，拇指与食指贴在拍柄的两个宽面上，食指与中指稍分开，中指、无名指和小指并拢握住拍柄。
- **反手握拍法：**在正手握拍的基础上，拇指与食指稍向外转。

（二）基本步法

1. 上网步法

上网步法是完成上网搓球、推球、勾球、扑球及挑球的步法，主要包括蹬跨步、两步蹬跨步、垫步加蹬跨步和交叉步加蹬跨步等，如图 7-12 所示。

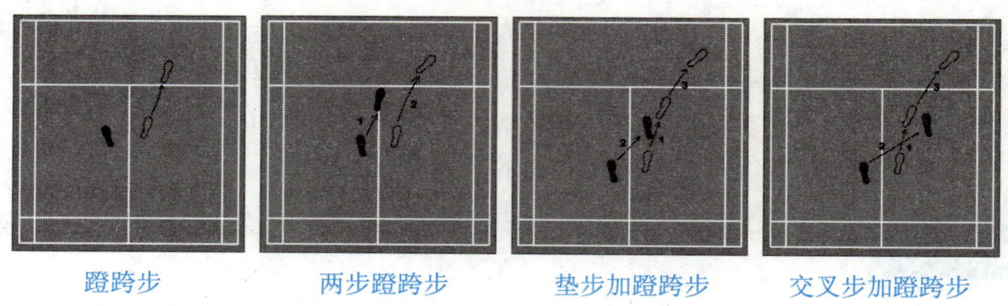

蹬跨步　两步蹬跨步　垫步加蹬跨步　交叉步加蹬跨步

图 7-12 蹬跨步上网步法

2. 后退步法

后退步法是指从中心位置后退到底线的步法。一般用于后退回击高球、吊球、杀球、后场抽球等。后退步法主要包括侧身后退一步步法、侧身并步后退步法和交叉步后退步法等，如图 7-13 所示。

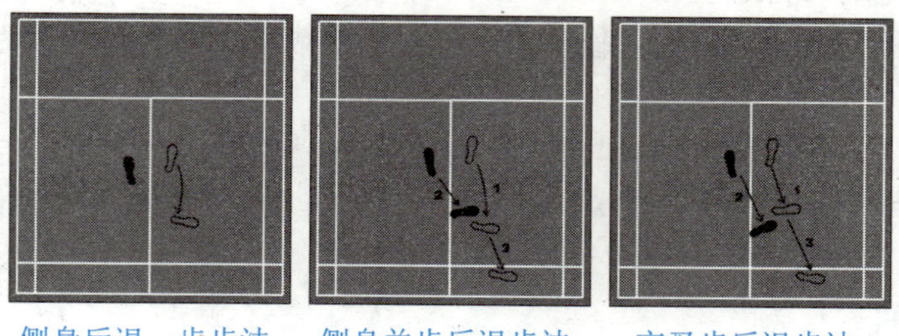

侧身后退一步步法　侧身并步后退步法　交叉步后退步法

图 7-13 后退步法

3. 两侧移动步法

两侧移动步法是指从中心位置向左、右两侧边线移动的步法，一般用于中场接球、扣杀球或起跳突击等。两侧移动步法主要包括向右侧蹬跨步、向右并步加蹬跨步、向左蹬转跨步和向左垫步加蹬转跨步，如图 7-14 所示。

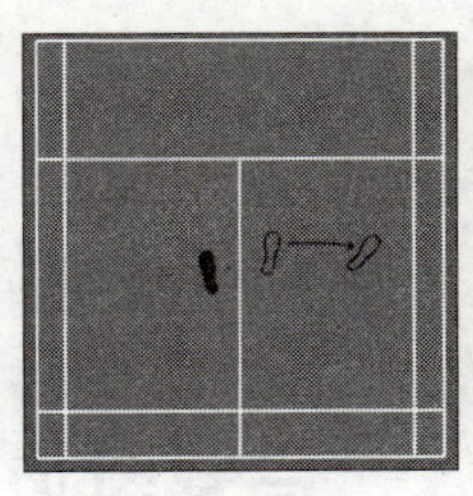

向右侧蹬跨步

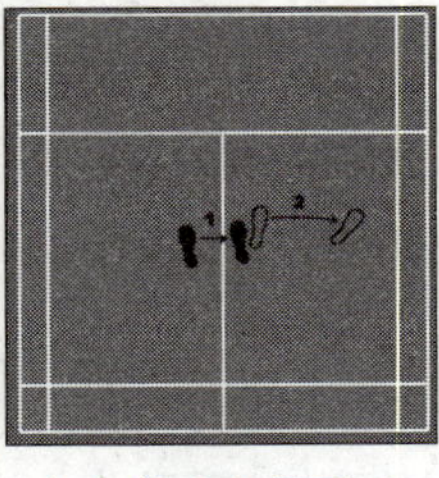

向右并步加蹬跨步

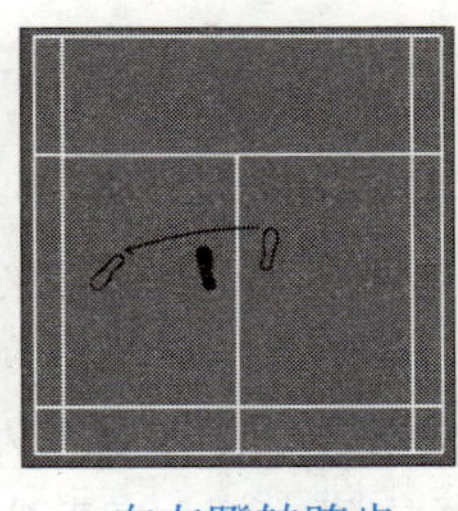

向左蹬转跨步

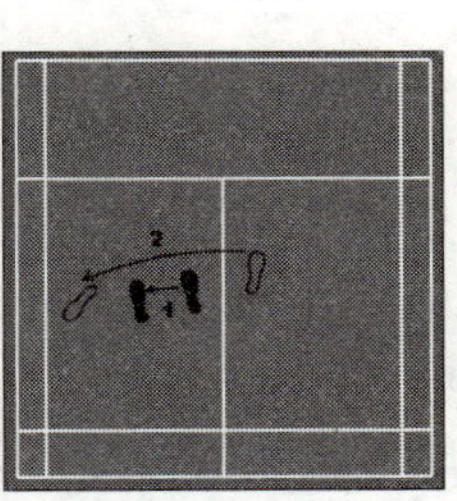

向左垫步加蹬转跨步

图 7-14　两侧移动步法

（三）发球方法

1. 高远球

发高远球是指把球发得又高又远，球的飞出方向与地面的夹角要大于 45°。当球落到右臂向前下方伸直能够接触到球的刹那，紧握球拍，并利用手腕屈收的力量向前上方发力击球，然后顺势向左上方挥动缓冲，如图 7-15 所示。

2. 平高球

发平高球的动作要领大致与发高远球相同，只是在击球的一刹那，前臂加速带动手腕向前上方挥动，拍面要向前上方倾斜，球的飞行路线如图 7-16 所示。

图 7-15　正手发高远球

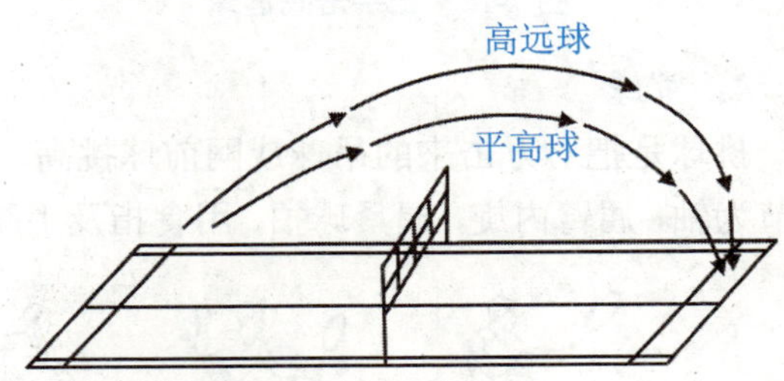

图 7-16　高远球与平高球运动轨迹

3. 网前球

网前球是指球刚好越网而过，落在发球线附近的球。正手发网前球时，上臂动作要小，主要靠前臂带动手腕向前切送；反手发网前球时，球拍触球时的拍面应呈切削状，手腕柔和发力，由后向前推送击球，如图 7-17 所示。

图 7-17　正手、反手发网前球

（四）击球方法

羽毛球高远球和扣杀球演示

1．高远球

球落至额前上方击球点时，上臂往右上方抬起，前臂自然后摆，手腕尽量后伸。前臂急速内旋，向前上方挥动，手腕发力击球的后部，如图 7-18 所示。

2．平高球

击平高球与击高远球的动作要领类似，只是在击球的一刹那，手腕是向前用力而不是向前上方用力。

3．吊球

球下落到接近击球点高度时，右腿开始蹲伸，身体由右向左转动。腰腹协调用力，上臂带动前臂，利用伸肘关节、前臂旋内和屈腕的力量，向前下方轻击来球，如图 7-19 所示。

图 7-18　正手击高远球

图 7-19　正手吊球

4．挑球

挑球是把对方击来的吊球或网前球挑高，回击到对方后场去。来球时球拍后引，以肘关节为轴，屈臂内旋，握紧球拍，用食指及手腕的力量将球向前上方击出，如图 7-20 所示。

图 7-20　正手挑球

5．扣杀球

快速后退，向上引拍。在球开始下落时靠脚尖蹬地的力量起跳，击球时，充分利用腰腹力量，以大小臂带动手腕快速下扣，如图 7-21 所示。

图 7-21　扣杀球

三、基本战术

❖ **发球抢攻战术：**从发球的第一拍起，争取控制对方，以攻杀得分。这种战术一般为发网前低球结合平快球、平高球，争取第三拍主动进攻。

❖ **攻后场战术：**此战术是通过击高球、重复压对方的底线两角，造成对方被动，然后寻找机会进攻。

❖ **攻前场战术：**对于网前技术较差的对手，可运用此战术先将其吸引到网前，然后再攻击其后场。要采用此战术，自己首先要有较好的网前击球技术。

❖ **杀、吊上网战术：**对于对手打来的后场高球，本方先以杀球配合吊球把球下压，落点选在场区的两条边线附近，致使对手被动回球。

❖ **打对角线战术：**对付身体灵活性差、转体较慢的对手，不论是进攻还是防守，均应以打对角线球为主。

四、场地与比赛规则

（一）场地

羽毛球运动的场地长度均为 13.40 m，单打场地的宽度为 5.18 m，双打场地的宽度为 6.10 m。球场四周 2 m 以内、上空 9 m 以内不得有任何障碍物，如图 7-22 所示。

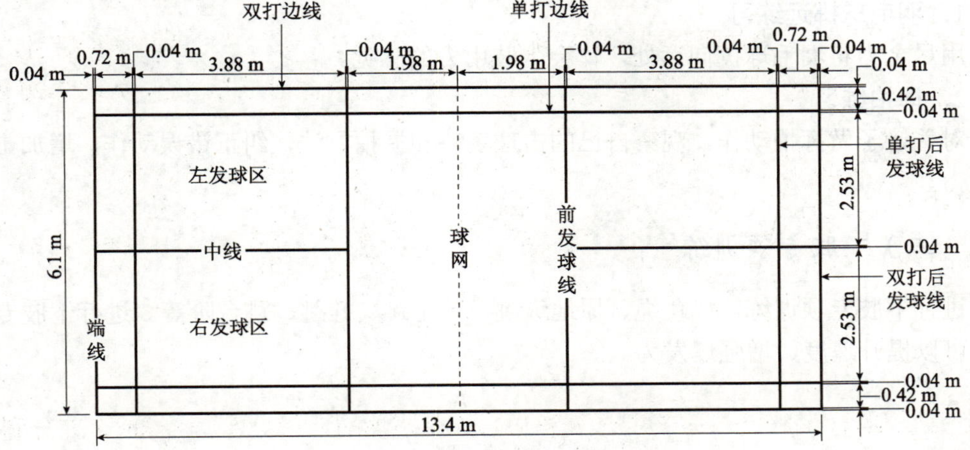

图 7-22　羽毛球运动场地

（二）比赛规则

1．发球、接发球和场区选择

比赛开始时，双方应掷挑边器，获胜方选择先发球或先接发球和场区。

在单打比赛中，当发球方的分数为0或偶数时，双方运动员均应在各自的右发球区发球或接发球；当发球方的分数为奇数时，双方运动员均应在各自的左发球区发球或接发球。在一个回合中，球应由发球方与接球方交替从各自所在场地一边的任意位置击出，直至其成为死球为止。

在双打比赛中，当发球方的分数为0或偶数时，发球方应从右发球区发球；当发球方的分数为奇数时，发球方应从左发球区发球。接发球方上一回合最后一次发球的运动员应在原发球区接发球。其同伴接发球的站位则与其相反。接发球员应是站在发球员斜对角发球区的运动员。发球方每得一分后，原发球员变换发球区再发球。

每局比赛的发球权必须按如下顺序传递：首先是发球员从右发球区发球，其次是首先接发球员的同伴从左发球区发球，然后是首先发球员的同伴，接着是首先接发球员，再接着是首先发球员，如此传递。一局胜方的任意运动员可在下一局先发球；一局负方的任意运动员可在下一局先接发球。

2．计分方法

除非另有规定，一场比赛应以三局两胜定胜负，率先得到21分的一方赢得当局比赛，如果双方比分打成20∶20，获胜一方需超过对手2分才算取胜，如果双方比分打成29∶29，则率先得到第30分的一方取胜。首局获胜的一方在接下来的一局比赛中率先发球。对方“违例”或球触及对方场区内的地面成死球，则该方胜这一回合并得1分。

五、课外专项训练

（一）上肢专项训练

1．羽毛球掷远练习

用尽全力将羽毛球掷向远处，体会上肢用力的感觉。

2．挥拍练习

对着镜子做挥拍动作，观察自己的击球姿势和握拍方法，纠正错误动作，增加击球的爆发力。

（二）下肢专项训练

进行下肢专项训练，如跳绳、原地纵跳、单足跳、蛙跳、跳台阶等。进行下肢专项训练，可以提升速度，增强爆发力。

积极拓展，感受快乐

举办“青春杯”羽毛球比赛

为了激发学生对羽毛球运动的热情，提升学生的羽毛球技术，以班级为单位，举办“青春杯”羽毛球比赛。全班同学自由组合，分成若干参赛队伍。要求参赛选手熟练掌握羽毛球基本技术和基本战术。

（1）比赛场地：羽毛球场。

（2）项目设置：男子单打、女子单打、男女双打。

（3）比赛规则：① 以抽签方式决定比赛顺序。② 采用一局 21 分制，即率先得到 21 分的一方获胜；如果双方比分打成 20 比 20，则一方需超过对手 2 分才算获胜。③ 预赛、决赛均采用淘汰制，即输一场则直接淘汰。

（4）奖项设置：设男子组冠军、女子组冠军和组合冠军。

第三节　网　球

一、网球概述

三分钟了解网球运动

网球运动孕育在法国，诞生在英国，普及在美国。它是一项优美而激烈的运动，能够充分施展个性，放松身心。网球比赛项目包括男子单打、女子单打、男子双打、女子双打、混合双打、男子团体和女子团体等。温布尔登网球锦标赛、美国网球公开赛、法国网球公开赛和澳大利亚网球公开赛，是网球四大满贯。

体育树人

2018 年中国网球公开赛上，王蔷和张帅两朵金花双双晋级女单八强，这是自中国网球公开赛升级为国际最高级别的赛事以来，首次有两位中国球员杀进女单 8 强！

在 1/4 决赛中，张帅对阵美国网球公开赛冠军大坂娜奥米，张帅一度以 4：1 和 5：3 的比分领先，但均被大坂娜奥米追上，最终张帅以 1：2 的比分遗憾落败，无缘女单 4 强。虽然落败，但在这场比赛中张帅打得非常顽强，展现了中国选手的奋发与坚韧。

这次比赛中有一个值得注意的地方，那就是每次比分持平、双方处于胶着状态的时候，在反复争夺中张帅总能熬到最后。大阪娜奥米在 2018 年美国网球公开赛决赛中战胜名将小威廉姆斯并夺得大满贯冠军，技术十分了得。在 1/4 决赛的最后阶段，不难看出张帅与大阪娜奥米相比明显体力不支，但张帅从未放弃，仍咬牙坚持。

二、基本技术

（一）握拍方法

网球拍有3种基本的握拍方式，即东方式、西方式和大陆式。为了能够更加直观地理解握拍的方法，这里用拍柄的平面图展示握拍时虎口的位置（此时拍面垂直于地面），如图 7-23 所示。

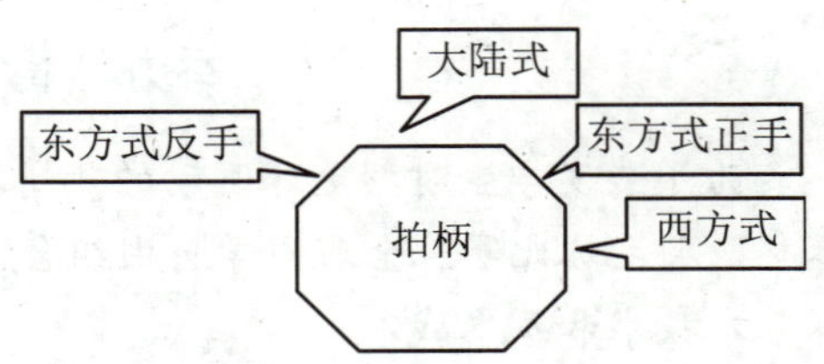

图 7-23　球拍握法示意图

1. 东方式

东方式握拍法俗称“握手式”握拍法，包括东方式正手握拍与东方式反手握拍。正手握拍时，拇指与食指呈“V”字形，虎口处在球拍的右上斜面；反手握拍是在正手握拍的基础上，虎口沿逆时针旋转两个平面。如图 7-24 所示。

图 7-24　东方式正手、反手握拍方法

2. 西方式

西方式握拍法俗称“一把抓”，是虎口处于拍柄右平面的握拍方法，如图 7-25 所示。

3. 大陆式

大陆式握拍法俗称“握锤式”，是虎口处于拍柄上平面的握拍方法，如图 7-26 所示。

图 7-25　西方式握拍方法　　图 7-26　大陆式握拍方法

（二）站位姿势

网球入门

1. 准备姿势

正手握拍时的准备姿势如下：面对球网，两脚向前自然分开，两膝微屈，身体略向前倾，重心落在两脚的前脚掌上，右手握拍，左手轻托拍颈，两肘微屈，球拍舒适地放在身前，拍面垂直于地面，拍头

指向对方，双眼注视来球方向，做好击球准备，如图 7-27 所示。

2．挥拍动作

挥拍动作不是单纯的挥动球拍，而是一个从准备活动开始的连续、完整的动作。挥拍动作由以下六个部分组成。

准备姿势：身体、肩部等都要放松，如过于用力，将无法顺利做出挥拍动作。

后摆：后摆动作可以是从上向下、直线或从下向上，同时身体配合转动，如图 7-28 所示。后摆动作要有充分的余地，最好在来球刚过网时进行。

前挥：眼睛要盯住球，臂部要尽量伸展挥拍，且不要仰头，如图 7-29 所示。

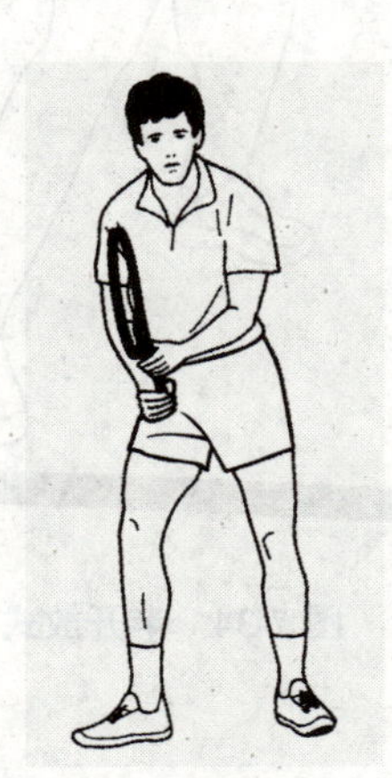

图 7-27　准备姿势

图 7-28　后摆

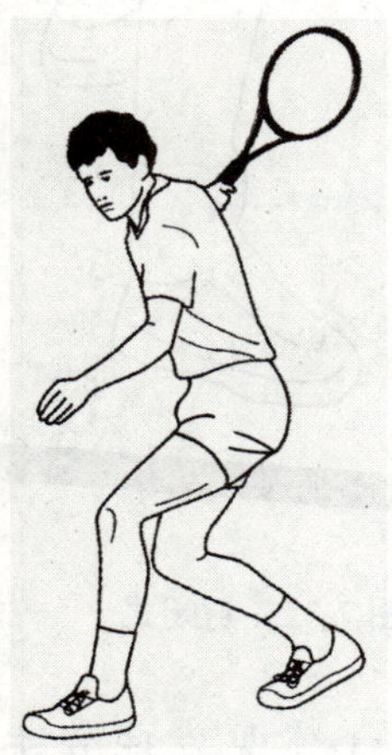

图 7-29　前挥

击球：手腕固定，保持拍面稳定，击球的一瞬间再猛力握拍，如图 7-30 所示。

随挥：动作幅度要大，且自然地停止用力，如图 7-31 所示。

图 7-30　击球

图 7-31　随挥

回到准备姿势：随挥后的手臂平缓地收回到身体的中心，做好再次击球的准备。

3. 步法

封闭式：右脚略朝向斜侧，左脚与来球方向平行，如图 7-32 所示。

开放式：后脚在身体后侧，来球时马上跟进，另一只脚相应前移，以保持平衡，如图 7-33 所示。

半开放式：后脚比来球飞行方向的平行位置稍靠后，脚步更开，从而减轻上肢的压力，如图 7-34 所示。

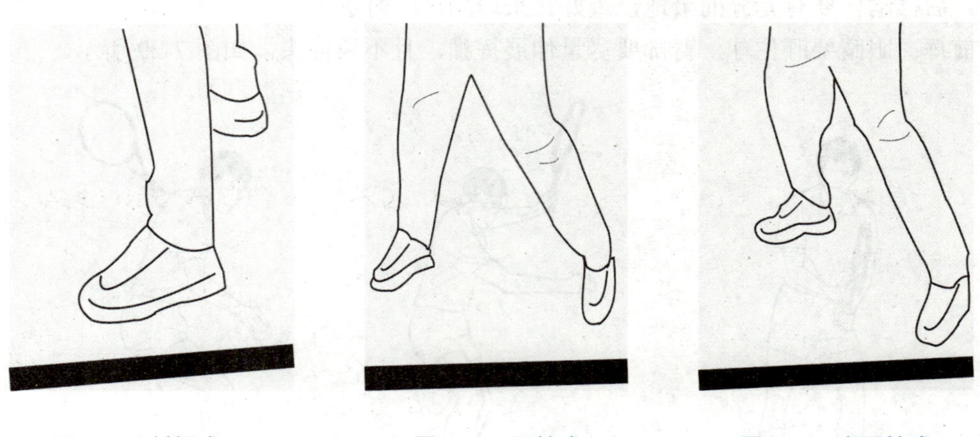

图 7-32　封闭式　　图 7-33　开放式　　图 7-34　半开放式

（三）常见发球方法

发球时多采用大陆式或东方式握拍方法，发球一般有平击发球、切削发球和旋转发球 3 种。

1. 平击发球

击球点应在右眼的前上方，以拍面中心平直对准球，击球的后中上部，身体充分向上向前伸展，以获得最高击球点，提高发球命中率。

2. 切削发球

发球时，把球抛向右侧斜上方，球拍快速从球的右上方往左下方切削击球。

3. 旋转发球

旋转发球时，把球抛向头后偏左的位置，击球时，身体后仰呈弓形，球拍快速从左向右上方挥动，从下向上擦击球的背面，并向右带出，使球产生右侧上旋。

（四）常见击球方法

1. 正、反拍击球

（1）正拍击球。

来球时，向右侧转体，同时带拍后引。右脚向右转与端线平行，左脚向右前方 45°方向迈出。来球在 1 m 左右时，以肩为轴，借助转腰、髋及蹬腿的力量，挥动手臂，以拍面的中心击球的中部，如图 7-35 所示。

图 7-35 正拍击球

（2）反拍击球。

来球时，向左侧转体，同时带拍后引。左脚向左转与端线平行，右脚向左前方 45°方向迈出，握拍手腕回勾，肘关节弯曲并贴近身体。击球时，转腰回身，重心前移，肘关节外展，挥拍由下向上至身体左前方，如图 7-36 所示。

图 7-36 反拍击球

2. 截击球

截击球又称“拦网”，是指来球落地之前被凌空击回。打截击球时，后引拍动作不宜过大，击球点保持在身体前方约一臂处。击球时，手腕固定，紧握球拍，拍面不要转动。

3. 高压球

高压球是指在头部上空用扣杀动作还击来球的方法。高压球的握拍、击球与发球时的动作相似，稍有不同的是，由于对方击过来的球下落速度比发球时快，所以要以较小的身体动作，较短而直接的后摆收拍，完成击球动作。

4. 挑高球

挑高球是使球高高飞越球网，并落入对方后场区域。当对方上网时，可用挑高球迫使对方后退，为自己赢得回到场中有利位置的时间。击挑高球时，拍面朝上，由后下方向前上方平缓挥拍，击球的中下部。击球时的动作要柔和，但手腕不能放松。

5. 放小球

放小球是指将球轻轻击到对方网前。放小球时，拍面稍开，动作柔和，击球的下部，使之产生下旋，并加以前推或上托动作，使球以适当的弧线落在对方球场近网处，一般离网不超过 1.5 m。

三、基本战术

（一）发球、接发球战术

站在右区发球时，站位应靠近中点，发直线球来迫使对方反手接球；站在左区发球时，站位可以距中点稍远，这样便于以更大斜线发到对方反拍区，同时扩大自己正拍防守的区域。

接发球时，站位应尽量在端线内 0.5 m 左右，即对方发球区的有效范围内的角分线上，这样可以压制对方，自己上网。

（二）上网战术和底线战术

上网战术是指在发球或接发球后，冲到离网较近的位置，不等对方回击的球落地便进行空中截击或高压的一种战术。上网时，尽可能站在距离球网约 2 m 处，近网进攻威胁性大，封网角度小，防守控制面积大。

在底线击球时要利用整个场地，可以使用斜线对拉打法大范围调动对手，以争取时间，寻找有利的进攻时机。击球时，以快速、准确、凶狠的攻势战胜对方。

四、场地与比赛规则

（一）场地

一个标准网球场地的占地面积不小于 36.6 m×18.3 m。在这个面积内，有效的网球运动场地呈长方形，其长度为 23.77 m，单打场地的宽度为 8.23 m，双打场地的宽度为 10.97 m，如图 7-37 所示。

（二）比赛规则

1. 发球规则

发球员应站在端线后，中点与边线的假定延长线之间的区域里。每局开始时，从端线后的 A 位置开始发球，发出的球应落在对角的对方发球区有效范围内（右区）。当增加 1 分时，换到 B 位置发球，如图 7-38 所示。

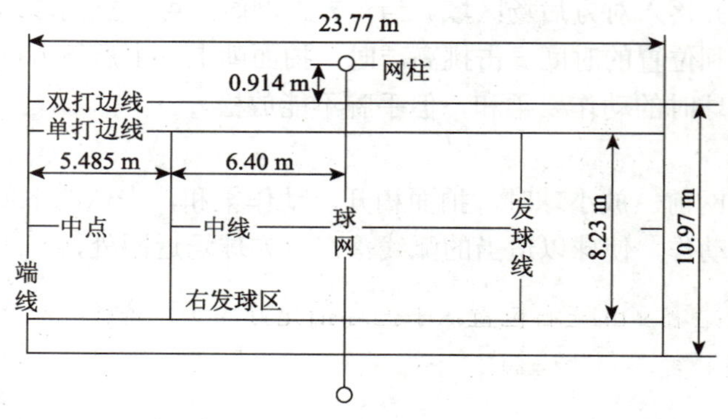

图 7-37　网球运动场地

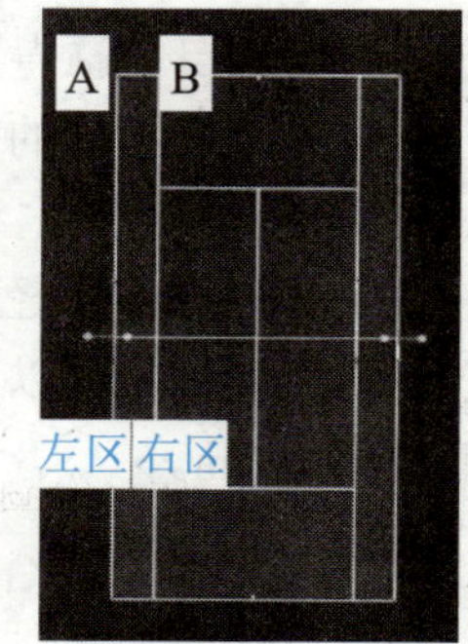

图 7-38　发球规则示意图

2. 计分方法

男子比赛一般采用五盘三胜制，女子比赛多采用三盘两胜制。

（1）得 1 分。

发球员发出的球落地前触及接球员的身体或穿戴物，本方得 1 分。

发生下列任意一种情况，均判对方得 1 分：

- 在球第二次着地前，未能还击过网。
- 还击的球触及对方场区界线以外的地面、固定物或其他物体。
- 还击空中球失败。
- 故意用球拍触球超过一次。
- 运动员的身体、球拍在发球期间触及球网。
- 过网击球。
- 抛拍击球。

（2）胜 1 局。

每胜 1 球得 1 分，先胜 4 分者胜 1 局。双方各得 3 分时为平分，平分后，净胜 2 分为胜 1 局。

（3）胜 1 盘。

一方先胜 6 局为胜 1 盘。双方各胜 5 局时，一方净胜两局为胜 1 盘。

在每盘的局数为 6 平时，有以下两种计分制：

- **长盘制：**一方净胜两局为胜 1 盘。
- **短盘制（即抢七）：**先得 7 分者胜该局及本盘。

五、课外专项训练

（一）对着镜子检查挥拍动作

对着镜子做挥拍动作，观察自己的击球姿势、击球点位置及随挥动作的定型位置，纠正错误动作。

（二）抛球训练

先确定参照点或线，然后反复抛球。将球抛到参照位置，让球自然落地，检查落点是否在身体的前侧方，感受发球的稳定性和节奏感。

（三）对墙击球

先在墙上画一个圈，然后站在距墙 9 m 左右位置，手握球拍充分后引，挥拍击球，记录击球命中圆圈的次数。注意掌握节奏，不断增加命中率。

第八章 田径运动

学习目标

- 了解田径运动的概念和功能。
- 掌握跑类运动、跳跃类运动、投掷类运动的基本技术、场地和比赛规则。

素质目标

- 领会田径运动代表的坚持不懈、勇往直前、勇跃高峰的精神。
- 了解我国田径运动的发展历程、田径世界冠军。
- 培养良好的锻炼习惯，培养团结协作、公平竞争、拼搏奋进的品质。

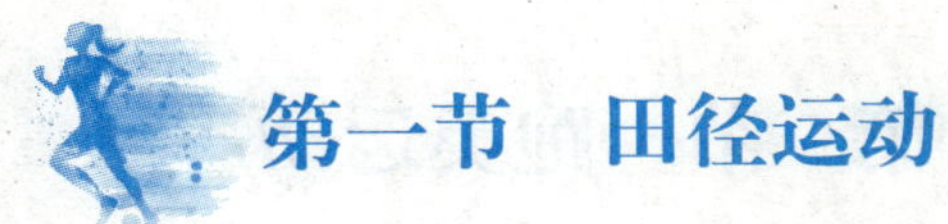

第一节　田径运动

一、田径运动的概念

田径运动是在人类长期的生产劳动中产生与发展起来的，包括走、跑、跳跃和投掷等运动项目，以及由部分项目组成的全能运动项目。

田径运动项目分为田赛项目、径赛项目和全能项目。田赛项目是指在田径场规定的区域内进行的跳跃与投掷项目；径赛项目是指在跑道或规定的公路上进行的跑和走的竞赛项目；全能项目是指由跑、跳跃和投掷项目组合而成的综合项目。

二、田径运动的功能

田径运动可以提高人类的健康水平与身体机能，增强人们的体质。如果人们经常从事田径运动，可以促进机体的新陈代谢，改善神经系统的调节功能和内脏器官的功能，从而提高健康水平。

田径运动是各项运动的基础。经常参加田径运动，可以提升自身的运动技能（包括速度、力量、耐力和灵敏度等），这些技能都是各项运动的基础。

田径运动能提高人类心理素质，磨炼意志。田径运动可以培养人们勇敢、顽强、坚韧、果敢的意志品质，加强拼搏精神。

体育树人

作为中国短跑界的领军人物，苏炳添的实力与影响力都是毋庸置疑的。一路走来，苏炳添凭借自身实力与拼搏奋进的精神，在赛场上创造了无数佳绩。

早在 2012 年伦敦奥运会中，苏炳添就以小组第三的成绩成功晋级半决赛，成为中国短跑史上第一位晋级奥运会男子百米半决赛的选手。在 2015 年赛季中，苏炳添成功突破百米 10 秒大关，创造了 9 秒 99 的成绩。之后的几个赛季中，苏炳添一路高歌猛进，不断创造佳绩，尤其是在 2018 年赛季中，状态极佳的苏炳添创造出 9 秒 91 的成绩，追平亚洲百米纪录，成为当之无愧的亚洲短跑王者！

所有的成功者都需要经过千锤百炼的磨炼。在 2018 年赛季之后，苏炳添受伤病困扰、疫情防控等因素的影响，鲜少出现在赛场上，但是他曾对观众承诺过，“希望自己跑出未负伤时的状态”。在 2021 年 5 月的美国男子百米比赛中，重返赛场的苏炳添不负众望，跑出了 9 秒 98 的佳绩，宣告自己重返职业生涯的巅峰。

第二节　跑类运动

跑类运动是单脚支撑与腾空相互交替、蹬与摆相互配合的周期性运动。跑类运动分为短跑及中长跑。

三分钟了解短跑

一、基本技术

（一）短跑

短跑是指跑步距离在 400 m 及其以下的径赛项目。短跑的过程可分为起跑、起跑后加速跑、途中跑和终点跑四个阶段。

1．起跑

短跑技术和起跑要点

短跑必须采用蹲踞式起跑方式，并使用起跑器。蹲踞式起跑分为各就位、预备和鸣枪三个阶段。动作要领：

（1）各就位。听到“各就位”口令后，深呼吸，走到起跑线前，屈体下蹲，两脚依次踏在起跑器的抵脚板上，较有力的腿在前，后膝跪地；双手四指并拢，与拇指呈“八”字形，虎口向前，支撑于起跑线后沿处；双手间距离比肩稍宽，双臂伸直，颈部放松，目视前下方 40～50 cm 处，如图 8-1（a）所示。

（2）预备。听到“预备”口令后，臀部平稳抬起，与肩同高或略高于肩，肩部略超出起跑线，重心置于双臂与前腿上，两脚紧贴起跑器的抵脚板，集中注意力，如图 8-1（b）所示。

（3）鸣枪。听到枪声后，双手迅速推离地面，两臂屈肘有力做前后摆动，两脚用力蹬离起跑器，后腿迅速曲膝向前上方摆出，前腿快速有力地蹬伸，使髋、膝、踝三个关节得以伸展，并以较大幅度的前倾姿势把身体向前推进，如图 8-1（c）所示。

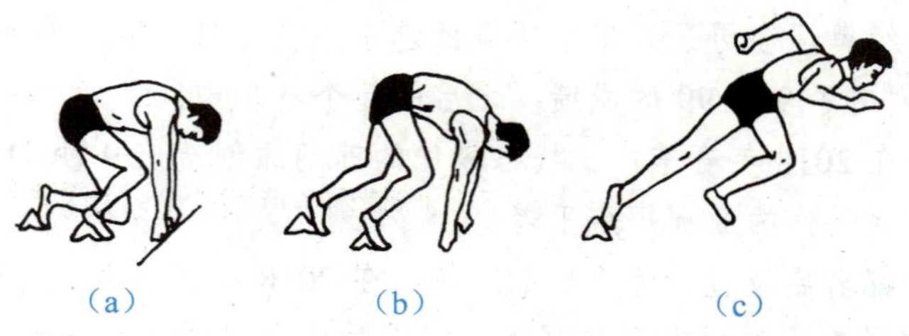

图 8-1　起跑示意图

2．起跑后加速跑

起跑后加速跑是从后腿蹬离起跑器到途中跑之间的一个跑段，距离一般为 25～30 m。

动作要领如下。

（1）两臂用力加速摆动，摆幅加大；摆动腿用力上抬，向前摆动；支撑腿用力向后下方蹬伸，上体保持较大幅度前倾。

（2）步长逐渐加大，步频加快，上体逐渐抬起并过渡到途中跑姿势。

3. 途中跑

途中跑是短跑全程中距离最长、速度最快的一段。

动作要领（见图 8-2）如下。

图 8-2　途中跑示意图

（1）头与上体保持正直或稍前倾，两臂屈肘，以肩为轴前后协调摆动。

（2）摆动腿的大腿高抬，积极前摆，并带动同侧髋部稍稍向前。

（3）当身体重心前移超过垂直位置后，支撑腿快速有力地蹬伸，以推动身体向前，当支撑腿蹬离地面时，身体呈现腾空状态。

（4）支撑腿的小腿随蹬地后的惯性向大腿靠拢，大小腿成折叠姿势，原支撑腿转为摆动腿，用力前摆。与此同时，原摆动腿的大腿积极下压，小腿自然前伸，以前脚掌向后扒地，转为支撑腿。

途中跑技术

4. 终点跑

终点跑是短跑的最后一段，一般始于终点线前 15～20 m。

动作要领：上体前倾，两臂用力加速摆动，大腿抬高，向前迈步的频率加快；距终点线约一步时，上体应急速前倾，用胸部或肩部触压终点线，跑过终点。

（二）中长跑

中长跑是中距离跑与长距离跑的简称，是指跑步距离在 800～10 000 m 的径赛项目，其技术动作与短跑基本相同。以下仅介绍中长跑中的技术要点。

1. 起跑

中长跑采用站立式起跑方式，分为各就位与鸣枪两个阶段。

（1）各就位。两腿前后开立，有力脚在前，全脚掌着地，脚尖紧靠起跑线后沿，后脚脚尖着地；上体前倾，两膝弯曲，有力脚异侧臂置于体前，同侧臂放于体侧；身体重心落于前脚，目视前下方 3～5 m 处，保持稳定姿势，如图 8-3（a）所示。

（2）鸣枪。听到枪声后，两脚用力蹬离地面，后腿迅速前摆，前腿伸直，两臂用力加速摆动，使身体快速向前冲出，如图 8-3（b）所示。

图 8-3　站立式起跑示意图

2. 起跑后加速跑

中长跑的起跑后加速跑与短跑的技术基本相同，不同的是，中长跑的上体前倾幅度和蹬摆力度稍小。加速跑的距离需要根据竞赛项目、参加人数、个人训练水平和战术要求等情况而定。

3. 途中跑

与短跑技术相比，中长跑的途中跑动作幅度略小，脚着地柔软而有弹性，一般由脚跟着地过渡到脚尖着地，跑步过程中保持匀速而有节奏。

4. 终点跑

中长跑的终点跑距离需要运动员根据自己的体力情况、战术要求和临场情况而定，一般为到达终点前的 100～200 m。

5. 中长跑的呼吸

中长跑的体力消耗大，运动员对氧气的需求量也较大，因此呼吸时要有一定的频率与深度，并与跑步的节奏相配合，通常为 2～3 步一呼，2～3 步一吸。

随着疲劳的出现，运动员呼吸的频率会有所增快，此时应注意深呼气，以充分呼出二氧化碳，并吸进大量的新鲜氧气。

二、场地与比赛规则

（一）场地

国际标准径赛场地为 400 m 半圆式田径场，其跑道由两段相等并平行的直段与两段半圆弯道组成，半圆的外沿直径为 36.5 m。径赛各项目起点如图 8-4 所示。

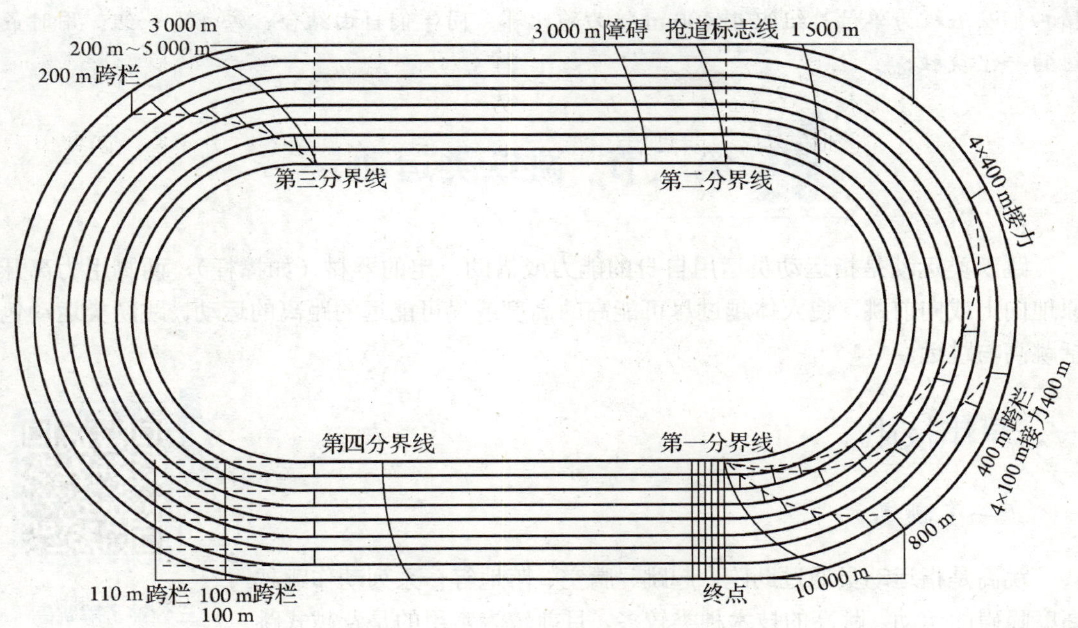

图 8-4 径赛场地示意图

（二）比赛规则

1. 名次判定

参赛运动员的名次取决于其身体躯干（不包括头、颈、臂、腿、手或足）抵达终点线后沿垂直面为止时的顺序，以先到达者名次列前。

2. 起跑犯规

（1）运动员在枪声响起前有任何起跑动作，均属于起跑犯规。除此之外，在“各就位”口令发出后，运动员若以声音或动作扰乱他人，也应判为起跑犯规。

（2）起跑时，运动员一旦出现抢跑，将被取消该项目的比赛资格。

3. 分道跑

（1）在分道跑和部分分道跑径赛项目中，参赛者越出跑道，获得实际利益或冲撞、阻碍其他参赛者，将被取消比赛资格。

（2）在 800 m 跑比赛中，运动员通过抢道标志线（见图 8-4）以后才能离开自己的跑道，切入里道。在 4×400 m 接力跑比赛中，跑第一棒的运动员是分道跑的，跑第二棒的运动员接棒后，再跑一个弯道后可以开始抢道。

积极拓展，感受快乐

跑步是一项有益身心的运动，不仅可以增强体力，还可以调节大脑皮质的兴奋中枢和抑制中枢，使人释放压力、精神振奋，保持积极乐观的心态，同时可以培养勇敢、顽强的精神。以班级为单位，组织 4×400 m 接力跑比赛。同学们自由结合，每 4 人一组。用时最短的一组获胜。

第三节　跳跃类运动

跳跃类运动是指运动员运用自身的能力或借助一定的器材（如撑杆），两脚用力离开原地向上或向前跳，使人体越过尽可能高的高度或尽可能远的距离的运动。跳跃类运动包括跳高与跳远。

一、基本技术

（一）跳高

三分钟了解跳高

跳高是指运动员通过助跑、起跳、腾空、落地等一系列动作跳越高度障碍的运动。跳高的技术种类较多，目前较为常用的是背越式跳高。背越式跳高分为助跑、起跳、过杆和落地四个阶段。

1．助跑

背越式跳高的助跑分为直线跑与弧线跑两个阶段，助跑路线如图 8-5 所示。

动作要领：

（1）直线助跑一般为 4～5 步加速跑，两腿后蹬和前摆的幅度较大，身体重心较高，动作轻松、自然、有弹性。

（2）弧线助跑一般为 4～5 步，助跑时身体略向圆心倾斜，脚落地时由脚跟过渡到前脚掌，摆臂与弯道途中跑相似。助跑的最后两步应加快节奏。

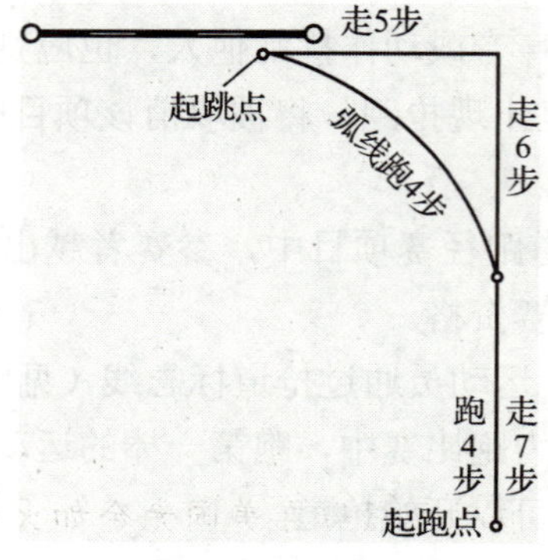

图 8-5　助跑路线图

2．起跳

动作要领：

（1）起跳腿（背越式跳高以远离横杆的腿为起跳腿）向身体对侧迈出，踏上起跳点，以脚跟外侧着地，并迅速过渡到全脚掌，曲膝缓冲，身体向起跳腿一侧倾斜，如图 8-6（a）—（d）所示。

（2）摆动腿的大腿积极向前上方摆至水平位置，小腿自然下垂，身体转为正直，如图 8-6（e）所示。

（3）摆动腿曲膝内扣，向异侧肩上方摆动，并带动髋部向内转动，起跳腿迅速蹬伸，伸展髋、膝和踝关节，完成起跳动作，如图 8-6（f）—（g）所示。

3. 过杆和落地

动作要领：

（1）保持起跳腿蹬伸，躯干充分伸展；上体转动成背对横杆，起跳腿自然下垂，如图 8-6（h）—（j）所示。

（2）当头与肩越过横杆后，迅速沉肩，两臂置于体侧，髋关节向上挺起，形成“背弓”，两膝自然弯曲，小腿自然下垂，如图 8-6（k）—（n）所示。

（3）当髋关节过杆后，大腿向上摆动，小腿上踢，使整个身体过杆，如图 8-6（o）—（r）所示。

（4）两肩继续下潜，含胸收腹，自然下落，以肩部领先着垫。

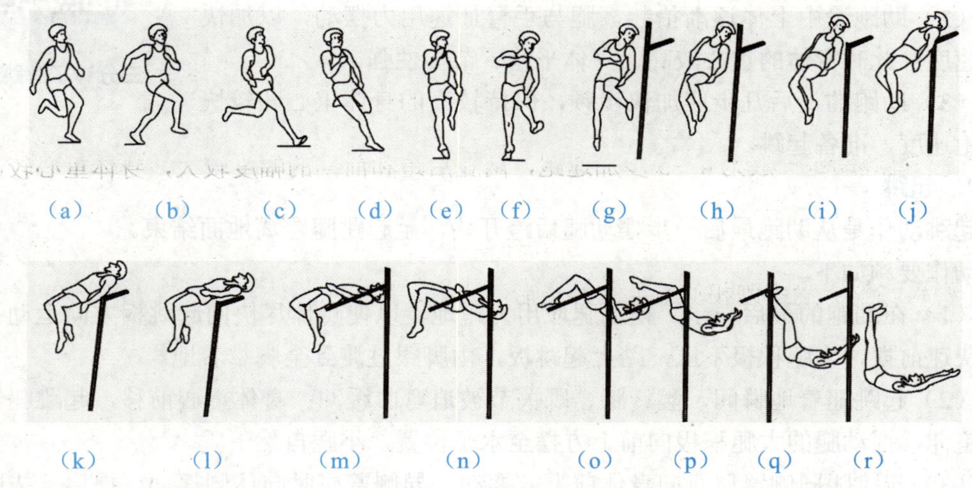

图 8-6 跳高示意图

体育树人

2018 年 5 月 27 日，国际田联钻石联赛在美国尤金如火如荼地进行，男子跳高项目迎来了决赛，中国选手王宇经过热身后进场。比赛开始，他先有节奏地弧线助跑，在接近横杆时立刻左腿起跳，再侧身倒肩，躬腰，收腿，最后完美落地——2 米 32！凭借这个好成绩，王宇获得国际田联钻石联赛尤金站男子跳高项目季军。

作为毕业于清华大学社科学院体育学专业的研究生，王宇的成绩远不止如此：

2013 年，王宇获得北京鸟巢国际田径精英挑战赛男子跳高项目冠军，并创造 2 米 33 的个人室外跳高最好成绩；2018 年，在斯洛伐克王宇以 2 米 31 的成绩获得国际室内跳高赛冠军，刷新了个人室内跳高最好成绩……

长期从事跳高运动，让王宇更加理解体育精神。他曾说："跳高运动是把障碍一次又一次地放在你面前，随着横杆高度的上升，难度系数也会增大。我们要不断挑战它、征服它，对于人生中的困难和障碍，也应如此。"

（二）跳远

跳远是指运动员在助跑道上沿直线助跑，在跑进中用单脚起跳腾空，最后双脚落入沙坑的田径运动项目。跳远分为助跑、起跳、腾空和落地四个阶段。

1. 助跑

助跑距离一般为男子 35～45 m，女子 30～35 m。

动作要领如下。

（1）原地站立或行进中起动开始助跑，上体前倾、两腿积极摆动，后蹬充分，摆臂有力。

（2）助跑途中上体逐渐抬起，腿与手臂加速用力摆动，以加快助跑速度，此时身体的重心较高、身体平稳、节奏性强。

（3）助跑的最后几步应加快步频，保持较高的身体重心和较快的助跑速度，准备起跳。

三分钟了解跳远

2. 起跳

起跳动作是从助跑最后一步摆动腿后蹬开始，至起跳腿蹬离地面结束。

动作要领如下。

（1）在助跑的最后一步，摆动腿应用力蹬地，以使身体尽快向起跳板方向运动；起跳腿快速前摆，大腿积极下压，踏上起跳板，由脚跟过渡到全脚掌着地。

（2）起跳腿着地瞬间，髋、膝、踝关节被迫弯曲缓冲；身体重心前移，起跳腿快速用力蹬伸，摆动腿的大腿积极向前上方摆至水平位置，小腿自然下垂。

（3）起跳腿同侧臂屈肘向身体前上方摆动，异侧臂屈肘向体侧摆动，提肩、拔腰，向上顶头，如图 8-7 所示。

3. 腾空

动作要领如下。

（1）起跳腿蹬离地面后，上体正直，摆动腿保持起跳时水平姿势，小腿自然下垂，起跳腿自然弯曲留在体后，在空中呈现跨步飞行的姿势，如图 8-8 所示。

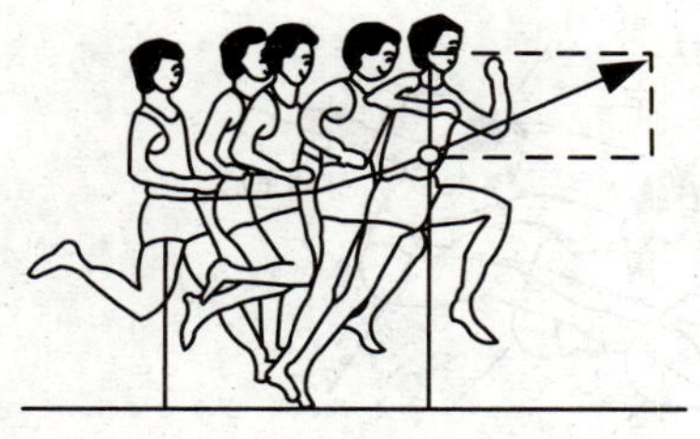

图 8-7　起跳示意图

图 8-8　腾空步

（2）身体腾空后的动作分为蹲踞式腾空与挺身式腾空。

❖ **蹲踞式腾空：**接近腾空最高点时，起跳腿曲膝上提，与摆动腿并拢；双腿曲膝，大腿靠近胸部，上体稍前倾；两臂由前向下、向后摆动；落地前，两小腿向前伸出，准备落地，如图 8-9 所示。

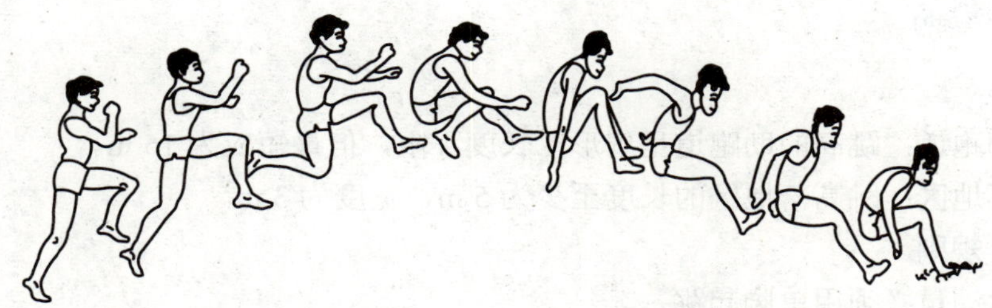

图 8-9　蹲踞式腾空

❖ **挺身式腾空：**腾空后，摆动腿自然放下，小腿向后下方做弧形摆动；两臂向下、经体侧向后上方摆动；摆动腿与起跳腿并拢，髋部向前，胸、腰前挺，头、肩后展，成挺身展体姿势；落地前，两臂由后上方经体前向后摆动；同时，两大腿上抬，收腹举腿，上体前倾，小腿前伸，准备落地，如图 8-10 所示。

图 8-10　挺身式腾空

4. 落地

动作要领（见图 8-11）如下。

（1）小腿尽力前伸，脚跟首先触地，前脚掌下压，双腿迅速曲膝缓冲。

（2）双臂屈肘前摆，身体向前或向侧方倒。

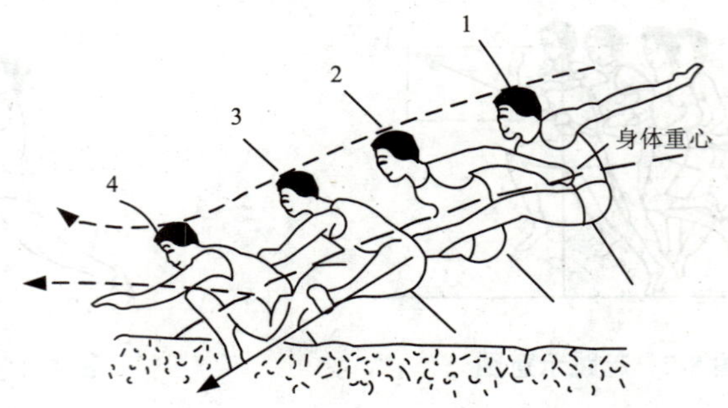

图 8-11　跳远落地示意图

二、场地与比赛规则

（一）跳高

1. 场地

（1）助跑道：跳高的助跑道呈扇形，长度不限，但最短应为 15 m。

（2）落地区：跳高落地区的长度至少为 5 m，宽度为 3 m。

2. 比赛规则

（1）运动员必须用单脚起跳。

（2）如果运动员在比赛中出现下列情况之一者，应判为试跳失败：

- 在运动员试跳后，横杆未能留在横杆托上。
- 在越过横杆之前，运动员身体的任何部位触及立柱前沿垂直面以外的地面或落地区。
- 试跳时，运动员有意用手或手指把即将从横杆托上掉下的横杆放回。

（二）跳远

1. 场地

（1）助跑道：跳远的助跑道长度至少为 40 m，宽度为 1.22 m。

（2）起跳板：起跳板是起跳的标志，其长度为 1.22 m，宽度为 20 cm，一般用木材制成，并漆成白色。

（3）起跳线：起跳线是指起跳板靠近落地区一侧的边沿。

（4）落地区：落地区的宽度通常为 2.75～3 m，落地区内应填充湿沙，沙面与起跳板齐平。另外，跳远起跳线至落地区远端的距离至少为 10 m。

2. 比赛规则

如果运动员在比赛中出现下列情况之一者，应判为试跳失败：

- 在助跑或跳跃中，以身体任何部位触及起跳线以前的地面。

❖ 从起跳板的两端外起跳，无论是否超过起跳线的延长线。

❖ 触及起跳线与落地区之间的地面。

❖ 在助跑或跳跃中采用任何空翻姿势。

❖ 在落地的过程中触及落地区以外的地面，而落地区以外的触地点较落地区以内的最近触地点更靠近起跳线。

❖ 离开落地区时，在落地区以外地面的第一触地点较落地区以内的最近触地点和在落地区以内因身体失去平衡而留下的任何痕迹更靠近起跳线。

积极拓展，感受快乐

为发展学生的跳跃能力，培养学生的团结合作精神，请以小组为单位开展跳远接力传球游戏。同学们自由组合，6～8 人为一组，自行商量，确定传球顺序。

游戏方法为第一位同学手持球向前跳 10 m，然后将球递给第二位同学；第二位同学手持球向前跳 10 m，将球递给第三位同学，依此类推……最先完成传球并到达终点的小组获胜。传球时传球者要确认对方拿到球后再放手，如果中途球掉落，可以捡起来重新传递。

第四节　投掷类运动

投掷类运动是指运动员通过一定的运动形式，将手持的规定器械掷出尽可能远的距离的体育运动项目。投掷类运动包括铅球、铁饼、链球和标枪等运动项目。下面，我们以铅球项目为例，介绍投掷类运动的基本技术、场地及比赛规则。

体育树人

投掷类运动最早是作为一种练兵手段，被应用于军事作战中。《史记·白起王翦列传》中记载，公元前 224 年，秦始皇发动统一六国的重要战役——秦楚之战。当时秦国大将王翦带领 60 万大军驻扎在天中山，连绵扎营十余里，坚壁固守，不与楚军作战，但长时间坚守使军队士气低落。为了提升军队士气，秦军开展了一系列训练活动。士兵们操练、跑步，并以沉重的石头来练习投掷。一连数十日，秦军的作战能力大大提高，而楚军士气低落，最终秦军大胜楚军。

一、基本技术

三分钟了解铅球运动

铅球项目的基本技术有侧向滑步、背向滑步和旋转式 3 种，下面我们仅介绍运用最为广泛的背向滑步推铅球的基本技术。背向滑步推铅球可分为握球与持球、预备姿势、滑步、最后用力与维持身体平衡四个阶段。

（一）握球与持球

投掷铅球的基本技术

（1）握球的方法有两种，一种是分指握球；一种是并指握球。以右手握球为例，分指握球时，五指自然分开，手腕背屈，将铅球放在食指、中指和无名指的指根处，拇指与小指自然扶于球的两侧，如图 8-12 所示。并指握球时，五指并拢，掌心要空，把球放在指跟以上的位置，这种握球方法能够使力量更为集中，便于快速出手。

（2）以右手握球为例，球握好后，屈肘，手持球放在肩上锁骨窝处并贴于颈部，右肘外展略低于肩，掌心向前，左臂自然上举，如图 8-13 所示。

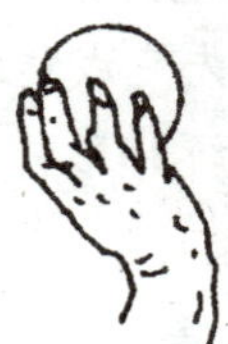

图 8-12　握球

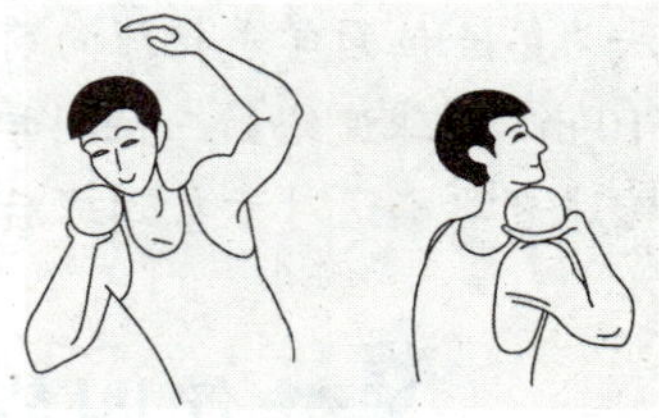

图 8-13　持球

（二）预备姿势

（1）持球后，背对投掷方向，两脚前后开立，相距 20～30 cm。

（2）右脚尖贴近投掷圈后沿，脚跟正对投掷方向；左脚以前脚掌着地，自然弯曲；上体正直、放松。

（3）左臂自然上举，身体重心落于右腿上，如图 8-14 所示。

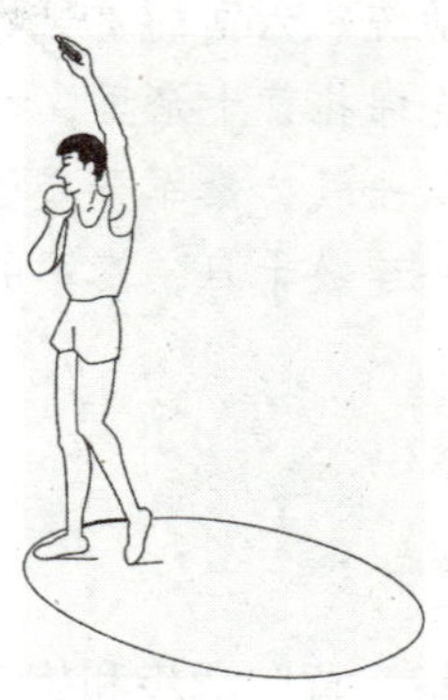

图 8-14　预备姿势

（三）滑步

（1）滑步前需先做 1～2 次预摆。预摆时，左腿向投掷方向摆出，右腿协调配合向下蹬伸，上体前俯，左臂前伸；左腿收回靠近右腿，右腿屈曲，重心下降，预摆结束，如图 8-15（a）—（e）所示。

（2）左腿用力向投掷方向摆出，右腿用力蹬伸，如图 8-15（f）—（g）所示。

（3）当右脚蹬离地面后，身体向投掷方向快速平稳移动，此时迅速收拉右小腿，右脚尖向内转扣，以右前脚掌落于投掷圈中心附近；左脚迅速在抵趾板偏右侧位置以前脚掌内侧蹬踩着地，如图 8-15（h）—（j）所示，然后准备最后用力。

（四）最后用力与维持身体平衡

（1）右脚用力向投掷方向蹬转，同时带动右髋向投掷方向转动，左臂向左侧摆动，上体逐渐抬起，如图 8-15（k）—（m）所示。

（2）身体随髋部扭转，身体重心逐渐移至左腿，上体向投掷方向转动，挺胸抬头，如图 8-15（n）所示。

（3）当左臂摆至体侧时制动，两脚积极蹬伸，右臂迅速用力将铅球向前推送；当铅球快离手时，手腕推送、手指拨球，将球推出，如图 8-15（o）—（q）所示。

（4）铅球离手后，两腿迅速换位，降低身体重心，以维持身体平衡，如图 8-15（r）—（s）所示。

图 8-15　背向滑步推铅球示意图

二、场地、器械及比赛规则

（一）场地及器械

铅球场地如图 8-16 所示。

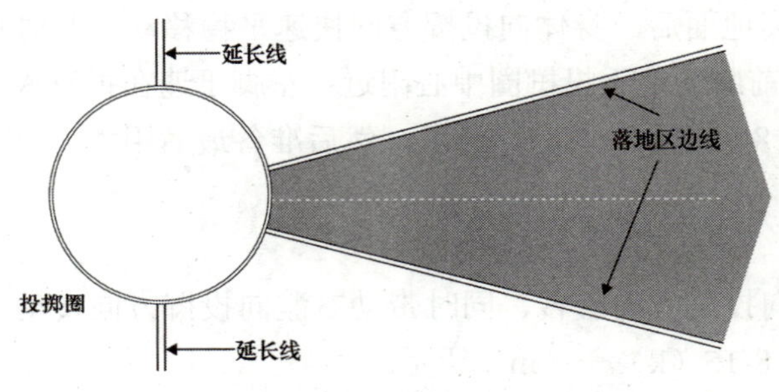

图 8-16　铅球场地示意图

（1）投掷圈：铅球的投掷圈直径为 2.135 m，投掷圈外围以金属镶边，其厚度为 6 mm，并在顶端涂白。

（2）落地区：铅球的落地区为 34.92°的扇形区域。

（3）铅球：铅球是用实心的铁、铜或其他硬度不低于铜的金属制成，表面光滑。男子铅球的重量为 7.26 kg，女子铅球的重量为 4 kg。

（二）比赛规则

（1）运动员必须站在投掷圈内，由静止状态开始，以单手由肩上将铅球推出。铅球应抵住或靠近颈部或下颌。在推球过程中，持球手不得降到上述部位以下，也不得将铅球置于肩轴线后方。

（2）铅球应完全落在落地区角度线内沿以内，方为试掷有效。

（3）运动员在铅球落地后方可离开投掷圈或助跑道。

（4）完成投掷后，运动员必须从投掷圈后半圈的延长线后面退出。

（5）在没有犯规的情况下，运动员可以中止已开始的试掷动作，将铅球放下后暂时离开投掷区并重新开始，但是必须在规定的时限内完成投掷。

（6）如果运动员在试掷中出现下列情况，则应判为试掷失败：

- 投掷铅球的出手姿势不符合规定。
- 在投掷过程中，身体或铅球的任意部分触及投掷圈上沿、圈外地面及抵趾板上沿。

积极拓展，感受快乐

投掷铅球对增强体质，特别是发展躯干力量和上肢力量有显著的作用。为了提高学生

的体育锻炼兴趣，发展学生的肌肉素质，以班级为单位，开展铅球比赛。

老师担任裁判，并将本班同学分成若干投掷组。游戏开始后，各投掷组的同学站在指定的投掷线前，在保证安全的前提下，向目标线投掷铅球。老师记录铅球的落点与投掷线的距离，最后累计成绩最好的一组获胜。

注意事项：在游戏前做好准备活动，检查场地和器材，排除安全隐患。在游戏过程中，要同时投掷、同时捡铅球，保证人员安全。

第九章 民族传统体育

DIJIUZHANG

学习目标

- 了解板鞋竞速、高脚竞速、毽球竞技、抛绣球、跳绳、打陀螺、跳竹竿的起源、发展历程和文化内涵。
- 掌握板鞋竞速、高脚竞速、毽球竞技、抛绣球、跳绳、打陀螺、跳竹竿的特点和基本技术。

素质目标

- 继承和发扬民族传统体育文化。
- 培养对民族传统体育的兴趣和热情。

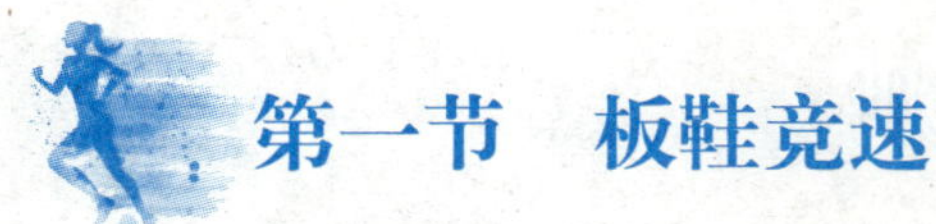

第一节　板鞋竞速

一、板鞋竞速的起源

板鞋竞速是壮族传统体育项目之一，起源于明代。相传明代倭寇侵扰我国沿海地带，广西河池地区的女英雄瓦氏夫人率兵赴沿海抗倭，曾以板鞋作为秘密武器，训练士兵的团结作战能力和协作能力，她令 3 名士兵穿上一副长板鞋齐跑。长期如此训练，士兵的战斗素养大大提高了，变得斗志高涨、所向披靡，随后击败了倭寇。后来，南丹县那地州壮族人民模仿瓦氏夫人练兵，开展了三人板鞋竞速（见图 9-1）活动，挖掘了这项民间体育活动。此后，板鞋竞速相袭成俗，流传至今。

板鞋竞速器材简单，易于开展，可因地制宜，不受年龄、性别、条件的限制，深受壮族人民的喜爱，也是学校体育健身活动的常见项目。每逢喜庆的节假日，壮族人民会在庆典活动中开展多种多样的板鞋竞速活动，如板鞋抢粽粑、板鞋扭秧舞、板鞋戏水、板鞋采香包、板鞋抛绣球、板鞋扇舞、板鞋拳术、板鞋踩气球等。

1986 年，板鞋竞速列入广西少数民族传统体育运动会竞赛项目。2005 年，国家民委、国家体育总局批准将板鞋竞速项目列为全国少数民族传统体育运动会的正式比赛项目。

图 9-1　板鞋竞速

二、板鞋竞速的比赛规则

板鞋竞速在标准的田径场地上进行，比赛项目有男子 60 m 跑、100 m 跑，女子 60 m 跑、100 m 跑，2×100 m 混合接力跑等。比赛板鞋由长 1 m、宽 9 cm、厚 3 cm 的木料制成。每只板鞋配有 3 块宽度为 5 cm 的护皮，分别固定在板鞋上，如图 9-2 所示，护皮以套紧脚面为宜。

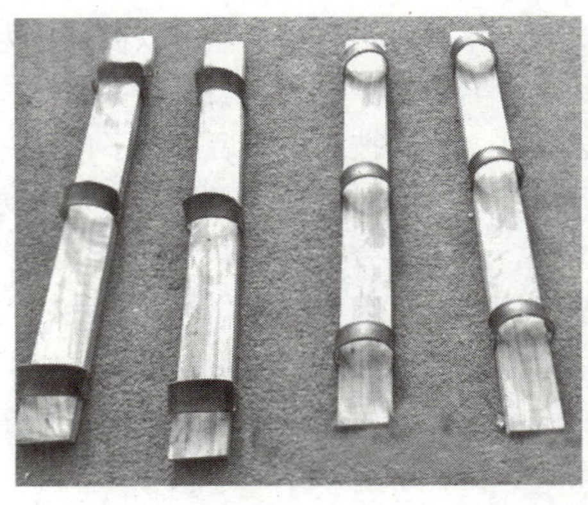

图 9-2 板鞋

比赛开始点，运动员将板鞋置于跑道起跑线前，运动员共同套好板鞋。注意板鞋不得触及或超过起跑线。听到发令员的口令后，运动员方可起动跑进。比赛过程中，如果运动员脚脱离板鞋触地或摔倒，则须在触地（落地）处重新套好板鞋，方能继续比赛。

第二节 高脚竞速

高脚竞速（见图 9-3）所用器材简单，易于开展，具有较强的娱乐性和极高的健身价值。高脚竞速所用器材称为高脚马、高脚杆，原本是苗族人、土家族人在雨季代步及涉水过浅河的工具。随着社会的发展，踩高脚马逐渐演变为高脚竞速，成为一个民族传统体育项目。在第七届全国少数民族体育运动会上，高脚竞速首次被列为正式的比赛项目。

图 9-3 高脚竞速

一、高脚竞速的比赛方法

高脚竞速的比赛方法为运动员双手各持一根高脚

杆，双脚同时踩杆上的踏板，在田径场上进行的比赛。比赛项目有男子 100 m 跑、200 m 跑、2×200 m 接力，女子 100 m 跑、200 m 跑、2×200 m 接力，以及男、女 4×100 m 混合接力等 7 个项目。

高脚竞速所使用的高脚杆由竹子、木材或其他硬质材料制成，高度不限，从杆底部向上 30～40 cm 处加制踏板。

二、高脚竞速的基本技术

（一）持握高脚杆

持握高脚杆的方式有下握式和上握式两种。

下握式的动作要领：两脚开立，与肩同宽，两腋夹紧高脚杆，双手虎口向下，大拇指与其他四指分开，紧握高脚杆。双手与肋骨下端同高，双眼平视前方，如图 9-4 所示。

上握式的动作要领：将两根高脚杆立于体前，与肩同宽，两手虎口朝上，握紧高脚杆的中上端，如图 9-5 所示。

（二）上高脚杆

以下握式为例，持握好高脚杆后，一脚先踏上高脚杆的踏板，另一只脚稍蹬地，迅速踏上踏板，同时两臂内夹控制好高脚杆，如图 9-6 所示。

动作关键：蹬地上踏要迅速，重心要调整好。

图 9-4　下握式

图 9-5　上握式

图 9-6　上高脚杆

（三）踩高脚杆

动作要领：站在高脚杆上，保持身体平衡，双眼平视前方，然后手臂上提将高脚杆提离地面，同侧脚顺势向前迈步，注意保持身体平稳。

动作关键：调整重心，保持身体平衡。

（四）下高脚杆

下高脚杆的方法有双脚下杆法和单脚下杆法两种。

双脚下杆时，手、脚协调用力，保持身体平衡，然后双脚蹬踏板，向前跳下，注意落地要平稳。单脚下杆时先保持一侧的重心稳定，另一侧脚蹬踏板下，接着后脚跟着落地。

（五）起跑

听到“各就位”口令时，运动员将两根高脚杆立于起跑线后，杆底部不得触及或超过起跑线；听到“预备”口令时，一只脚蹬上踏板，另一只脚立于起跑线后，做好起跑的最后准备；听到鸣枪时，地面脚踏上踏板向前跑进，如图 9-7 所示。

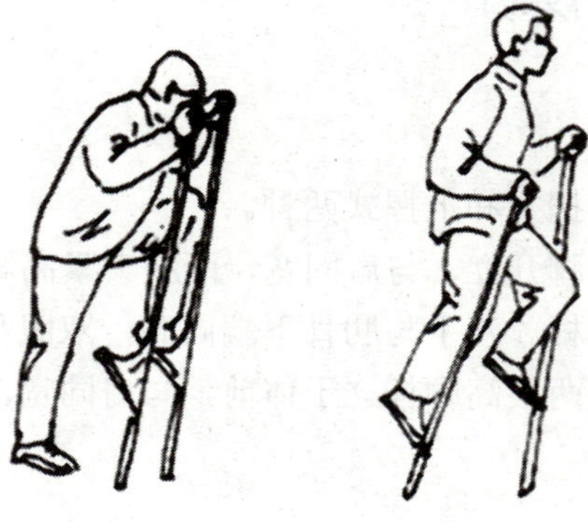

图 9-7　起跑

第三节　毽球竞技

一、毽球竞技概述

毽球竞技是在我国民间踢毽活动基础上发展起来的民族传统体育项目，是一项简便易行的健身运动，如图 9-8 所示。

图 9-8　毽球竞技

体育树人

两脚左右开弓，毽子始终在面前一小块区域上下翻飞，却始终没有落到地上，来自北京昌平区的退休职工路书平在公园一角演绎着毽子的花样踢法：脚向内侧抬起，用脚弓位置击球是平脚踢；脚向外侧抬起，用脚背外侧位置击球是侧脚踢；毽子飞过头顶之后，脚向后甩用脚底板位置击球是后脚踢……

谈起踢毽子的锻炼价值，路书平说："踢毽子可以提高身体的灵活性和协调性，对头部、颈部、手部、眼睛都有好处，可以预防颈椎病，缓解视觉疲劳。踢毽子不需要特别的场地和器材，人员配置也很随意，一个人可以踢，两个人可以踢，三五个人围在一起也可以踢。"

踢毽子是民间传统体育项目，也是路书平从小玩到大的运动。路书平小时候还制作过毽子：先用一小块布包上一枚铜钱和一小截鹅毛管子，然后用针线把布缝牢当底座，最后在鹅毛管子里插上七八根鸡毛就完成了。现在物质生活丰富了，毽子有五花八门的样式，但是路书平还是对鸡毛毽子念念不忘。

"本来只是每天锻炼前后踢踢毽子、松松筋骨，没想到因为疫情，有一段时间踢毽子变成了居家锻炼的唯一方式。"路书平说，"在家没法跑、没法跳，那就踢毽子吧。毕竟踢毽子只需要客厅的一块空地就行，一般上午踢 200 次、下午踢 200 次。为了避免单调乏味，我还在手机上搜索了花样踢法，包括'打跳''打偷''打环''打翘''打剪'等。有的难度比较大，不过正好挑战一下。边踢毽子边数数，很快一上午就过去了，运动量也达到了。现在可以去公园锻炼了，我每天都拿着毽子去踢，时不时秀一下花毽动作，也能吸引一些志同道合的毽友一起玩、一起乐呵。"

二、毽球的种类

常见的毽球有比赛用球和非比赛用球两种。

（一）比赛用球

比赛用球是大毽子，毽身由毽毛和毽垫构成，毽毛为四支白色或彩色鹅羽呈"十"字形插在毛管内。每支羽毛宽 3.20～3.50 cm，毛管高 2.50 cm。毽垫直径为 3.80～4 cm，厚度为 1.30～1.50 cm。毽球整体的高度为 13～15 cm，重量为 13～15 g，如图 9-9 所示。

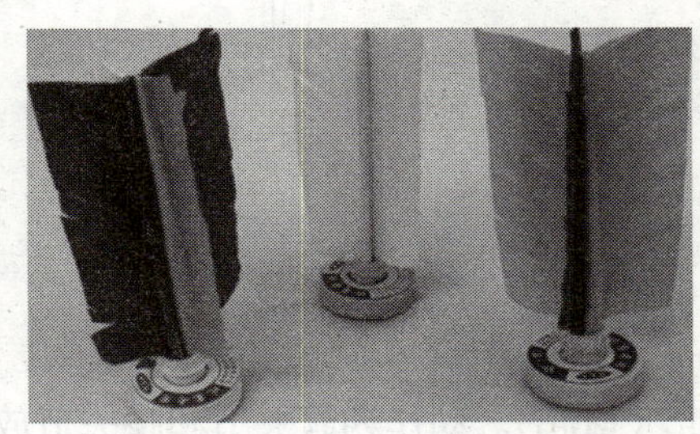

图 9-9　比赛用球

（二）非比赛用球

非比赛用球包括花毽和毽球两种。

花毽的高度一般在 12 cm 左右，多用火鸡毛或雕翎做毽身，用塑料片做底座，如图 9-10 所示。毽球跟大毽子很像，用四根羽毛和橡胶底座制成，羽毛多为鹅羽，如图 9-11 所示。

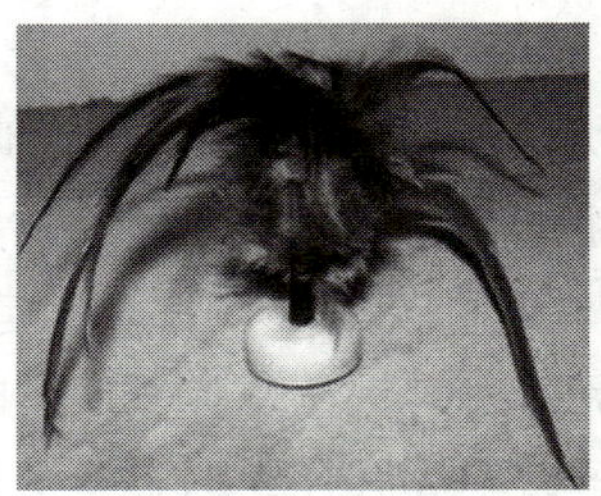

图 9-10　花毽

图 9-11　毽球

三、毽球的踢法

毽球的踢法主要有以下四种。

（一）盘踢

盘踢是用脚内侧踢毽。动作为膝关节外张，大腿向外转动、稍上摆，髋关节和膝关节放松，小腿向上摆，踝关节发力，将毽子踢起，如图 9-12 所示。一般毽子高度不超过下颌。

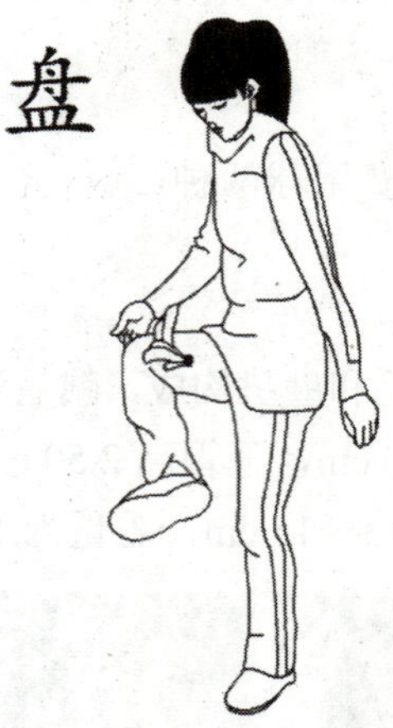

图 9-12　盘踢

（二）磕踢

磕踢是用膝盖将毽子磕起（撞起）。动作为髋关节和膝关节放松，小腿自然下垂，膝关节发力，将毽子磕起，如图 9-13 所示。注意大腿不要外张或里扣，毽子高度一般不超过下颌。

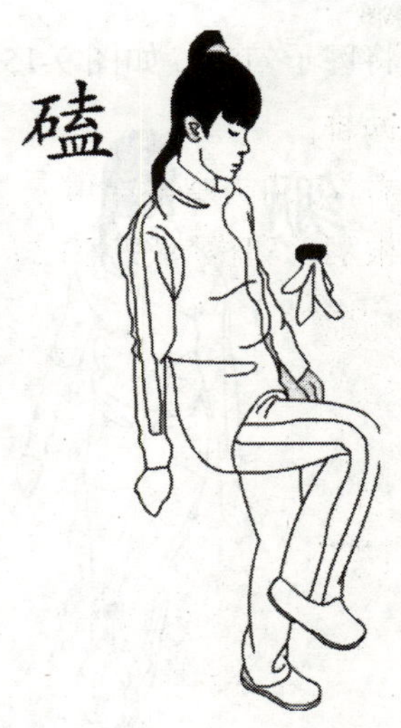

图 9-13 磕踢

（三）拐踢

拐踢用脚外侧踢毽。动作为大腿放松，小腿发力向体后斜上方摆动，勾脚尖，用脚外侧将毽子踢起，如图 9-14 所示。踢毽时，注意大腿不得摆到体前，小腿向体后斜上方摆动不要过高，毽子和脚外侧相碰的一刹那，踢毽脚的内侧离地面一般不越过 30 cm，踢起的毽子高度随意。

图 9-14 拐踢

（四）绷踢

绷踢又称“绷尖”，是用脚尖外三趾部分踢毽，适合用于踢起即将落地的毽子。动作为大腿向前抬起，与上体成 150°～160°，小腿向前摆动，髋关节、膝关节放松，踝关节发力，脚尖外三趾猛地向上用力，将毽子勾起，如图 9-15 所示。

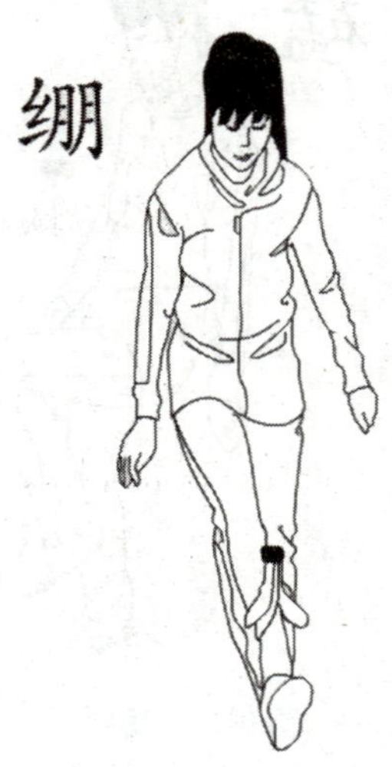

图 9-15　绷踢

第四节　抛绣球

绣球源于古代的一种具有投射功能的兵器，随着社会的发展逐渐演化为用来传情达意、娱乐身心、竞技强身的体育器材。抛绣球是壮族的传统体育项目之一，极具民族性和趣味性，已列入广西少数民族传统体育运动会的竞赛项目，同时也是全国少数民族传统体育运动会的表演项目。

抛绣球的比赛方法有高杆抛绣球和背篓抛绣球（见图 9-16）两种。高杆抛绣球需要运动员甩动绣球，使绣球穿过高杆顶部固定的竖直铁圈；背篓抛绣球需要运动员和队友默契配合，运动员远距离抛绣球，队友则背着竹篓接绣球。

图 9-16　背篓抛绣球

抛绣球比赛所用的绣球由绸布或花布制成，直径为 5～6 cm，内装细沙石，重约 150 g，连着一根长绳。

在高杆抛绣球比赛中，由裁判员发给运动员绣球。运动员练球 1 min 后，分别站在两边的抛球区，听口令开始抛绣球。运动员投圈后，要飞快地去另一边的抛球区捡起自己的绣球再次投圈，中圈一次得 1 分。如果投球时运动员越出投球区或拿别人的绣球投圈则为犯规，犯规一次扣 1 分。

在背篓抛绣球比赛中，由裁判员发给运动员若干绣球。运动员站在抛球线后，听口令开始抛绣球，队友则积极跑动接绣球，中篓一次得 1 分。如果抛绣球运动员踩到抛球线或接绣球运动员越出接球区则为犯规，犯规一次扣 1 分。

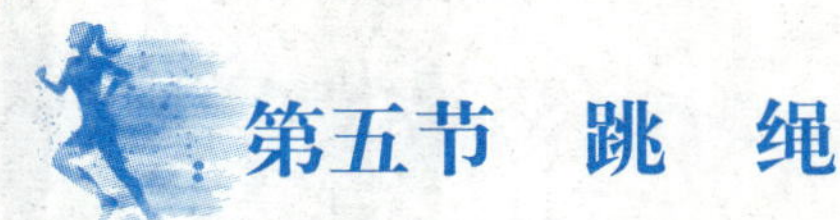

第五节　跳　绳

一、跳绳概述

跳绳在古代称为跳百索，是我国民间流行的一项传统体育活动。跳绳在明清时期非常盛行，当时的文人对跳绳活动有这样的描绘："太平鼓，声咚咚，白光如轮舞索童。一童舞索一童唱，一童跳入光轮中。"

到了近代，跳绳运动有了长足的发展，绳具的材质也有所改进。常见的绳具有竹节绳和一体绳。竹节绳容易摇动且不易打结，主要适用于基础训练。锻炼者选择竹节绳时可以用单脚前脚掌踩住绳体中部，双手向上提拉，以绳头到胸部下沿为宜（见图 9-17）。一体绳摇动起来速度更快，所以在跳绳训练中后期，尤其是练习抛绳、多摇、限制位交叉等高难度动作时，适合选用一体绳，还可适当缩短绳体的长度。

二、基本步法

（一）直摇并腿跳

1．动作要领

自然站立，双手握绳，做好准备。双脚脚掌蹬地发力，跳起一定的高度，同时，提膝、收腹、稍含胸，大臂下垂，尽量贴近身体，双手手腕均匀发力，迅速向前摇绳绕身体一周，稍曲膝跳过绳体，前脚掌着地，即为完成一次，如图 9-18 所示。

2．动作要求

（1）手臂保持摇绳姿势，注意控制手臂摇绳的节奏。

（2）双脚并拢向上跳，落地时只需前脚掌着地。

（3）把握并脚跳过绳的时机和节奏。

3．错误动作及纠正方法

错误动作：摇绳节奏无法与跳动的节奏相匹配。

纠正方法：① 徒手摇绳练习，在摇动过程中膝盖随着节奏弹动。② 原地直腿跳动练习。

图 9-17　跳绳长度

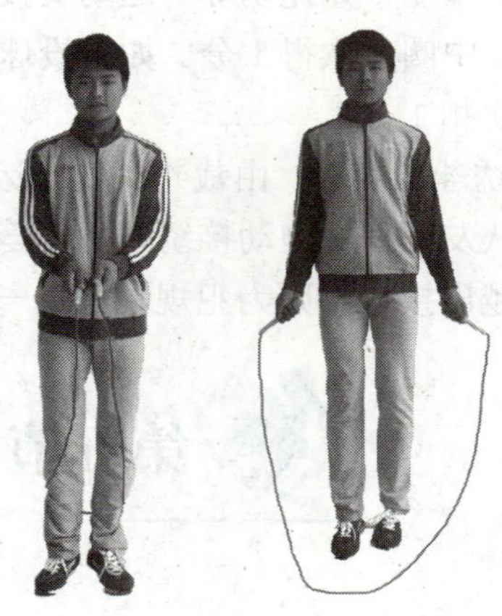

图 9-18　直摇并腿跳

4．练习方法

（1）固定手形：空手摇或两手各握一根短绳摇。

（2）徒手跳：原地徒手模仿整个动作过程。

（3）单个动作练习：每次只跳一下就停下来，然后重新开始。

（4）组合动作练习：以 1 至 2 个八拍为一组进行连续跳练习，跳完一组后可休息 3 min，再继续跳。

（二）单脚交换跳

1．动作要领

以直摇并腿跳姿势为基础，在绳子过脚的同时，先抬起一只脚跳过，再抬起另一只脚跳过绳子，两脚交替落地，完成单脚交换跳，如图 9-19 所示。

图 9-19　单脚交换跳

2. 动作要求

（1）手臂保持摇绳姿势，注意控制手臂摇绳的节奏。

（2）为了加快跳绳速度，抬脚时脚尖下压，脚尖与地面的距离不超过 10 cm，接着用前脚掌着地。

（3）单脚跳时，绳子过脚后再抬另一只脚，两脚交替跳。以右脚落地算为 1 个，50 个为一组，练习 10 组。

（4）把握单脚跳交替过绳的时机和节奏。

3. 错误动作及纠正方法

错误动作：把握不准单脚交换跳与过绳的时机，控制不住绳子的节奏，左右脚交替动作不协调。

纠正方法：单脚跳时等绳子过一只脚，再抬另一只脚。

（三）开合跳

1. 动作要领

在基本摇绳姿势的基础上，两手持绳向前摇，当绳子过脚置于空中时两脚分开与肩同宽，当绳子打地将要过脚时两脚并拢跳过绳，一拍一动，完成开合跳，如图 9-20 所示。

图 9-20　开合跳

2. 动作要求

（1）手臂保持摇绳姿势，注意控制手臂摇绳的节奏。

（2）脚步打开时双脚分开，与肩同宽。

（3）把握开与合及过绳的时机和节奏。

3. 错误动作及纠正方法

错误动作：把握不准脚步开与合交换跳及过绳的时机，控制不住绳子的节奏，把握不住开与合的时间差。

纠正方法：由合到开时等绳子过脚再打开两脚；由开到合时，先合两脚再过绳。

（四）弓步跳

1. 动作要领

在基本摇绳姿势的基础上，两手持绳向前摇，当绳子过脚置于空中时两脚分开成前后弓步，当绳子打地快过脚时两脚并拢跳过绳，一拍一动，完成弓步跳，如图 9-21 所示。

图 9-21　弓步跳

2. 动作要求

（1）手臂保持摇绳姿势，注意控制手臂摇绳的节奏。

（2）脚步打开时前一只脚落地，膝盖弯曲角度在 30°到 60°之间，后面的腿必须伸直，并且脚跟不能着地；两脚的间距约为 20 cm。

（3）把握弓步跳过绳的时机和节奏。

3. 错误动作及纠正方法

错误动作：把握不准弓步跳与过绳的时机，控制不住绳子的节奏，把握不住弓与合的时间差。

纠正方法：由合到弓时等绳子先过脚再打开双脚成弓步，由弓到合时先合两脚再过绳。

（五）并脚左右跳

1. 动作要领

在基本摇绳姿势的基础上，绳子过脚置于空中时，双脚并拢分别向左、向右跳，一拍一动，完成并脚左右跳，如图 9-22 所示。

2. 动作要求

（1）手臂保持摇绳姿势，注意控制步伐节奏。

（2）左右跳时一直保持并脚，左右跳的时间间隔不宜过长，左右落地点的间距保持与肩同宽。

（3）左右跳时两手腕注意放松，自然柔和地摇绳，手与脚的节奏是一摇一跳、一左一右。

（4）左右跳时踝关节和膝关节注意放松，控制好节奏与时机，前脚掌着地时动作要有弹性。

（5）注意身体挺直，目视前方，面带微笑。

（6）把握并脚左右跳过绳的时机和节奏。

图 9-22　并脚左右跳

3．错误动作及纠正方法

错误动作：把握不准并脚左右跳与过绳的时机，控制不住绳子的节奏，把握不住并脚左右跳的时间差。

纠正方法：① 徒手摇绳练习，在摇动过程中膝盖随着节奏弹动。② 原地并脚左右跳练习。

4．练习方法

先做徒手动作练习；再做分步骤练习，手部摇绳，脚部左右跳；最后手脚一起配合。

三、交叉与双摇动作

（一）交叉

1．动作要领

由基本摇绳动作开始，两脚蹬地发力，跳起一定的高度，同时两手迅速向前摇绳，当绳子越过头顶后，两手顺势在腰部位置做交叉动作，让绳子顺利通过脚下，绕身体一周，即为完成一次，如图 9-23 所示。

图 9-23　交叉

2．动作要求

（1）两小臂上下交叉贴于腹部，交叉的位置大约在小臂的中间。

（2）做交叉时拳心向后，拳眼向上，摇绳时由后向上摇起。

（3）当绳子快落地时并脚跳起过绳子。

（4）两手交叉的位置要恰当，在做交叉时也要摇绳。

3. 错误动作及纠正方法

错误动作：两手交叉的位置不恰当或交叉时没有摇绳。

纠正方法：练习时，刻意控制两手交叉的位置，徒手交叉时，尝试摇绳。

4. 练习方法

（1）徒手跳：原地徒手练习交叉的动作和节奏。

（2）跳空绳：两手各握一根短绳，由后向前摇动绳子，在体前做交叉。

（3）交叉踩绳：绳子要到体前时做交叉，然后双脚踩住绳子中间。

（4）组合动作练习：双脚能踩住绳子后试着跳过，再连续跳过。

（二）直双摇跳

1. 动作要领

在直摇并腿跳的基础上，加快摇绳速度，双脚曲膝向上跳，手腕摇 2 次绳子，跳过 1 次，完成直双摇跳，如图 9-24 所示。

图 9-24　直双摇跳

2. 动作要求

（1）手臂保持基本摇绳姿势，注意控制双摇跳的节奏。

（2）控制摇绳的速度和手腕力度，双脚曲膝向上跳约 20 cm。

（3）落地时需用前脚掌着地，起缓冲作用，手腕摇 2 次，跳过绳子 1 次。

（4）把握手腕摇绳的节奏和跳过绳的时机。

3. 错误动作及纠正方法

错误动作：① 把握不准摇绳和跳过绳的时机。② 落地时用全脚掌落地。

纠正方法：① 起跳时摇绳的速度加快，接第二个的时候，双脚在地面停留 2 s，这样缓冲时间多一点。② 学会用前脚掌发力，用前脚掌落地缓冲。

4. 练习方法

（1）徒手跳：原地徒手练习，体会双摇跳的动作和节奏。

（2）直摇并腿跳练习：放慢节奏，双脚用力向上跳起一定的高度，摇绳的节奏要和脚的速度保持一致。

（3）单个动作练习：在直摇并腿跳的基础上，尝试手腕摇 2 次绳。手和脚配合完成一次后停下，然后反复练习。

（4）组合动作练习：在单个动作练习的基础上，以完成 5～10 个动作为一组，进行练习 10 组。

（三）直摇交叉

1. 动作要领

在直双摇跳的基础上，将直双摇跳的第二个动作改成交叉动作，在起跳到落地的过程中完成直摇交叉。交叉动作为双手交叉，置于胸前，如图 9-25 所示。

图 9-25　直摇交叉

2. 动作要求

（1）手臂保持基本摇绳姿势，注意把握双摇的节奏。

（2）直摇交叉的动作需在空中完成，双手交叉和摇绳的速度要快，并且要控制好落地的节奏。

（3）把握摇绳的节奏和跳的时机。

3. 错误动作及纠正方法

错误动作：双手交叉的位置不恰当，导致连接跳的时候出现问题。

纠正方法：在空中做交叉的时候，要控制好手臂，用手腕来发力，这样动作连接起来比较顺畅。

4. 练习方法

（1）徒手跳：原地徒手模仿练习，体会直摇交叉的动作和节奏。

（2）带绳单个动作练习：完成一次直摇交叉后停下来，然后反复练习。

（3）连续练习：在单个动作练习的基础上，以完成 5～10 个动作为一组，练习 10 组。

（四）交叉直摇

1. 动作要领

起跳时先做交叉动作，然后在空中双臂分开以直摇跳的方式过绳落地，如图 9-26 所示。

图 9-26 交叉直摇

2. 动作要求

（1）在交叉双臂的时候，用手腕发力摇绳。

（2）交叉过渡到直摇时动作要快。

（3）起跳以前脚掌发力，落地以前脚掌着地。

（4）交叉双臂时手腕要正确发力，注意把握摇和跳的时机和节奏。

3. 错误动作及纠正方法

错误动作：交叉双臂时手腕的发力方法不对，导致难以控制身体重心。

纠正方法：多练习交叉直摇，培养摇绳的节奏感。

4. 练习方法

（1）徒手跳：练习原地徒手跳，体会交叉直摇跳的动作和节奏。

（2）单个动作练习：初学时把速度放慢，练习交叉直摇单个动作。

（3）组合动作练习：以完成 5～10 个动作为一组，练习 10 组。

（五）交叉双摇

1. 动作要领

起跳时保持双臂交叉的摇绳姿势，在空中完成第二个交叉并跳过绳子落地，即为完成双摇，如图 9-27 所示。

图 9-27 交叉双摇

2. 动作要求

（1）起跳时膝盖微屈，起跳高度约为 20 cm。

（2）摇绳的速度要快，落地时前脚掌着地缓冲。

（3）注意把握起跳的时机和摇绳的节奏。

3. 错误动作及纠正方法

错误动作：交叉双臂时大臂发力，动作过猛，导致控制不了绳子。

纠正方法：先练习带绳单摇、双摇，熟悉用手腕发力摇绳，再练

习交叉双摇。

4．练习方法

（1）徒手练习：原地徒手练习，体会交叉双摇的动作和节奏。

（2）单个动作练习：完成一次交叉双摇后停下来，然后反复练习。

（3）组合动作练习：可以将直双摇和交叉双摇结合起来练习。

（六）侧甩直摇

1．动作要领

将绳子由后向前先往左侧甩一下，此时右手在上，左手在下，侧甩的同时双脚准备向上跳，然后以直摇跳的方式过绳落地，两侧交替进行，如图 9-28 所示。

图 9-28　侧甩直摇

2．动作要求

（1）绳子从右后向前侧甩的同时，双脚要准备向上跳。

（2）转成直摇跳的时候，要控制住手臂，稳住身体重心。

（3）起跳时以前脚掌发力，落地时以前脚掌着地。

（4）注意把握侧甩时两只手的位置。

跳绳组合动作

3．错误动作及纠正方法

错误动作：左右侧甩时手的位置不恰当。

纠正方法：原地练习侧甩，熟练后再加入单直摇动作，然后过渡到双摇。

4．练习方法

（1）徒手练习：原地徒手模仿练习，体会侧甩直摇双摇的节奏。

（2）带绳连续练习：带绳子练习，先练习甩向一侧，再练习甩向左右两侧。以完成 5～10 个动作为一组，练习 10 组。

积极拓展，感受快乐

策划跳绳比赛，了解比赛流程与规则。

策划要求：

（1）确定比赛时间与地点。

（2）确定比赛项目，包括个人项目和团体项目，具体如表 9-1 所示。

表 9-1　跳绳比赛项目

个人项目	团体项目
30 s 直摇并腿跳	4×30 s 直摇并腿跳接力
30 s 交叉直摇跳	4×45 s 交叉直摇跳接力
30 s 交叉双摇跳	4×30 s 交叉双摇跳接力

（3）确定比赛规则。

① 比赛的开始与结束均以裁判的口令或鸣哨为信号。

② 在规定时间内跳绳次数多的个人和团体获胜。

（4）确定参赛选手。

个人项目由同学自愿报名；团体项目由全班同学自行组队，每队 4 人；老师担任裁判，并选出 4 名助理裁判。

第六节　打陀螺

打陀螺（见图 9-29）历史悠久，是一项深受人们喜爱的传统体育项目。在不同地域打陀螺的玩法有所不同，有的用鞭子连续抽打陀螺使之在冰面、平滑地面上不停地旋转，或相互碰撞，看谁旋得快，看谁旋得久；有的规定将陀螺旋放或抽到一定距离外的规定范围内，看谁放得准，看谁旋得久；有的先将一只陀螺旋放，然后其他人站在一定距离之外用旋转着的陀螺去击打它，看谁打得准，看谁旋得久；还有的用鞭子抽着陀螺上斜坡，或抽陀螺越过各种障碍，看谁先到达终点。

图 9-29　打陀螺

1995 年在云南昆明举行的第五届全国少数民族运动会上，打陀螺被列为正式比赛项目。比赛的方式主要是由云南拉祜族的对抗性打陀螺比赛改进而来的。具体的比赛方法是在一块平整的地面上设置放陀区和打陀区，守方将陀螺旋放于放陀区，待陀螺旋转稳定后，攻方站在打陀区扔出旋转的陀螺去击打放陀区的守方陀螺，最终将对方陀螺击停或砸出界外，而自身保持旋转者获胜。

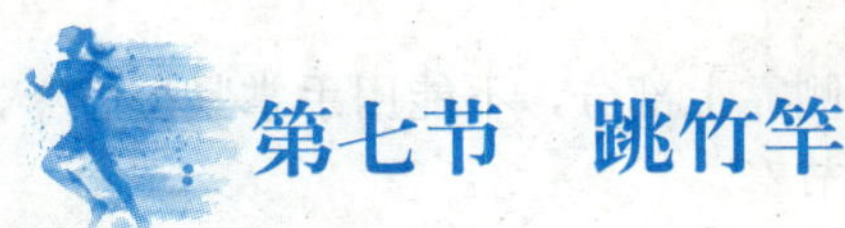

第七节 跳竹竿

一、跳竹竿概述

跳竹竿（见图 9-30）是我国少数民族传统体育项目，具有悠久的历史渊源和深厚的文化内涵，2006 年被国务院列入第一批国家非物质文化遗产名录。它是一项不受场地条件限制，不分性别、年龄，可以集体参与的休闲娱乐运动项目。

图 9-30 跳竹竿

通过学习跳竹竿，学生可以感知民族历史文化知识、民族传统体育文化内涵，增强民族自豪感，还能增强身体素质和协作意识，促进身心和谐发展。

二、基本技术

跳竹竿技术主要由步法和摆臂技术动作组成，主要步法有进步、退步、踏步、点步、跨步、跳步、平摆步、平跳步；手臂动作主要有前后摆臂、左右摆臂、上下挥臂、摆臂击掌、两手叉腰、扶肩或扶腰等动作。

跳竹竿技术动作必须根据敲竹竿组合节拍进行合理设计，做到跳竿节拍与跳竿节奏统一，上下肢体与躯干协调。

（一）敲竹竿技术

敲竹竿是指两名同学面对面相距 4 m 左右，平坐、下蹲或跪于竹竿架正外侧，双手或单手持竹竿，听教师口令或音乐节拍，通过提、拉、开、合、碰、击等动作的交替组合，将手中竹竿互碰和敲击竹竿架，发出铿锵清脆、整齐划一的竹竿敲击节奏声。

1. 握竿手法

敲双竹竿时双手握竹竿的外侧靠上部分，不能用手掌紧握竹竿，否则敲竿时会导致手指受伤，同时会影响敲击竹竿的节奏。

2. 敲竿方法

合敲时两竹竿应沿竹竿架平行内移，两竹竿轻轻合碰。分敲时沿竹竿架平行外移至间距 40～50 cm，然后上下提竿轻敲竹竿架。提竿时竹竿比竹竿架高 5～8 cm。提竿不能过高，竹竿间距不能过窄，否定则会导致学生踩竿或勾脚，造成不必要的器材损坏或身体损伤。

（二）跳竹竿技术

1. 前后换脚跳

锻炼者站在两竿之间，随敲竹竿的开合节奏，双脚快速蹬地跳起，并在空中前后分腿（成剪刀叉），然后前后分腿落在两竿间，连续快节奏重复动作，双手叉腰或双臂前后摆动。

2. 内外合、分腿跳

锻炼者骑跨双竹竿站立，随敲竹竿的开合节奏，双脚快速蹬地跳起，并在空中快速并腿，然后双脚落在两竿间，接着双脚快速蹬地跳起，并在空中快速左右分腿，然后双脚落在两竿外成骑跨双竹竿动作，连续快节奏重复此动作，双手叉腰或双臂前后自然摆动。

3. 手拉手连续转圈跳

双人面对面手拉手，双腿骑跨竹竿，随敲竹竿的开合节奏，单腿依次蹬摆或双脚同时蹬地（按逆时针或顺时针）绕竿转圈蹬跳。

4. 注意事项

跳竹竿时注意前脚掌着地，身体随敲竹竿节拍自然移动，身体重心不能靠后，脚后跟不能着地，以免影响动作节奏和锻炼效果。先练习跳单竹竿再练习跳双竹竿，先练习单人跳再练习多人或集体跳，先练习单动作跳再练习多动作组合跳。

第十章 跆拳道

学习目标

- 了解跆拳道的特点、功能和礼仪。
- 掌握跆拳道的基本技术。
- 掌握跆拳道的基本战术。
- 熟悉跆拳道的比赛规则。

素质目标

- 学习跆拳道礼仪，继承和发扬跆拳道精神。
- 培养对跆拳道的兴趣和热情。

第一节 概 述

一、跆拳道的特点

三分钟了解跆拳道

跆拳道古称跆跟、花郎道，是起源于古代朝鲜半岛的民间武艺。跆拳道的动作以腿部动作为主，古代跆拳道注重外观，即动作的圆滑流畅和身体的平衡；现代跆拳道注重实战，即注重在实战对抗或遭受袭击被迫自卫等情形下的实用性。

（一）以腿为主，以手为辅

跆拳道技术方法中占主导地位的是腿法，腿法有多种形式，可高可低、可近可远、可左可右、可直可曲、可转可旋，威胁力极大，是实用制敌的有效方法。跆拳道技术方法中应用较多的还有手法，主要用拳、掌、肘、肩等完成防守和进攻动作。在实战中，人体的手、肘、膝、脚等部位既可进攻，也可防守，是跆拳道实战中最常用、最有效的武器。

（二）方法简捷，刚直相向

不论是在比赛中还是在实战中，跆拳道多会用直接进攻法，较少使用躲闪防守法。跆拳道的进攻方法十分简捷且有效，大多表现为对抗双方直接接触，以刚制刚，用简练硬朗的动作直接击打对手。跆拳道的防守动作也是以直接格挡为主，辅以连续的反击动作。

（三）内外兼修，方法独特

按照跆拳道理论，人的关节部位经过专门训练后能产生不可思议的威力，特别是拳、肘、膝和脚四个部位。长期练习跆拳道，可以达到内功和外功的协调统一。

二、跆拳道的功能

（一）修身养性，培养优秀的意志品质

跆拳道推崇“以礼始，以礼终”的尚武精神，以“礼义廉耻，百折不屈”为宗旨，可以培养运动员顽强、果断、耐劳的精神，磨炼运动员坚韧不拔、积极向上的品质，使运动员养成礼让谦逊、宽厚待人的美德。

（二）强体防身，练就强健的体魄

跆拳道的动作激烈，对抗性极强，可强壮筋骨，提高关节的灵活性、肌肉的伸展能力和收缩能力、大脑的反应速度、身体的耐力水平和灵敏度等。

（三）观赏竞技，享受艺术的美感

在跆拳道比赛或实战中，对抗双方激烈互搏，将腿法和手法展现得淋漓尽致，不仅能带来视觉上的享受，还能激发人的斗志，鼓舞人奋发向上。

三、跆拳道的礼仪

跆拳道中的礼仪是跆拳道基本精神的具体体现，最常见的是注目礼、鞠躬礼和握手礼。注目礼是指以立正姿势站好，将右手大拇指扣向掌心，将右手置于左胸前，目视国旗约 3 s。鞠躬礼是指面向对方，上体前屈 30°，头部前屈 45°，鞠躬致礼（见图 10-1），礼毕还原成立正姿势。握手礼是指面向对方，右臂向前伸直，右脚向前一步，左手掌心向下，贴在右手的肘关节下面，用右手握住对方的手，并说“请指教”或“辛苦了”。

图 10-1　鞠躬礼

（一）训练开始时的礼仪

训练开始时，队员应列队，以立正姿势站好。由队长或教练喊“立正，敬礼！”，运动员听口令向国旗行注目礼和鞠躬礼；然后教练向后转，面向运动员，由队长喊“敬礼”，运动员和教练相互行鞠躬礼。

（二）训练过程中的礼仪

在训练过程中，队员要互相礼让。向教练、队友等请教问题前，先行鞠躬礼，在得到解答后再次行鞠躬礼，表示感谢。互换脚靶时，先行鞠躬礼，然后双手掌心向上，奉上脚靶，最后再次行鞠躬礼。

（三）训练结束时的礼仪

训练结束时，队员列队站好。由队长或教练喊“向后转，整理服装！”，队员立即向后转，注意不得对着国旗整理服装；整理好服装后，迅速向后转。由队长喊“敬礼”，队员面向国旗行注目礼和鞠躬礼；随后队员和教练互相行鞠躬礼。

第二节 基本技术

一、基本进攻技术

（一）实战准备姿势

实战准备姿势又称“预备姿势”，是双方开始跆拳道比赛时的基本站立姿势，便于进攻、防守反击和移动。左脚在前为左势，右脚在前为右势。

动作要领（见图 10-2）：以左势为例，两脚平行开立与肩同宽，两臂垂于体侧；身体左转，左脚以脚掌为轴向左侧转体，前脚掌内扣 45°，后脚掌与前脚掌成斜向的平行线；双脚跟离地，双膝略微弯曲，身体上下抖动，体会双腿的弹性，注意膝关节应有一定的弯曲度；双手握拳，拳心相对，左拳与肩同高，右拳与胸口齐平，两臂自然弯曲，置于胸前。

图 10-2 实战准备姿势

注意事项：全身放松，活动膝关节，随时准备出击或移动。

易犯错误：脚跟没有完全离开地面，膝关节没有弯曲，全身紧张；上体前倾或后仰，两肩一高一低，重心偏前或偏后，不利于移动。

（二）前踢

前踢是最基本的踢法，考验膝关节的快速屈伸能力，对膝关节四周的肌肉有很好的锻炼作用。

动作要领（见图 10-3）：以左势起，右脚蹬地，曲膝提起，然后送髋、顶髋，小腿快速向前踢出，高于腰部，随后迅速弹回呈折叠状，右脚回落，恢复成左势。

注意事项：腿部要折叠充分，上提右膝时右膝内侧贴近左大腿内侧，小腿、踝关节放松，保持弹性；送髋时上体后仰，以右膝往前撞为意念，踢心窝、下颌部位时髋关节向正上方送；小腿收回时仍以膝关节为支点，自然弹回。

易犯错误：直腿踢，直腿落，小腿与大腿没有折叠；提膝时没有贴近左大腿内侧向正上方提，造成髋关节未能正对前方；不送髋。

图 10-3　前踢

（三）横踢

横踢是跆拳道比赛中使用率、得分率最高的踢法，主要用于攻击对手的头部、胸部、腹部和肋部，其特点是动作幅度小，隐蔽性好，速度快。

动作要领（见图 10-4）：以左势起，右脚蹬地，将重心移至左脚，右腿曲膝上提，双拳置之于胸前；左脚前脚掌蹍地内旋，髋关节左转，左膝内扣；随后左脚掌继续内旋，右腿向前抬置水平位置，小腿快速向左前横踢，然后收回。

图 10-4　横踢

注意事项：膝关节要夹紧；向正前方提膝；踝关节放松，击打时的着力点是正脚背，击打的感觉是“鞭踢”。

易犯错误：膝关节不夹紧，腿部折叠不够；上体太直、太靠前，重心往下落；踝关节不放松，用脚内侧击打。

（四）侧踢

跆拳道比赛中很少使用侧踢，因为侧踢的速度较慢。但是在跆拳道品势（即由最基本的攻防动作编排成的表演套路）中，侧踢则是不可缺少的一种踢法。

动作要领（见图 10-5）：以左势起，右脚蹬地，曲膝上提；左脚以脚掌为轴外旋，右腿快速向右前方直线踢出，着力点为脚跟，然后收腿、重心回落，恢复成基本准备姿势。

图 10-5 侧踢

注意事项：腿部要折叠充分，膝关节夹紧；头部、肩部、髋关节、膝关节、踝关节和脚成一条直线；直线踢出，直线收回。

易犯错误：腿部折叠不充分；左脚未及时向前转动，未能瞄准攻击目标；收髋，撅臀；小腿没有完全伸展；踢出时重心靠后；踢完后不收腿。

（五）下劈

下劈动作类似于武术中的下砸腿，是以脚掌、脚跟攻击对手，主要用于攻击对手的头部、颈部、脸部和锁骨部位。

动作要领（见图 10-6）：以左势起，右脚蹬地，将重心前移至左脚。同时，右腿以髋关节为轴曲膝上提，双手握拳置于胸前，随后充分送髋，上提膝关节至胸部，将右腿直举于体前，右脚过头。接着，以右脚后跟（或脚掌）为着力点劈击，随即收回，成实战姿势。

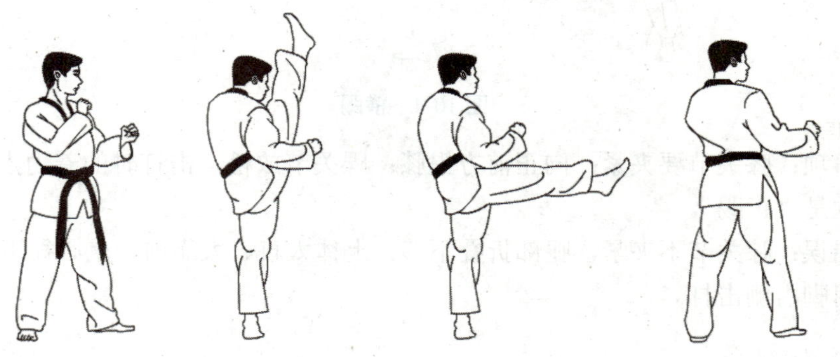

图 10-6 下劈

注意事项：腿尽量向高处、向头后举，要向上送髋，向上提重心；踝关节放松，脚往前落，落地动作要有控制。

易犯错误：举腿高度不够，踝关节紧张；上体后仰，控制不好重心和腿部，落地动作太重。

（六）后踢

后踢是跆拳道比赛中常用的踢法，其特点是力量大，常用于攻击对手的上腹部或反击对手的横踢。

动作要领（见图 10-7）：以左势起，左脚以脚掌为轴内旋，脚跟正对对手，上体旋转，右膝向腹部靠近，大腿与小腿折叠，右腿用力向攻击目标直线蹬出。

图 10-7　后踢

注意事项：上体与腿部要折叠充分；收回小腿时不能旋转，以免暴露出空当。

易犯错误：右脚没有起到瞄准的作用；上体与腿部折叠不充分，直腿上撩或斜下踩踏；转身时出腿动作不连贯；边旋转边出腿，击打路线为弧线；肩部、上体跟着旋转，易被反击。

二、基本防御动作

跆拳道的基本防御动作看起来是一种被动的防守技术，主要以手臂去格挡对手。按照手臂高度的不同，基本防御动作可以分为上段防御、中段防御和下段防御。这些防御动作在品势学习中会涉及。

三、品势

品势是由最基本的攻防动作编排成的表演套路，与武术套路类似。太极品势是跆拳道的入门品势，以太极的思想为背景，对应八卦五行，丰富了跆拳道的精神内涵。

（一）太极一章

太极一章对应八卦的乾，乾指天和太阳，象征着万物本源。太极一章的品势路线如图 10-8 所示，运动员面向 A 点，站在 B 点，由最简单的自然站立姿势开始，基本动作包括下段防御、中段防御、上段防御、中段攻击、前踢等。

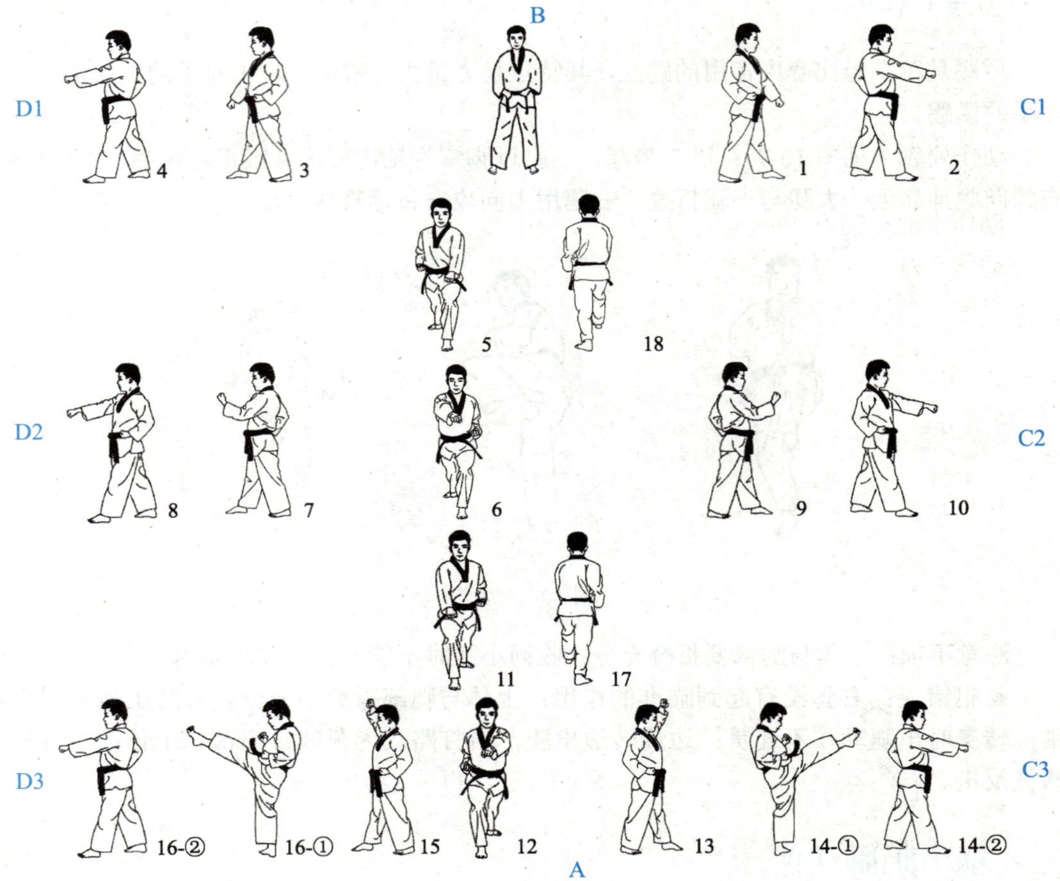

图 10-8　太极一章品势路线

太极一章的动作方法如下，各动作如图 10-9 所示。

动作一：向 C1 方向迈左脚，成左走步（两腿伸直，脚尖朝前，重心均匀分布在两脚上，前后脚之间的距离约为三脚长）；手部动作为下段防御。

动作二：向 C1 方向迈右脚，成右走步；手部动作为中段顺拳攻击。

动作三：向 D1 方向迈右脚，成右走步；手部动作为下段防御。

动作四：向 D1 方向迈左脚，成左走步；手部动作为中段顺拳攻击。

动作五：向 A 方向迈左脚，成左弓步；手部动作为下段防御。

动作六：原地不动，保持左弓步；手部动作为中段正拳攻击。

动作七：向 D2 方向迈右脚，成右走步；手部动作为中段防御。

动作八：向 D2 方向迈左脚，成左走步；手部动作为中段正拳攻击。

动作九：向 C2 方向向后转，成左走步；手部动作为中段防御。

动作十：向 C2 方向迈右脚，成右走步；手部动作为中段正拳攻击。

动作十一：向 A 方向迈右脚，成右弓步；手部动作为下段防御。

动作十二：原地不动，保持右弓步；手部动作为中段正拳攻击。
动作十三：向 C3 方向迈左脚，成左走步；手部动作为上段防御。
动作十四：右脚向 C3 方向前踢，成右走步；手部动作为中段顺拳攻击。
动作十五：向 D3 方向迈右脚，成右走步；手部动作为上段防御。
动作十六：左脚向 D3 方向前踢，成左走步；手部动作为中段顺拳攻击。
动作十七：向 B 方向迈左脚，成左弓步；手部动作为下段防御。
动作十八：向 B 方向迈右脚，成右弓步；手部动作为顺拳攻击中段。
收势：右脚不动，左脚逆时针旋转，收腿，面向 B 方向，成基本准备姿势。

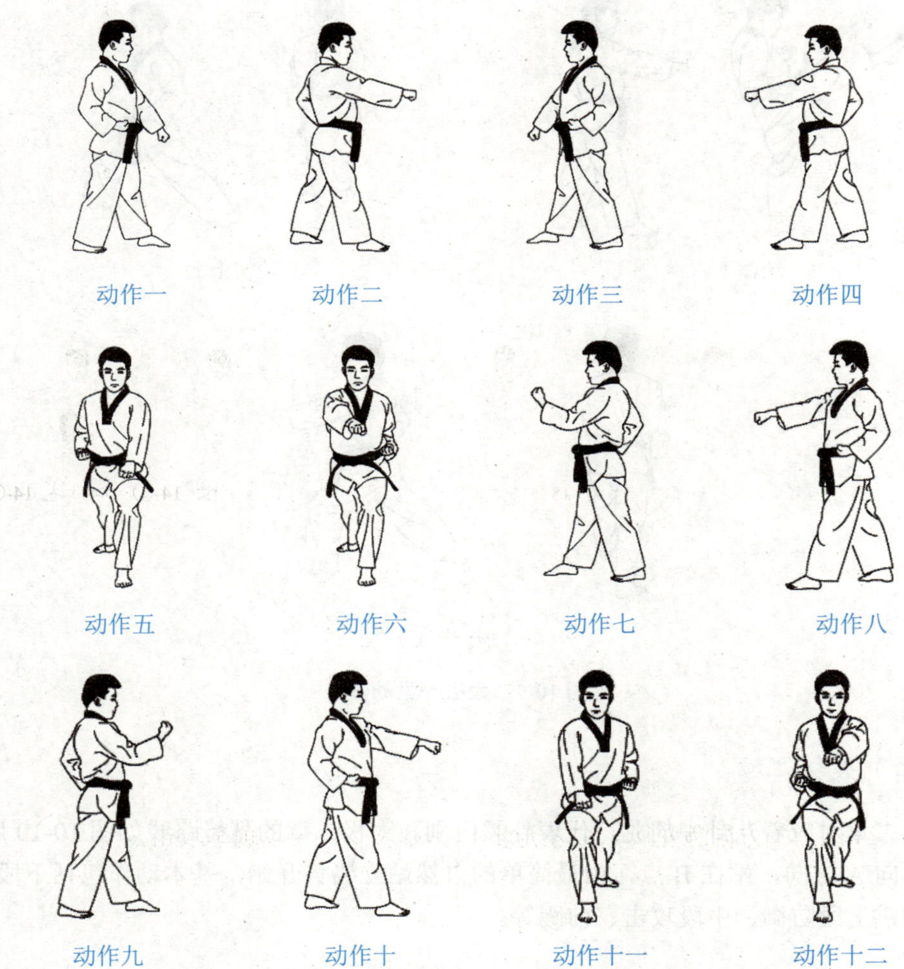

图 10-9 太极一章动作

（二）太极二章

太极二章对应着八卦中的兑，代表外柔内刚。太极二章的品势路线如图 10-10 所示，运动员面向 A 方向，站在 B 点，由最简单的自然站立姿势开始，基本动作包括下段防御、中段防御、上段防御、中段攻击、前踢等。

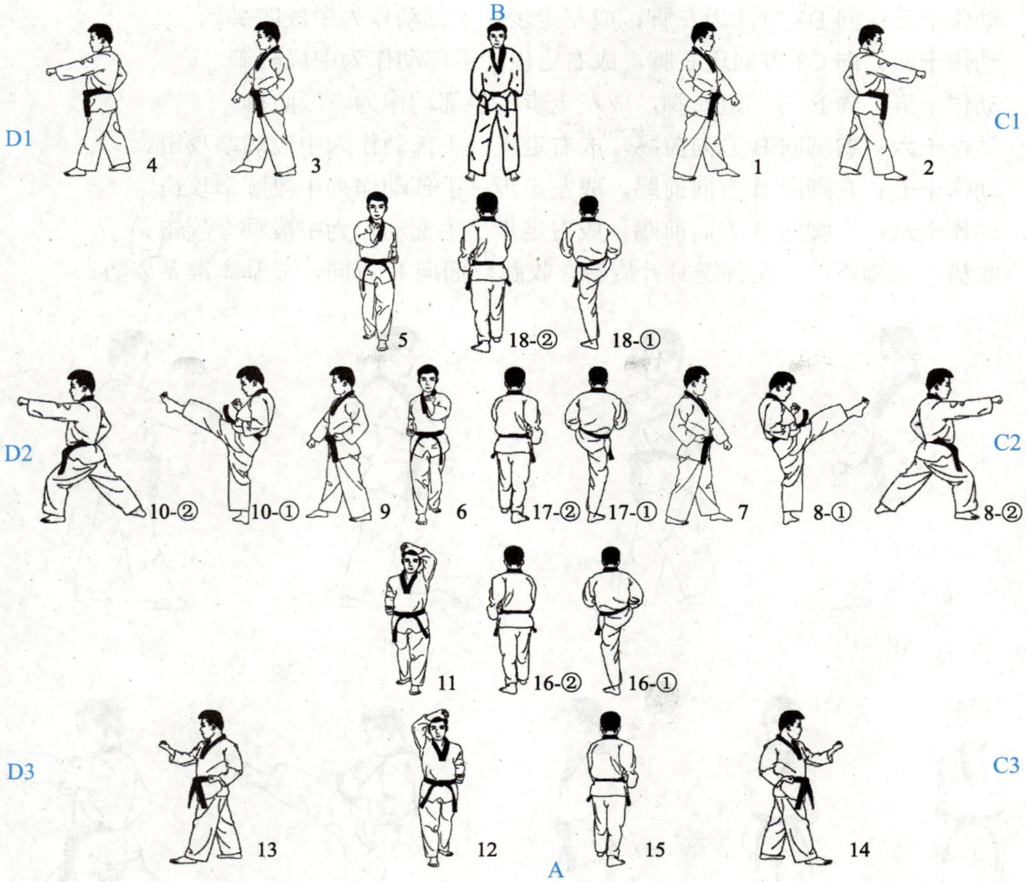

图 10-10 太极二章品势路线

太极二章的动作方法如下，各动作如图 10-11 所示。

动作一：向 C1 方向迈左脚，成左走步；手部动作为下段防御。

动作二：向 C1 方向迈右脚，成右弓步；手部动作为中段顺拳攻击。

动作三：向 D1 方向迈右脚，成右走步；手部动作为下段防御。

动作四：向 D1 方向迈左脚，成左弓步；手部动作为中段顺拳攻击。

动作五：向 A 方向迈左脚，成左走步；手部动作为中段防御。

动作六：向 A 方向迈右脚，成右走步；手部动作为中段防御。

动作七：向 C2 方向迈左脚，成左走步；手部动作为下段防御。

动作八：右脚向 C2 方向前踢，成右弓步；手部动作为上段顺拳攻击。

动作九：向 D2 方向迈右脚，成右走步；手部动作为下段防御。

动作十：左脚向 D2 方向前踢，成左弓步；手部动作为上段顺拳攻击。

动作十一：向 A 方向迈左脚，成左走步；手部动作为上段防御。

动作十二：向 A 方向迈右脚，成右走步；手部动作为上段防御。

动作十三：向 D3 方向迈左脚，成左走步；手部动作为中段防御。

动作十四：向 C3 方向迈右脚，成右走步；手部动作为中段防御。

动作十五：向 B 方向迈左脚，成左走步；手部动作为下段防御。

动作十六：右脚向 B 方向前踢，成右走步；手部动作为中段顺拳攻击。

动作十七：左脚向 B 方向前踢，成左走步；手部动作为中段顺拳攻击。

动作十八：右脚向 B 方向前踢，成右走步；手部动作为中段顺拳攻击。

收势：右脚不动，左脚逆时针旋转，收腿，面向 B 方向，成基本准备姿势。

动作一 　动作二 　动作三 　动作四

动作五 　动作六 　动作七 　动作八

动作九 　动作十 　动作十一

动作十二　　动作十三　　动作十四　　动作十五

动作十六

动作十七

动作十八

图 10-11　太极二章动作

第三节　基本战术

良好的战术水平是以优秀的技术水平为基础的，初学者技术水平有限，对战术的运用也受到了限制。下面介绍几个适合初学者的战术。

一、心理战术

心理战术是指比赛前利用情绪、动作、表情等威慑对手，比赛中用气势压倒对手，利用规则允许的各种手段干扰对手情绪，给对手造成心理压力，从而发挥自己的优势，战胜对手。

二、体力战术

体力战术是指平时加强体力训练和耐力训练，在比赛中先消耗对手体力，再利用自身体力优势压制对手。

三、防守反击战术

防守反击战术是指全面掌握进攻战术和防守技术，并根据自己的优势和对手的劣势灵活变通，在防守的基础上伺机反击，从而取胜。

四、假动作战术

初学者能够较流畅、自然地完成基本技术动作之后，就可以学习假动作战术，即用逼真的假动作或假象吸引对手注意力，诱使对手露出破绽，然后抓住机会猛烈攻击，从而取得胜利。

第四节　比赛规则

一、比赛场地及时间

（一）比赛场地

跆拳道比赛的场地为 12 m×12 m，要求平整，无任何障碍物，铺设具有一定弹性且不

易打滑的垫子。根据实际情况，比赛场地可高出地面 40～60 cm。为了安全起见，可以装置平衡比赛台的支撑装置，支撑装置与地面所成的夹角应在 30°以内。

比赛区域的划分：比赛场地中央 8 m×8 m 的区域为比赛区，标记为蓝色；其余部分为警戒区，标记为红色或黄色；划分比赛区与警戒区的线叫作警戒线，比赛场地最外面的线叫作边界线。

（二）比赛时间

跆拳道比赛的每场比赛为 3 局，每局比赛 2 min，局间休息 1 min；比赛时间也可由比赛技术代表根据实际情况设定，例如，可调整为每场比赛 3 局，每局比赛 1 min 或 1 min 30 s，也可调整为每场比赛 2 局，每局 2 min。

二、比赛护具

比赛时，选手戴好护身、头盔、护裆、护臂、护腿后方可进入比赛区域，护裆、护臂、护腿应戴在道服里面。

三、主要规则

（一）允许使用的技术

（1）拳的技术：必须握紧拳头，用拳的正面击打。

（2）脚的技术：必须用踝关节以下、脚的前部击打。

（二）允许攻击的部位

（1）躯干部位：允许攻击躯干被护胸包裹的部位，但禁止攻击后背脊柱。

（2）头部：允许攻击锁骨以上的部位，但只允许用脚部技术攻击。

（三）得分判定

1. 有效得分

运用正确的技术、击打正确的得分部位、打击力量强是判定得分有效的依据。击中躯干计 1 分，用旋转踢技术击中躯干计 2 分，击中头部计 3 分，用旋转踢技术击中头部计 4 分。一方每被判 2 次“警告”或 1 次“扣分”，另一方得 1 分。

2. 犯规行为

在比赛中，犯规行为的判罚分为警告和扣分两种。

（1）判罚警告的犯规行为如下。

❖ **接触行为：**抓住对手；搂抱对手；推对手；用躯干贴靠对手。

❖ **消极行为：**逃避或拖延比赛；双脚越出边界线；转身背对对手，逃避进攻；故意倒地；伪装受伤。

- **攻击行为：**用膝部顶撞对手；故意攻击对手裆部；故意蹬踏对手的腿部和脚；用掌或拳击打对手的面部。
- **不当行为：**教练员或运动员示意得分或扣分；教练员或运动员有不文明语言或不得体行为；比赛中，教练员离开规定位置。

（2）判罚扣分的犯规行为如下。

- **接触行为：**抓住对手进攻的脚，故意将其绊倒或用手推倒对手。
- **攻击行为：**在主裁判员发出“分开”口令后攻击对手；攻击已倒地的对手；故意击打对手后脑或后背；用拳重击对手头部。
- **不当行为：**教练员或运动员有过激语言或行为。

第十一章 武术运动

DISHIYIZHANG

学习目标

- 了解武术的起源、发展历程和文化内涵。
- 掌握武术基本功、24式太极拳、初级长拳、八段锦、五禽戏的基本动作和练习方法。

素质目标

- 领会中国传统武术文化，继承和发扬武术精神。
- 具备运用24式简化太极拳、初级长拳、八段锦和五禽戏进行健身锻炼的意识。

第一节　概　述

武术起源于我国古代的生产劳动。古代的人们在狩猎和防卫的过程中掌握了一些简单的攻防格斗技能，如拳打、脚踢、躲闪和摔跤等，为武术的发展奠定了基础。到了明清时期，武术得到了更加全面的发展，形成了太极拳、形意拳和八卦拳等主要的拳种体系。

中华人民共和国成立后，武术运动得到了蓬勃发展。1958 年，中国武术协会成立，武术成为表演项目，并于次年正式成为国家级体育竞赛项目。1994 年，国际武术联合会被国际单项体育联合会正式接纳入会，从而进一步确立了武术运动的国际体育地位。

武术运动通常分为拳术、器械、对练和集体操练四大类。武术具有广泛的适应性、攻防技击性，以及内外合一、形神兼备的特点。武术运动不仅能够提高人们的身体素质，培养人们勤奋、刻苦、果敢、顽强的意志，还能丰富人们的业余文化生活，为其终身健身打下良好的基础。

第二节　武术基本功

武术基本功是指以武术运动中具有共性的基础训练为主要内容，以获得和运用武术技法为锻炼目的的一类运动。它包括肩臂、腰部、腿部、手形、手法和步法等方面的练习。

一、肩臂练习

肩臂练习的目的是增进肩关节的柔韧性和发展臂部力量。肩臂练习包括压肩、单臂绕环和双臂绕环等。

（一）压肩

预备姿势：面对肋木站立，与肋木保持一大步的距离，两脚左右开立至与肩同宽。

动作要领：双手抓握肋木，上体前俯并做下振压肩动作，如图 11-1（a）所示；做压肩动作时，也可以两人面对面站立，互相扶按肩部，做上体前屈的向下振压肩动作，如图 11-1（b）所示；还可由伙伴协助做振压肩部的练习。

（二）单臂绕环

预备姿势（以右臂绕环为例）：左弓步站立，左手扶按左腿，右臂垂于体侧。

动作要领：向后绕环时，右臂由下向前、向上、向后绕环一周，如图 11-2 所示；向前绕环时，右臂由下向后、向上、向前绕环一周。练习时，左右臂交替进行。做左臂绕环时换右弓步站立。

图 11-1 压肩　　图 11-2 单臂绕环

（三）双臂绕环

预备姿势：开步站立，两臂垂于体侧。

动作要领：以肩关节为轴，两臂分别向前和向后做直臂绕环。做双臂绕环时，顺时针绕环和逆时针绕环交替进行，如图 11-3 所示。

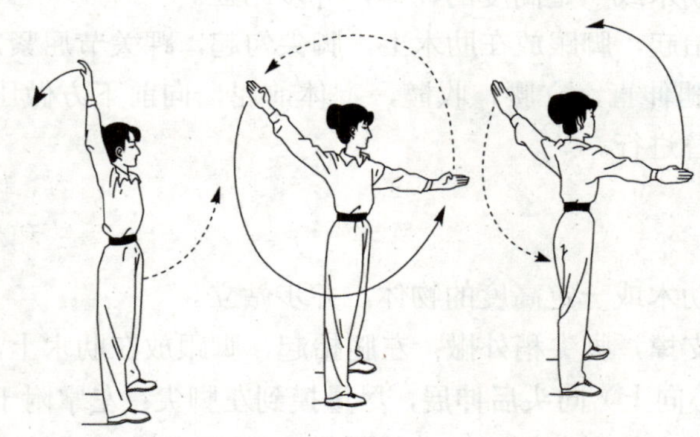
图 11-3 双臂绕环

二、腰部练习

腰部练习的目的是增进腰部的灵活性及其控制与协调上下肢运动的能力。腰部练习包括下腰、甩腰和涮腰等。

（一）下腰

预备姿势：开步站立，两臂伸直上举。

动作要领：腰向后弯，抬头，挺腰，双手撑地，身体呈桥形。

（二）甩腰

预备姿势：开步站立，两臂伸直上举。

动作要领：以腰、髋关节为轴，上体做前后屈伸和甩动动作，两臂也跟着甩动，两腿伸直。

（三）涮腰

预备姿势：两脚开立至略宽于肩，两臂自然垂于体侧。

动作要领：上体前俯，两臂向左前下方伸出，以髋关节为轴，两臂经前、向右、向后、向左翻转绕环。左右涮腰交替进行。

三、腿部练习

腿部练习的目的是发展腿部的柔韧性、灵活性和力量等。腿部练习包括正压腿、侧压腿、竖叉、正踢腿、外摆腿、里合腿和后扫腿等。

（一）正压腿

预备姿势：面对肋木或一定高度的物体，并步站立。

动作要领：左腿抬起，脚跟放在肋木上，脚尖勾起，踝关节屈紧，双手扶按在左膝上或双手抓握左脚；两腿伸直，立腰，收髋，上体前屈，向前下方做压振动作，如图 11-4 所示。练习时两腿交替进行。

（二）侧压腿

预备姿势：侧对肋木或一定高度的物体，并步站立。

动作要领：右腿支撑，脚尖稍外撇；左腿抬起，脚跟放在肋木上，脚尖勾起，踝关节屈紧；右手立掌（掌心向上）向头后伸展，尽量摸到左脚尖；左掌附于右胸前；两腿伸直，立腰，开髋，右臂带动上体向左侧压振，如图 11-5 所示。练习时两腿交替进行。

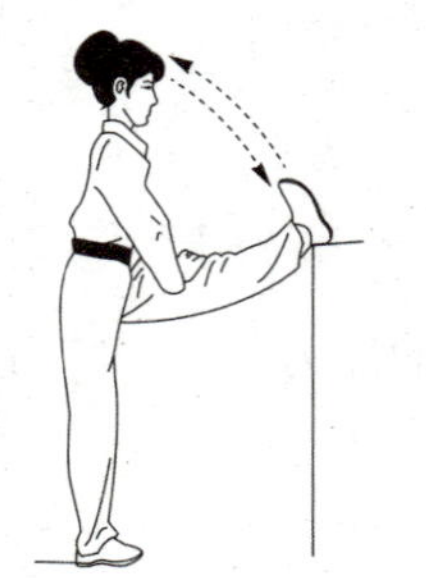

图 11-4　正压腿

图 11-5　侧压腿

（三）竖叉

预备姿势：并步站立。

动作要领：两手左右扶地或两臂侧平举，两腿前后分开成直线（左腿在前）；左腿后侧着地，脚尖勾起；右腿前侧或内侧着地，脚面绷直扣于地面，两臂立掌侧平举，掌指向上，如图 11-6 所示。练习时两腿交替进行。

图 11-6 竖叉

（四）正踢腿

预备姿势：并步站立，两臂侧平举，立掌，掌指向上。

动作要领：左脚上前半步，左腿支撑，右腿挺膝，脚尖勾起向前额处猛踢；目平视。练习时两腿交替进行。

（五）外摆腿

预备姿势：同正踢腿。

动作要领：右脚向右前方上半步，右腿支撑；左脚脚尖勾紧，向右侧踢起，然后经面前向左侧上方外摆，直腿落于右腿内侧；目平视，如图 11-7 所示。做外摆腿时，可用左手掌在左侧上方迎击左脚面。练习时两腿交替进行。

（六）里合腿

预备姿势：同正踢腿。

动作要领：右脚向右前方上半步，右腿支撑；左脚脚尖勾起里扣并向左侧踢起，经面前向右侧上方直腿里合，落于右腿外侧，如图 11-8 所示。做里合腿时，可用右手掌在右侧上方迎击左脚面。练习时两腿交替进行。

图 11-7 外摆腿

图 11-8 里合腿

（七）后扫腿

预备姿势：两脚并立，两臂自然垂于体侧。

动作要领：两脚开立，形成左弓步；两掌伏地于右腿内侧，手指向前；左脚尖里扣，左腿曲膝全蹲，右腿伸直，形成右仆步姿势，同时上体右转并前俯；两掌随体右转在右腿内侧扶地；以左脚前脚掌为轴，右脚贴地向后扫转一周。

四、手形和手法练习

手形是指手部的基本动作。手法练习是运用拳、掌和勾等 3 种手形，结合上肢冲、架、推和亮等运动方法，操练上肢和手的基本方法。

（一）手形

拳：四指并拢卷握，拇指紧扣食指和中指第二指节，如图 11-9 所示。

掌：四指并拢伸直，拇指弯曲紧扣于虎口处，如图 11-10 所示。

勾：五指的第一指节捏拢在一起曲腕，如图 11-11 所示。

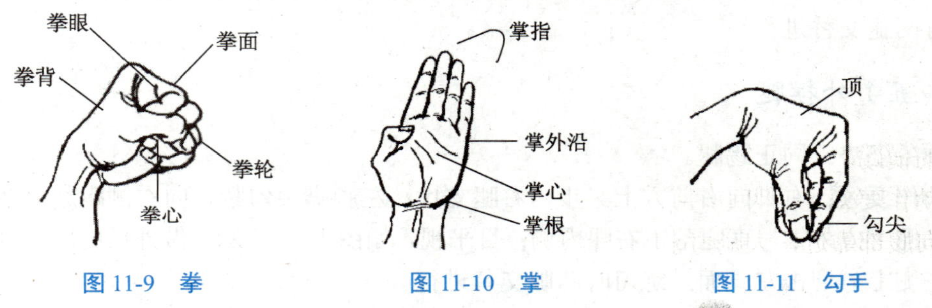

图 11-9　拳　　图 11-10　掌　　图 11-11　勾手

（二）手法

常见的手法有冲拳、推掌和亮掌。

1. 冲拳

冲拳分为平拳与立拳两种。平拳拳心向上，立拳拳眼向上。下面以平拳为例介绍冲拳的动作要领。

预备姿势：两脚左右开立至与肩同宽，两拳抱于腰间，拳心向上，肘尖向后。

动作要领：挺胸，收腹，直腰，右拳从腰间猛力冲出，左肘向后牵拉；同时左转腰顺肩内旋臂，力达拳面，臂伸直与肩齐平；目平视。练习时两手交替进行。

2. 推掌

预备姿势：与冲拳相同。

动作要领：右拳变掌，前臂内旋，以掌跟为力点向前猛力推出，左肘向后牵拉，同时左转腰顺肩，臂伸直与肩齐平；目平视。练习时两手交替进行。

3. 亮掌

预备姿势：与冲拳相同。

动作要领：右拳变掌经体侧向前、向右、向上画弧，至头部右前方时抖腕亮掌，掌心

向前，虎口向下，臂呈弧形，头随右手动作左转。亮掌时，目视左侧。练习时两手交替进行。

五、步法练习

步法练习的目的是增进腿部力量，以提高双腿的稳定性。武术的基本步法包括弓步、马步、虚步、仆步和歇步等。

（一）弓步

动作要领：两脚前后开立一大步（长度为本人脚长的 4～5 倍），前脚脚尖稍内扣，前腿曲膝半蹲（大腿接近水平），膝与脚尖垂直；后腿挺膝伸直，脚尖内扣斜向前方，两脚全脚掌着地；上体正对前方，目平视，两手抱拳于腰间，拳心向上。

（二）马步

动作要领：两脚左右开立（宽度约为本人脚长的 3 倍），两脚尖正对前方，曲膝半蹲，膝盖不超过脚尖，大腿接近水平，全脚掌着地，身体重心落于两脚之间，两手抱拳于腰间，拳心向上。

（三）虚步

动作要领：两脚前后开立，后脚外展 45°，后腿曲膝半蹲；前脚脚尖虚点地，稍内扣，脚面绷平；前腿膝微屈，重心落于后腿；双手叉腰，目平视。做虚步动作时，左脚在前为左虚步，右脚在前为右虚步。

（四）仆步

动作要领（以左仆步为例）：两脚左右开立，右腿曲膝半蹲，大腿与小腿靠紧，臀部接近小腿，右脚全脚掌着地，脚尖和膝关节外展；左腿挺直平仆，脚尖里扣，全脚掌着地；两手抱拳于腰间，拳心向上，目视左侧。做右仆步时仆右腿，其动作要领与左仆步相仿。

（五）歇步

动作要领（以左歇步为例）：两腿交叉靠拢全蹲，左脚在前，全脚掌着地，脚尖外展；右脚前脚掌着地，膝部贴于左腿外侧，臀部坐于右腿接近脚跟处；两手抱拳于腰间，拳心向上；目视左前方。做右歇步时右脚在前，其动作要领与左歇步相仿。

第三节 24 式太极拳

太极拳是我国民族文化中的一颗璀璨明珠。它是一种有较好的增强体质和预防疾病效果的体育项目，其动作特点柔和、缓慢而连贯。

24 式太极拳又称“简化太极拳”，是国家体委（现国家体育总局）于 1956 年组织太极拳专家汲取杨氏太极拳之精华改编而成。

体育树人

太极拳不仅有强身健体的功能，而且对预防治疗各种疾病有良好作用，是中华民族的优秀文化遗产。明末清初，河南省温县陈家沟的陈王廷创编了太极拳，历经发展，陈式太极拳逐步演变出全国有代表性的“杨、吴、孙、武”等流派。

为了适应广大群众开展体育活动的需要，国家体委（现国家体育总局）于 1956 年编成 24 式简化太极拳，1958 年增编了太极推手、32 式初级太极剑、88 式太极拳和 48 式太极拳，1987 年开始整理创编了传统的“陈、杨、吴、孙、武”竞赛套路、42 式太极拳、42 式太极剑，从而提高了太极拳竞赛的技术含量和难度，规范和促进了这项活动的开展和交流。

2001 年 3 月，中国武术协会在海南省三亚市举办了首届世界太极拳健康大会，近 20 个国家和地区、约 3 000 人参加。太极拳已盛行于国内外，成为人们喜爱的体育锻炼项目。

一、预备势

动作要领：身体自然直立，两脚并拢，两腿自然伸直；胸腹放松，两臂垂于两腿外侧，手指微屈；头颈端正，下颌微收，口闭齿扣，舌抵上腭；精神集中，表情自然，目平视前方。

二、24 式太极拳动作

（一）起势

动作要领：左脚向左迈一步，两脚平行开立至与肩同宽；两臂由身体两侧慢慢向前、向上平举至与肩同高、同宽，手心向下；两腿慢慢曲膝半蹲，重心落于两脚之间，形成马步；同时两掌轻轻下按至腹前，上体舒展、端正，目平视前方，如图 11-12 所示。

24 式太极拳演练

（二）左右野马分鬃

1. 左野马分鬃

动作要领（见图 11-13）如下。

（1）上体稍右转，重心右移；同时右臂弯曲置于胸前，掌心翻转向下；左手画弧下落，曲肘置于腹前，掌心翻转向上，与右掌相对呈抱球状，两臂曲肘；左脚收至右脚内侧，脚尖点地，目视右手。

（2）上体左转，左脚向左前方迈出一步，脚跟轻轻着地，重心仍在右腿上。

（3）上体继续左转，重心前移，左脚全脚掌着地，左腿曲膝，形成左弓步；同时两手掌前后分开，左手至体前与眼同高，手心斜向上；右手按至右侧髋部旁，手心向下，指尖向前；两臂微屈，目视左掌。

图 11-12　起势

图 11-13　左野马分鬃

2. 右野马分鬃

动作要领（见图 11-14）如下。

（1）重心稍后移，曲右膝，左腿伸直，左脚尖翘起外撇 45°～60°。

（2）上体左转，重心移至左腿，左脚全脚掌着地，左腿前弓，右脚收至左脚内侧，脚尖着地；同时左臂弯曲置于左胸前，掌心翻转向下；右手画弧下落，曲肘置于腹前，掌心翻转向上，与左掌相对呈抱球状；目视左手。

（3）上体稍右转，重心仍在左腿上，右脚向右前方迈出一步，脚跟轻轻着地；同时两掌开始前后分开。

（4）上体继续右转，重心前移，右脚全脚掌着地，右腿曲膝，形成右弓步；右手分至体前与眼同高，手心斜向上；左手按至左侧髋部旁，手心向下，指尖向前；两臂微屈，目视右手。

图 11-14　右野马分鬃

3．左野马分鬃

其动作要领与“2．右野马分鬃”相仿，但方向相反，如图 11-15 所示。

（三）白鹤亮翅

动作要领（见图 11-16）如下。

（1）上体稍左转，右脚向前收拢半步，前脚掌轻轻落地，与左脚相距约一脚长；同时左臂弯曲置于胸前，掌心翻转向下；右手画弧下落，曲肘置于腹前，掌心翻转向上，与左掌相对呈抱球状；目视左手。

（2）重心后移，右脚全脚掌着地，并向右转体；两手随转体交错分开，右手上举，左手下落；目视右手。

（3）上体转正，左脚稍向前移动，形成左虚步；右手上举，手心向左后方，左手按于左侧髋部旁，指尖向前；目平视前方。

图 11-15　左野马分鬃

图 11-16　白鹤亮翅

（四）左右搂膝拗步

1．左搂膝拗步

动作要领（见图 11-17）如下。

（1）上体稍左转；右手向下摆至体前，手心向上；目视右手。

（2）上体右转，左脚收落于右脚内侧，脚尖点地；同时两臂交叉摆动，右手由体前经右侧髋部向右后方上举至与头同高，手心向上；左手由左胸前经头前向右画弧至右肩前，手心向下；目视右手。

（3）上体稍左转，左脚向左前方迈一步，脚跟轻轻着地；同时右臂曲肘，右手摆至右肩上，虎口对耳，掌心斜向前；左手落于腹前，掌心向下；目视前方。

（4）上体继续左转，重心前移，左脚全脚掌着地，左腿曲膝，形成左弓步；同时左手经左膝前向左搂过，按于左腿外侧，指尖向前；右手向前推出，指尖与鼻尖相对，掌心向前，指尖向上；右臂自然伸直，目视右手。

2．右搂膝拗步

动作要领（见图 11-18）如下。

（1）上体左转，重心稍后移，左脚尖翘起外撇；同时两臂外旋，开始向左摆动；目视右手。

（2）上体继续左转；重心前移，左脚全脚掌着地，右腿收至左脚内侧，脚尖点地；同时右手经面前画弧摆至左肩前，掌心向下，左手向左上方画弧上举至与头同高，掌心向上，左臂自然伸直，肘微屈，目视左手。

（3）上体稍右转，右脚向右前方迈一步，脚跟轻轻落地；同时左臂曲肘，左手收至左肩上，虎口对耳，掌心斜向前；右手下落至腹前，掌心向下，肘微屈；目视前方。

（4）上体继续右转，重心前移，右脚全脚掌着地，右腿曲膝，形成右弓步；同时右手经右膝前上方向右搂过，按于右腿外侧，指尖向前；左手向前推出，指尖与鼻尖同高，掌心向前，指尖向上；左臂自然伸直，肘微屈；目视左手。

图 11-17　左搂膝拗步

图 11-18　右搂膝拗步

3．左搂膝拗步

其动作要领与“2．右搂膝拗步”相仿，但方向相反，如图 11-19 所示。

图 11-19　左搂膝拗步

（五）手挥琵琶

动作要领（见图 11-20）如下。

（1）右脚向前收拢半步并落于左脚后，与左脚相距约一脚长，脚尖点地；同时右臂稍向前伸，腕关节放松。

（2）上体右转，重心后移，右脚全脚掌着地；同时左手向左、向上画弧摆至体前，手臂自然伸直，掌心斜向下；右臂曲肘向左下方画弧并收至胸前，掌心斜向上；目视左手。

（3）上体稍向左回转，左脚稍向前移，脚跟着地；同时两臂外旋，曲肘合抱，前后交错；左手与鼻相对，掌心向右；右手与左肘相对，掌心向左；目视左手。

（六）左右倒卷肱

1．右倒卷肱

动作要领（见图 11-21）如下。

（1）上体稍右转；右手随转体向下经腰侧向后上方画弧至掌指与头同高，掌心翻转向上，右臂微屈；左手翻转，掌心向上停于体前；视线先随转体向右看，再转向前方看左手。

（2）上体稍左转，左脚提收经右腿内侧向后退一步，前脚掌轻轻着地；同时右臂曲肘，右手收至肩上耳侧，掌心斜向下方；左手翻转掌心向上；目视左手。

（3）上体继续左转，重心后移，左脚全脚掌着地；右脚以前脚掌为轴扭直，右腿微屈，形成右虚步；同时右掌推至体前，腕与肩同高，掌心向前；左手向后、向下收至左侧腰部，掌心向上；目视右手。

图 11-20　手挥琵琶

图 11-21　右倒卷肱

2．左倒卷肱

动作要领（见图 11-22）如下。

（1）上体稍左转；左手随转体向左后上方画弧，掌指与头同高，掌心向上，左臂微屈；右手外翻，掌心向上停于体前；视线先随转体向左看，再转向前方看右手。

（2）上体稍右转；右脚提收向后退一步，前脚掌轻轻着地；同时左臂曲肘，左手收至肩上耳侧，掌心斜向前下方；右手翻转掌心向上；目视右手。

（3）上体继续右转，重心后移，右脚全脚掌着地；左膝微屈，形成左虚步；同时左掌推至体前，腕与肩同高，掌心向前；右手向后、向下画弧收至右侧腰部，掌心向上；目视左手。

图 11-22　左倒卷肱

3．右倒卷肱

其动作要领与“1．右倒卷肱”相同。

4．左倒卷肱

其动作要领与“2．左倒卷肱”相同。

（七）左揽雀尾

动作要领（见图 11-23）如下。

（1）上体微右转；同时右手由腰侧向右上方画弧至与肩同高，掌心斜向上，右臂微屈；左臂自然置于体前，腕与肩同高，手心向下；目视左手。

（2）左脚收至右脚内侧，脚尖点地；同时右手曲臂置于右胸前，掌心翻转向下；左手画弧下落，曲肘置于腹前，掌心翻转向上，与右掌相对呈抱球状；目视右手。

（3）上体微左转，左脚向左前方迈出一步，脚跟着地；同时两手开始前后分开；目视前方。

（4）上体继续左转，重心前移，左脚全脚掌着地，左腿曲膝，形成左弓步；左臂半屈于体前，腕与肩同高，掌心向内；右手向下画弧按于右侧髋部旁，指尖向前；目视左手。

（5）上体稍左转；左手向左前方伸出，掌心转向下，同时右臂外旋，右手经腹前向上、向前画弧至左前臂内侧，掌心向上；目视左手。

（6）上体右转，重心后移，右腿曲膝，左腿自然伸直；同时两手经腹前向下、向右后方画弧；右手举至身体侧后方与头同高，掌心向外；左臂平屈于胸前，掌心向内；头随体转，目视右手。

（7）上体左转，正对前方；同时右臂曲肘，右手收至胸前，搭于左腕内侧，掌心向前；左前臂仍屈收于胸前，掌心向内，指尖向右；目视前方。

（8）重心前移，左腿曲膝，形成左弓步；同时右手推送左前臂向体前挤出至与肩同高，两臂撑圆；目视前方。

（9）左手翻转向下，右手经左腕上方向前伸出，掌心向下；随后重心后移，右腿曲膝，左腿自然伸直，左脚尖翘起，同时两手左右分开至与肩同宽，两臂屈收，两手后引经胸前收至腹前，手心斜向下；目向前平视。

（10）重心前移，左脚全脚掌着地，左腿曲膝，形成左弓步；两手由腹前沿弧线推至体前，两腕与肩同高，两掌心向前，指尖向上；目视前方。

图 11-23　左揽雀尾

（八）右揽雀尾

其动作要领（见图 11-24）与“左揽雀尾”动作要领相同，但方向相反。

图 11-24 右揽雀尾

（九）单鞭

动作要领（见图 11-25）如下。

（1）上体左转，重心左移，右脚尖内扣，左脚尖外展；同时左手经头前向左画弧摆至身体左侧，掌心向外；右手经腹前向左画弧摆至左肋前，掌心朝向腹部；视线随左手移动。

（2）上体右转，重心右移，右腿曲膝，左腿伸直；同时右手经头前向上、向右画弧摆至右肩前，掌心向内；左手向下、向右画弧摆至腹前，掌心转向内；视线随右手移动。

（3）左脚收至右脚内侧，脚尖点地；同时右手伸向身体右前方，五指捏拢成勾手，钩尖向下，肘微屈，腕与肩平；左手向上画弧至右肩前，掌心向内；目视勾手。

（4）上体左转，左脚向左前方迈出一步，脚跟着地；同时左手经面前向左画弧，掌心向内，目视左手。

（5）上体继续左转，重心前移，左脚全脚掌着地，左腿曲膝，形成左弓步；同时左手经头前翻转向前推出，腕与肩平，左肘与左膝上下相对；右勾手举于右后方，腕与肩平；目视左手。

图 11-25　单鞭

（十）云手

动作要领（见图 11-26）如下。

（1）上体右转，重心后移；左脚尖内扣，右腿屈蹲；同时左手经腹前向下、向右画弧摆至右肩前，掌心向内；右勾手松开变掌，掌心向外，指尖向上；目视右手。

（2）上体左转，重心左移；右脚向左并拢半步，与左脚平行相距 10～20 cm，脚尖向前；右脚落地时，前脚掌先着地，随后过渡到全脚掌着地，两腿曲膝半蹲；同时左手经头前向上、向左画弧，掌心渐渐翻转向外至身体左侧与肩同高；右手经腹前向下、向左画弧，掌心渐渐翻转向内至左肩前；视线随左手移动。

（3）上体右转，重心右移；左脚向左横跨一步，脚掌先着地，随后过渡到全脚掌着地，脚尖向前；同时右手经头前向右画弧，掌心逐渐翻转向外至身体右侧与肩同高；左手经腹前向下、向右画弧，掌心逐渐翻转向内至右肩前；视线随右手移动。

（4）与本动作要领（2）同。

（5）与本动作要领（3）同。

（6）与本动作要领（2）同。

图 11-26　云手

（十一）单鞭

动作要领（见图 11-27）如下。

（1）上体右转，重心移至右腿，左脚跟提起；同时右手经头前向右画弧，至右前方时掌心翻转成勾手；左手经腹前向下、向右画弧至右肩前，掌心转向内；目视勾手。

（2）与“单鞭”动作要领中的（4）完全相同。

（3）与“单鞭”动作要领中的（5）完全相同。

图 11-27 单鞭

（十二）高探马

动作要领（见图 11-28）如下。

（1）右脚向前收拢半步，距左脚约一脚长，前脚掌着地；目视左手。

（2）上体稍右转；重心后移，右脚全脚掌着地，右膝弯曲，左脚脚尖点地；同时右勾手松开，两手翻转手心向上，两臂前后平举，肘关节微屈，目视左前方。

（3）上体左转，左脚向前移动，形成左虚步；同时右臂屈收经头右侧向前推出，腕与肩平，掌心向前；左臂屈收，左手收至腹前，掌心向上；目视右手。

（十三）右蹬脚

动作要领（见图 11-29）如下。

（1）左脚提收至右踝内侧；同时右手稍向后收，左手经右手背向右前方穿出，两手交叉，腕关节相交，左掌心斜向上，右掌心斜向下；目视左手。

（2）上体左转；左脚向左前方迈一步，脚跟着地，脚尖略外撇；同时左手内旋，两手虎口相合举于头前，两掌心向外；目视前方。

（3）重心前移，左脚全脚掌着地，曲左膝，右腿自然蹬直；同时两手左右分开，掌心向外，两臂外撑；目视前方。

（4）右脚收至左脚内侧，脚尖点地；两手向腹前画弧相交合抱，右手在外，举至胸前；两掌心向内；目视右前方。

（5）左腿支撑，右腿曲膝上提，右脚脚尖上勾，脚跟用力慢慢向右前上方蹬出；左腿微屈，右腿伸直；两臂展于身体两侧，肘微屈，腕与肩平，两手心向外；右腿与右臂上下相对；目视右手。

图 11-28 高探马

图 11-29 右蹬脚

（十四）双峰贯耳

动作要领（见图 11-30）如下。

（1）右腿曲膝收回，脚尖自然下垂；同时左手经头侧向体前画弧，与右手平行落于右膝上方，两掌心向上，指尖向前；目视前方。

（2）右脚向右前方上步，脚跟着地，脚尖斜向右前方；同时两手收至两腰侧，两掌心向上。

（3）重心前移，右脚全脚掌着地，右腿曲膝，形成右弓步；同时两手握拳经两侧向上、向前画弧摆至头前，两臂半屈呈弧形，两拳平行相对呈钳形，与头同宽，两前臂内旋，两拳眼斜向下；目视前方。

（十五）转身左蹬脚

动作要领（见图 11-31）如下。

（1）上体左转，重心后移；左腿曲膝，右腿伸直，脚尖内扣；同时两拳变掌，左手经头前向左画弧，两臂微屈举于身体两侧，两掌心向外；目视左手。

（2）重心右移，右腿曲膝，左脚收至右脚内侧，脚尖着地；同时两手向下画弧，于腹前交叉合抱，举至胸前，左手在外，两掌心向内；目视左前方。

（3）右腿支撑，提左膝，左脚脚尖上勾，脚跟用力向左前上方慢慢蹬出；同时两臂内旋，两掌心向外，左手向左前方，右手向右后方画弧分开，两臂微屈举于身体两侧；左腿蹬直，与左臂上下相对；目视左手。

图 11-30　双峰贯耳

图 11-31　转身左蹬脚

（十六）左下势独立

动作要领（见图 11-32）如下。

（1）左腿曲膝收回至右踝内侧，脚尖向下；上体右转，右臂稍内合，右手捏成勾手，勾尖向下；同时左手经头前画弧摆至右肩前，掌心向右，指尖向上；目视右勾手。

（2）右腿曲膝半蹲，左脚前脚掌落地，沿地面向左伸出，随即全脚掌着地，左腿伸直；左手落于右肋前；目视勾手。

（3）右腿曲膝全蹲，上体左转，形成左仆步；同时左手经腹前沿左腿内侧向左穿出，掌心向前，指尖向左；目视左手。

（4）重心移至左腿，以左脚跟为轴，脚尖尽量外撇，左腿曲膝前弓；右脚尖内扣，右腿自然蹬直，上体微向左转并向前起身；同时左手继续前穿并向上举至体前，指尖向上；右勾手内旋，背于身后，勾尖向上；目视左手。

（5）上体左转，重心前移，右腿曲膝上提，左腿微屈支撑站立，形成左独立步；同时左手下落按于左侧髋部旁，掌心向下；右勾手变掌，经体侧由后下方向前画弧，立掌前挑，掌心向左，与眼同高；右臂半屈呈弧形，肘关节与右膝上下相对；目视右手。

图 11-32　左下势独立

（十七）右下势独立

动作要领（见图 11-33）如下。

（1）右脚落于左脚右前方，前脚掌着地；上体以左脚前脚掌为轴向左转；同时左手变勾手提举于身体左前方与肩同高；右手经头前向左画弧摆至左肩前，掌心向左；目视左勾手。

（2）左腿曲膝半蹲，右脚提起至左踝内侧，前脚掌落地，沿地面向右伸出，随即全脚掌着地，右腿伸直；右手落至左肋前，目视左勾手。

第（3）（4）（5）步分别与“左下势独立”动作要领的第（3）（4）（5）步相仿，但方向相反。

图 11-33　右下势独立

（十八）左右穿梭

1. 右穿梭

动作要领（见图 11-34）如下。

（1）左脚向左前方落步，脚跟着地，脚尖外撇，上体左转，重心随转体落步前移；同时左手内旋，手心翻转向下；目视左手。

（2）上体继续左转，左脚全脚掌着地，右脚提收于左踝内侧；同时两手手心相对于左胸前呈抱球状（左手在上，右手在下）；目视左手。

（3）上体右转，右脚向右前方上步，脚跟着地；同时右手向右斜前方弧形摆起，左手下落至左腰间；目视右手。

（4）上体继续右转，重心前移，右脚全脚掌着地，右腿曲膝，形成右弓步；同时右手翻转上举，驾于右额角前上方，掌心斜向上；左手推至体前，腕与肩平；目视左手。

2. 左穿梭

动作要领（见图 11-35）与“右穿梭”动作要领相同，但方向相反。

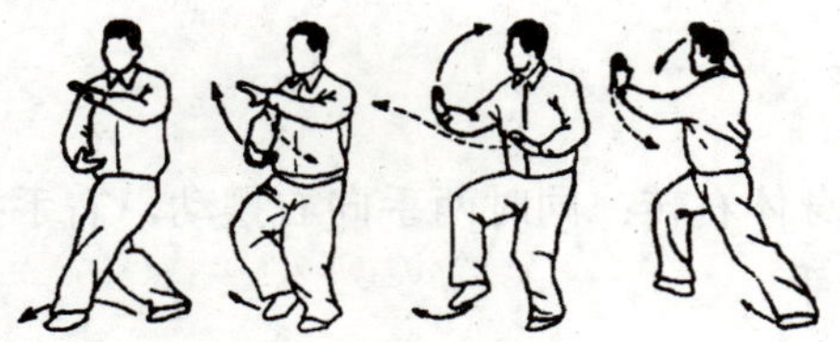
图 11-34　右穿梭

图 11-35　左穿梭

（十九）海底针

动作要领（见图 11-36）如下。

（1）上体稍右转；右脚向前收拢半步，前脚掌落地，与左脚前后相距约一脚长；目视前方。

（2）上体右转，重心移至右腿，右脚全脚掌着地；右腿曲膝，左脚脚跟提起；同时右手下落经体侧曲臂向后、向上抽提至耳旁，掌心向左，指尖向前；左手向右画弧下落至腹前，掌心向下，指尖斜向右；目视前方。

（3）上体左转，稍向前倾；左脚稍前移，落地，形成左虚步；同时右手经耳侧斜向前下方插掌，掌心向左，指尖斜向下；左手经左膝前画弧搂过，按至右侧髋部旁；目视右掌。

（二十）闪通臂

动作要领（见图 11-37）如下。

（1）上体右转，挺直；右腿曲膝支撑站立，左脚回收到右脚内侧；同时右手上提至身前，指尖向前，掌心向左；左手曲臂收举，指尖贴于右腕内侧；目视前方。

（2）左脚向前上步，脚跟着地；两手内旋分开，两手心向前；目视前方。

（3）重心前移，左脚全脚掌着地，左腿曲膝，形成左弓步；同时左手推至体前，指尖与鼻尖对齐；右手撑于头部右上方，掌心斜向上，两手前后分展；目视左手。

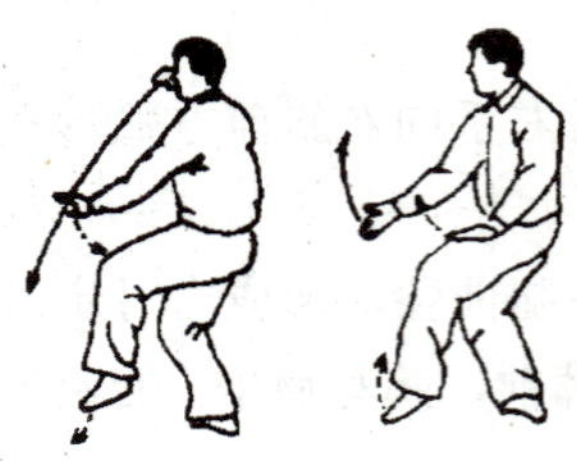
图 11-36　海底针

图 11-37　闪通臂

（二十一）转身搬拦锤

动作要领（见图 11-38）如下。

（1）重心后移，右腿曲膝，左脚尖内扣，身体右转；同时两手向右摆动，右手摆至身体右侧，左手摆至头前，两掌心向外；目视右手。

（2）重心左移，左腿曲膝，右脚以前脚掌为轴扭直；同时右手握拳向下、向左画弧收于腹前，拳心向下；左掌举于左额前上方；目向右平视。

（3）右脚提收至左脚踝内侧，随后向右前迈出，脚跟着地，脚尖外撇；同时右拳经胸前向前搬压，拳心向上，与胸同高；左手经右前臂外侧下落，按于左侧髋部旁；目视右拳。

（4）上体右转，重心前移，左脚收于右脚内侧；同时右臂内旋，右拳向右画弧至体侧，拳心向下，右臂半屈；左臂外旋，左手经左侧向体前画弧；目视右拳。

（5）右腿曲膝，左脚向前上步，脚跟着地；同时左掌拦至体前与肩同高，掌心向右，指尖斜向上；右拳翻转收至腰间，拳心向上；目视左掌。

（6）上体左转，重心前移，左脚全脚掌着地，左腿曲膝，形成左弓步；同时右拳自腰间向胸前打出，肘微屈，拳心向左，拳眼向上；左手微收，掌指附于右前臂内侧，掌心向右；目视右拳。

图 11-38　转身搬拦锤

（二十二）如封似闭

动作要领（见图 11-39）如下。

（1）左手翻转，掌心向上，从右前臂下向前穿出；同时右拳变掌也翻转向上；两手交叉伸举于体前；目视前方。

（2）右腿曲膝，重心后移，左脚尖翘起；同时两臂屈收，边分边内旋后引，两臂分开与肩同宽，两手收至胸前，掌心斜向下；目视前方。

（3）重心前移，左脚全脚掌着地，左腿曲膝，形成左弓步；同时两掌向下经腹前再向上、向前推出，腕与肩平，掌心向前，掌指向上；目视前方。

（二十三）十字手

动作要领（见图 11-40）如下。

（1）上体右转，重心右移，右腿曲膝，左腿蹬伸，脚跟着地，脚尖内扣；同时右手向右摆至头前；目视右手。

（2）上体继续右转，右腿屈弓，脚尖外撇，左脚全脚掌着地，左腿自然伸直，形成右横档步；同时右手继续向右画弧，摆至身体右侧，两臂平举于身体两侧，两掌心向外，指尖斜向上；目视右手。

（3）上体左转，重心左移，左腿屈弓，右腿自然伸直，脚尖内扣；同时两手下落画弧交搭于腹前，向上画弧抱于胸前，两掌心向上（右手在下，左手在上）；目平视前方。

（4）上体转正；右脚向左收回，与左脚相距一肩宽，两脚平行向前；右脚前脚掌先着地，随后过渡到全脚掌着地，两腿慢慢直立，重心落于两脚间；同时两手交叉合抱呈斜十字并与肩同高，掌心向内；目向前平视。

图 11-39　如封似闭

图 11-40　十字手

（二十四）收势

动作要领：两臂内旋，两手翻转，手心向下，左右分开至与肩同宽；随后两臂慢慢下落并垂于体侧；左脚轻轻提起，并拢于右脚内侧，前脚掌先着地，随后过渡到全脚掌着地，形成预备姿势，目视前方。

第四节　初级长拳

长拳是中国拳派之一，包括查拳、花拳、炮捶、红拳等。长拳吸取了查拳、花拳、炮捶、红拳等拳种的优点，把长拳的手形、手法、步形、步法、腿法、平衡、跳跃等基本动作规范化。长拳的特点是姿势舒展大方，动作敏捷快速，刚柔相济，快慢相间，节奏分明。

本节介绍的初级长拳第三路由国家体育总局创编，具有广泛的群众基础，是全国武术表演和比赛项目之一。

一、预备动作

（一）预备势

动作要领：两脚并步站立，两臂垂于身体两侧，五指并拢贴于腿外侧，双眼向前平视，如图 11-41 所示。

注意事项：头要端正，下颌微收，挺胸，塌腰，收腹。

（二）虚步亮掌

动作要领（见图 11-42）如下。

（1）右脚向后撤步成左弓步。右掌向右、向上、向前画弧，掌心向上；左臂曲肘，左掌提至腰侧，掌心向上。目视右掌。

（2）右腿微屈，重心后移。左掌经胸前从右臂上向前穿出并伸直；右臂曲肘，右掌收至腰侧，掌心向上。目视左掌。

（3）重心继续后移，左脚稍向右移，脚尖点地，成左虚步。左臂内旋向左、向后画弧成勾手，勾尖向上；右手继续向后、向右、向前画弧，曲肘抖腕，在头顶斜上方成亮掌（即横掌），掌心向前，掌指向左。目视左方。

图 11-41　长拳预备势

图 11-42　虚步亮掌

注意事项：三个动作必须连贯。成虚步时，重心落于右腿上，右大腿与地面平行。左腿微屈，脚尖点地。

（三）并步对拳

动作要领（见图 11-43）如下。

（1）右腿蹬直，左腿提膝，脚尖里扣，亮掌姿势不变。

（2）左脚向前落步，重心前移。左臂曲肘，左勾手变掌经左肋前伸；右臂外旋收回，两掌同高，掌心均向上。

（3）右脚向前上一步，两臂下垂后摆。

（4）左脚向右脚并步，两臂向上画弧，经胸前曲肘下按，两掌变拳，拳心向下，停于小腹前，目视左侧。

注意事项：并步后挺胸、塌腰。对拳、并步、转头要同时完成。

图 11-43 并步对拳

二、第一节动作

（一）弓步冲拳

动作要领（见图 11-44）如下。

（1）左脚向左上一步，脚尖向斜前方，右腿微屈，成半马步。左臂向上向左格打，拳眼向后，拳与肩同高，右拳收至腰侧，拳心向上，目视左拳。

（2）右腿蹬直成左弓步。左拳收至腰侧，拳心向上，右拳向前冲出，与肩同高，拳眼向上，目视右拳。

图 11-44 弓步冲拳

注意事项：成弓步时右腿充分蹬直，脚跟不要离地，成冲拳时尽量转腰顺肩。

（二）弹腿冲拳

动作要领：重心前移至左腿，右腿曲膝提起，脚面绷直，猛力向前弹出伸直，与腰同高。右拳收至腰侧，左拳向前冲出，目视前方，如图 11-45 所示。

注意事项：支撑腿可微屈，弹出腿时要用爆发力，力点达于脚尖。

（三）马步冲拳

动作要领：右脚向前落步，脚尖里扣，上体左转。左拳收至腰侧，两腿下蹲成马步，右拳向前冲出，目视右拳，如图 11-46 所示。

注意事项：成马步时，大腿要平，两脚平行，脚跟外蹬，挺胸、塌腰。

（四）弓步冲拳

动作要领（见图 11-47）如下。

（1）上体右转 90°，右脚尖外撇向斜前方，成半马步，右臂曲肘向右格打，目视右拳。

（2）左腿蹬直成右弓步。右拳收至腰侧，左拳向前冲出，目视左拳。

图 11-45　弹腿冲拳

图 11-46　马步冲拳

图 11-47　弓步冲拳

（五）弹腿冲拳

动作要领：重心前移至右腿，左腿曲膝提起，脚面绷直，猛力向前弹出伸直，与腰同高。左拳收至腰侧，右拳向前冲出，目视前方，如图 11-48 所示。

（六）大跃步前穿

动作要领（见图 11-49）如下。

（1）左腿曲膝。右拳变掌内旋，以手背向下挂至左膝外侧，上体前倾，目视右手。

（2）左脚向前落步，两腿微屈。右掌继续向后挂，左拳变掌，向后向下伸直，目视右掌。

（3）右腿曲膝向前提起，左腿立即猛力蹬地向前跃出。两掌向前向上画弧，目视左掌。

（4）右腿落地全蹲，左腿随即落地向前铲出成仆步。右掌变拳抱于腰侧，左掌由上向右向下画弧成立掌，停于右胸前，目视左脚。

图 11-48　弹腿冲拳

图 11-49　弹腿冲拳与大跃步前穿

注意事项：跃步要远，落地要轻，落地后立即做下一个动作。

（七）弓步击掌

动作要领：右腿猛力蹬直成左弓步。左掌经左脚面向后画弧至身后成勾手，左臂伸直，勾尖向上，右拳由腰侧变掌向前推出，掌指向上，掌外侧向前，目视右掌，如图 11-50 所示。

（八）马步架掌

动作要领（见图 11-51）如下。

（1）重心移至两腿中间，左脚脚尖里扣成马步，上体右转。右臂向左侧平摆，稍曲肘，同时，左勾手变掌由后经左腰侧从右臂内向前上穿出，掌心均朝上，目视左手。

（2）右掌立于左胸前，左臂向左上曲肘抖腕亮掌于头部左上方，掌心向前，目右转视。

图 11-50　弓步击掌

图 11-51　马步架掌

三、第二节动作

（一）虚步栽拳

动作要领（见图 11-52）如下。

（1）右脚蹬地，曲膝提起，左腿伸直，以前脚掌为轴向右后转体 180°。右掌由左胸前向下经右腿外侧向后画弧成勾手，左臂随体转动并外旋，使掌心朝右，目视右手。

（2）右脚向右落地，重心移至右腿上，下蹲成左虚步。左掌变拳下落于左膝上，拳眼向里，拳心向后，右勾手变拳，曲肘向上架于头右上方，拳心向前，目视左方。

（二）提膝穿掌

动作要领（见图 11-53）如下。

（1）右腿稍伸直。右拳变掌收至腰侧、掌心向上，左拳变掌由下向左向上画弧盖压于头上方，掌心向前。

（2）右腿蹬直，左腿曲膝提起，脚尖内扣。右掌从腰侧经左臂内向右前上方穿出，掌心向上，左掌收至右胸前成立掌，目视右掌。

注意事项：支撑腿与右臂伸直。

图 11-52　虚步栽拳

图 11-53　提膝穿掌

（三）仆步穿掌

动作要领：右腿全蹲，左腿向左后方铲出成左仆步。右臂不动，左掌由右胸前向下经左腿内侧，向左脚面穿出，目随左掌转视，如图 11-54 所示。

（四）虚步挑掌

动作要领（见图 11-55）如下。

（1）右腿蹬直，重心前移至左腿，成左弓步。右掌稍下降，左掌随重心前移向前挑起。

（2）右脚向左前方上步，左腿半蹲，成右虚步。身体随上步左转 180°。在右脚上步的同时，左掌由前向上向后画弧成立掌，右掌由后向下向前上挑起成立掌，指尖与眼平，目视右掌。

图 11-54　仆步穿掌

图 11-55　虚步挑掌

注意事项：上步要快，虚步要稳。

（五）马步击掌

动作要领（见图 11-56）如下。

（1）右脚落实，脚尖外撇，重心稍升高并右移。左掌变拳收至腰侧，右掌俯掌向外成搂手。

（2）左脚向前上一步，以右脚为轴向右后转体 180°，两腿下蹲成马步。左掌从右臂上成立掌向左侧击出，右掌变拳收至腰侧，目视左掌。

注意事项：右手成搂手时，先使臂稍内旋、腕伸直，手掌向下向外转，接着臂外旋，掌心经下向上翻转，同时抓握成拳。收拳和击掌动作要同时进行。

（六）叉步双摆掌

动作要领（见图 11-57）如下。

（1）重心稍右移，同时两掌向下向右摆，掌指均向上，目视右掌。

（2）右脚向左腿后插步，前脚掌着地。两臂继续由右向上向左摆，停于身体左侧，均成立掌，右掌停于左肘窝处，目随双掌转视。

注意事项：两臂要画立圆，摆动幅度要大，摆掌与后插步协调一致。

图 11-56　马步击掌

图 11-57　叉步双摆掌

（七）弓步击掌

动作要领（见图 11-58）如下。

（1）两腿不动。左掌收至腰侧，掌心向上，右掌向上向右画弧，掌心向下。

（2）左腿后撤一步，成右弓步。右掌向下向后伸直摆动，成勾手，勾尖向上，左掌成立掌向前推出，目视左掌。

图 11-58　弓步击掌

（八）转身踢腿马步盘肘

动作要领（见图 11-59）如下。

（1）两脚以前脚掌为轴向左后转体 180°。在转体的同时，左臂向上、向前画半立圆，右臂向下、向后画半圆。

（2）两脚不动，右臂由后向上、向前画半立圆，左臂由前向下、向后画半立圆。

（3）右膀向下成反臂勾手，勾尖向上，左臂向上成亮掌，掌心向前上方。右腿伸直，脚尖勾起，向额前踢。

（4）右脚向前落地，脚尖里扣。右手不动，左臂曲肘下落至胸前，左掌心向下，目视左掌。

（5）上体左转 90°，两腿下蹲成马步。同时，左掌向前、向左平掳变拳，收至腰侧，右勾手变拳，右臂伸直，由体后向右、向前平摆，至体前时曲肘，肘尖向前，与肩同高，拳心向下，目视肘尖。

注意事项：两臂抡动时要画立圆，动作要连贯。盘肘时要快速有力，右肩前顺。

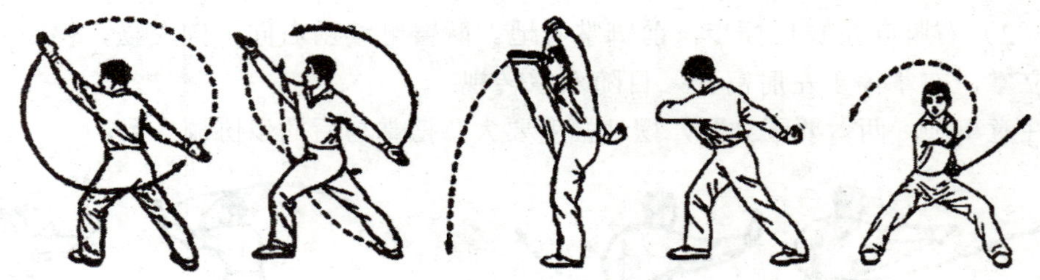

图 11-59　转身踢腿马步盘肘

四、第三节动作

（一）歇步抡砸拳

动作要领（见图 11-60）如下。

（1）重心稍升高，右脚尖外撇。右臂由胸前向上、向右抡直，左拳向下、向左使臂抡直，目视右拳。

（2）两脚以前脚掌为轴，向右后转体 180°。右臂向下、向后抡摆，左臂向上、向前随身体转动。

（3）紧接上一个动作，两腿全蹲成歇步。左臂随身体下蹲向下平砸，拳心向上，臂部微屈，右臂伸直向上举起，目视左拳。

注意事项：抡臂动作要连贯，双手画立圆。成歇步时两腿交叉全蹲，左腿大、小腿靠紧，臀部压于左小腿外侧，膝关节贴于右小腿外侧，脚跟提起，右脚尖外撇，全脚掌着地。

图 11-60　歇步抡砸拳

（二）仆步亮拳

动作要领（见图 11-61）如下。

（1）左脚由右腿后抽出前上一步，左腿蹬直，右腿半蹲，成右弓步，上体微向右转。左拳收至腰侧，右拳变掌向下经胸前向右横击掌，目视右掌。

（2）右脚蹬地曲膝提起，上体右转。左拳变掌向前穿出，掌心向上，右掌平收至左肘下。

（3）右脚向右落步，曲膝全蹲，左腿伸直，成仆步。左掌向下、向后画弧成勾手，勾尖向上，右掌向右、向上画弧微屈，抖腕成亮掌，掌心向前。头随右手转动，至亮掌时目视左方。

图 11-61　仆步亮拳

注意事项：成仆步时，左腿伸直，脚尖内扣，右腿全蹲，两脚全脚掌着地。上体挺胸塌腰，稍左转。

（三）弓步劈拳

动作要领（见图 11-62）如下。

（1）右脚蹬地，左腿收回并向左前方上步。右掌变拳收至腰侧，左勾手变掌由下向上经胸前向左成掳手。

（2）右腿向左上一步，左腿蹬直成右弓步。左手向左平掳后向前挥摆，虎口朝前。

（3）在左手平掳的同时，右拳向后平摆，然后再向前、向上成抡劈拳，拳与耳同高，拳心向上，左掌外旋接扶右前臂，目视右拳。

图 11-62　弓步劈拳

注意事项：左右脚上步时走弧形路线。

（四）换跳步弓步冲拳

动作要领（见图 11-63）如下。

（1）重心后移，右脚稍向后移动。右拳变掌内旋，以掌背向下画弧挂至右膝内侧，左掌背贴于右肘外侧，掌指向前，目视右掌。

（2）右腿自然上抬，上体稍向左扭转。右掌挂至体左侧，左掌伸向右腋下，目随右掌转视。

（3）右脚以全脚掌用力向下振跺，与此同时，左脚急速离地抬起。右手由左向上、向前掳盖而后变拳收至腰侧，左掌伸直向下、向上、向前曲肘下按，掌心向下。上体右转，目视左掌。

（4）左脚向前落步，右腿蹬直成左弓步。右拳向前冲出，拳与肩同高，左掌藏于右腋下，掌背贴靠腋窝，目视右拳。

图 11-63　换跳步弓步冲拳

注意事项：换跳步动作要连贯、协调。振脚时腿要弯曲，全脚掌着地，左脚稍离地。

（五）马步冲拳

动作要领：上体右转 90°，重心移至两腿中间，成马步。右拳收至腰侧，左掌变拳向左冲出，拳眼向上，目视左拳，如图 11-64 所示。

（六）弓步下冲掌

动作要领：右脚蹬直，左腿弯曲，上体稍向左转，成左弓步。左拳变掌向下经体前向上架于头左上方，掌心向上，右拳自腰侧向左前斜下方冲出，目视右拳，如图 11-65 所示。

图 11-64 马步冲拳

图 11-65 弓步下冲掌

（七）叉步亮掌侧踹腿

动作要领（见图 11-66）如下。

（1）上体稍右转。左掌由头上下落于右手碗上，右拳变掌，两手交叉成十字，目视双手。

（2）右脚蹬地并向左腿后插步，前脚掌着地。左掌由体前向下、向后画弧成勾手，勾尖向上，右掌由前向右、向上画弧抖腕亮掌，掌心向前，目视左侧。

（3）重心移至右腿，左腿曲膝提起，向左上方猛力蹬出。上肢姿势不变，目视左侧。

图 11-66 叉步亮掌侧踹腿

注意事项：成交叉步时上体稍向右倾斜，腿、臂的动作要一致。侧踹高度不能低于腰，大腿内旋，着力点在脚跟。

（八）虚步挑掌

动作要领（见图 11-67）如下。

（1）左脚在左侧落地。右掌变拳稍后移，左勾手变拳由体后向左上挑，拳背向上。

（2）上体左转 180°，微含胸前俯。左拳继续向前、向上画弧上挑，右拳向下、向前画弧挂至右膝外侧，同时右膝提起，目视右拳。

（3）右脚向左前方上步，脚尖点地，重心落于左脚，左腿下蹲成右虚步。左拳向后画弧收至腰侧，拳心向上，右拳向前曲臂挑出，拳眼斜向上，拳与肩同高，目视右拳。

图 11-67　虚步挑掌

五、第四节动作

（一）弓步顶肘

动作要领（见图 11-68）如下。

（1）重心升高，右脚踏实。右臂内旋向下直臂画弧以拳背下挂至右膝内侧，左拳不变，目视前下方。

（2）左腿蹬直，右腿曲膝上抬。左拳变掌，右拳不变，两臂向前、向上画弧，目随右拳转视。

（3）左脚蹲地起跳，身体腾空，两臂继续画弧至头上方。

（4）右脚先落地，右腿曲膝，左脚向前落步，前脚掌着地。同时，两臂向右、向下曲肘停于右胸前，右拳变掌，左掌变拳，右掌心与左拳面相贴。

（5）左脚向左上一步，左腿曲膝，右腿蹬直成左弓步。右掌推左拳，以左肘尖向左顶出，与肩同高，目视前方。

图 11-68　弓步顶肘

注意事项：交换步时双脚抬起不要过高，但要快。两臂沿弧形路线抡摆。

（二）转身左拍脚

动作要领（见图 11-69）如下。

（1）以两脚前脚掌为轴向右后转体 180°。随着转体，右臂向上、向右、向下画弧抡摆，同时，左拳变掌向下、向后、向前抡摆。

（2）左腿伸直向前、向上踢起，脚面绷平。左掌变拳收至腰侧，右掌由体后向上、向前拍击左脚面。

注意事项：右掌拍脚时手掌横过来，拍脚声音要响亮。

（三）右拍脚

动作要领（见图 11-70）如下。

（1）左脚向前落地，左拳变掌向下、向后摆，右掌变拳收至腰侧。

（2）右腿伸直向前上踢起，脚面绷平。左拳变掌由后向上、向前拍击右脚面。

注意事项：左掌拍脚时手掌横过来，拍脚声音要响亮。

图 11-69 转身左拍脚

图 11-70 右拍脚

（四）腾空飞脚

动作要领（见图 11-71）如下。

（1）右脚落地，左脚向前摆，右脚猛力蹬地跳起，左腿曲膝继续上摆。同时，右拳变掌向前、向上摆，左掌先上摆而后下降拍击右掌背。

（2）右腿继续上摆，脚面绷平，右手拍击右脚面，左掌由体前向后上举。

图 11-71 腾空飞脚

注意事项：蹬地时左膝尽量上提。腾空时拍脚，注意右臂伸直成水平。

（五）歇步下冲拳

动作要领（见图 11-72）如下。

（1）左、右脚先后相继落地。左掌变拳收至腰侧。

（2）身体右转 90°，两腿全蹲成歇步。右掌抓握、外旋变拳收至腰侧，左拳由腰侧向前下方冲出，拳心向下，目视左拳。

图 11-72 歇步下冲拳

（六）仆步抡劈拳

动作要领（见图 11-73）如下。

（1）重心升高，右臂由腰侧向体后伸直，左臂随身体重心升高向上摆动。

（2）以右脚前脚掌为轴，左腿曲膝提起，上体左转 270°。左拳由前向后下画立圆，右拳由后向下、向前上画立圆。

（3）左腿向后落一步，曲膝全蹲，右腿伸直，脚尖里扣成右仆步。右拳由上向下抡劈，拳眼向上，左拳后上举，拳眼向上，目视右拳。

注意事项：抡臂时一定要画立圆。

图 11-73 仆步抡劈拳

（七）提膝挑掌

动作要领（见图 11-74）如下。

（1）重心前移成右弓步。同时右拳变掌由下向上抡摆，左拳变掌稍下落，右掌心向左，左掌心向右。

（2）左、右臂在垂直面上由前向后各画立圆。右臂伸直停于头上，掌心向左，掌指向上，左臂伸直停于身后成反勾手。同时，右腿曲膝提起，左腿挺膝伸直独立，目视前方。

注意事项：抡臂时要画立圆。

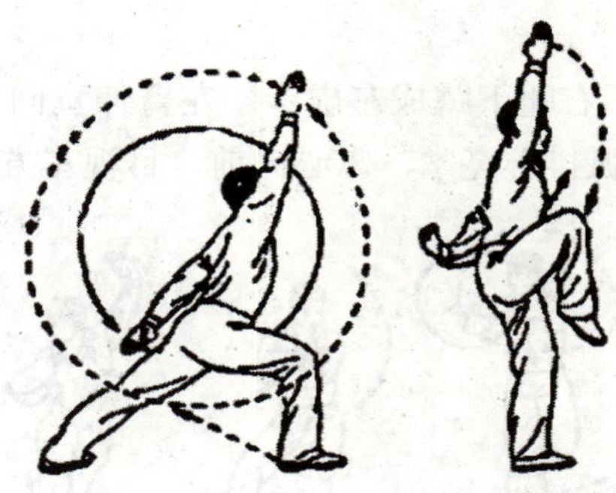

图 11-74　提膝挑掌

（八）提膝劈掌弓步冲拳

动作要领（见图 11-75）如下。

（1）右掌由上向下猛劈伸直，停于右小腿内侧，用力点在小指一侧，左勾手变掌，曲臂向前停于右上臂内侧，掌心向左，目视右掌。

（2）右脚向右后落地，身体右转 90°。同时，左掌变拳收至腰侧，右臂内旋向右画弧成劈掌。

（3）左腿蹬直成右弓步。右手抓握变拳收至腰侧，左拳由腰侧向左前方冲出，目视左拳。

图 11-75　提膝劈掌弓步冲拳

六、结束动作

（一）虚步亮掌

动作要领（见图 11-76）如下。

（1）右脚扣于左膝后，两拳变掌，两臂曲肘交叉于体左前，目视右掌。

（2）右脚向右后落步，重心后移，右腿半蹲，上体稍右转。同时右掌向上、向右、向下画弧停于左腋下，掌心向下，左掌向左、向上画弧停于右臂上与左胸前，掌心向上，目视左掌。

（3）左脚尖稍向右移，右腿下蹲成左虚步。左臂伸直向左、向后画弧成反勾手；右臂伸直向下、向右、向上画弧抖腕亮掌，掌心向前，目视左方。

图 11-76　虚步亮掌

（二）并步对掌

动作要领（见图 11-77）如下。

（1）左腿后撤一步，同时两掌从两腰侧向前穿出伸直，掌心向上。

（2）右腿后撤一步，同时两臂分别向体后摆。

（3）左脚后退半步向右脚并拢。两臂由后向上经体前曲臂下按，两掌变拳，停于腹前，拳心向下，拳面相对。目视左方。

（三）还原

动作要领：两臂自然下垂，目视正前方，如图 11-78 所示。

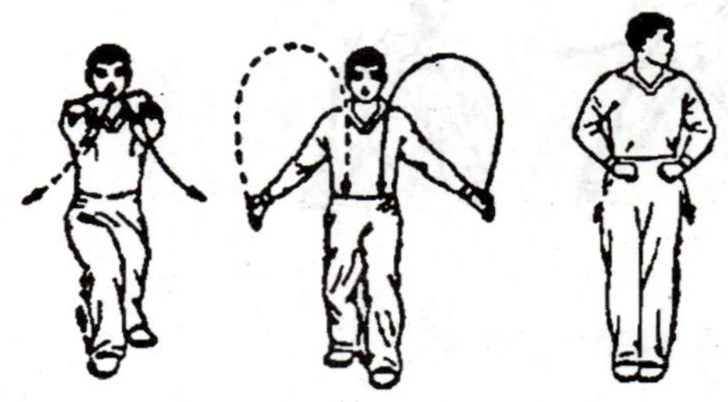

图 11-77　并步对掌

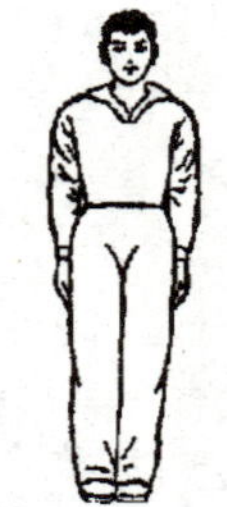

图 11-78　还原

第五节 八段锦与五禽戏

一、八段锦

（一）八段锦概述

八段锦演练

健身气功八段锦的起源可以追溯到远古时代。4000至5000年前，中原大地洪水泛滥，多雨潮湿，百姓深受侵害，“筋骨多瑟缩而不达，气血多瘀滞而不行”。有贤能者发明了祛病健身的“舞”，后来演变成导引术。“导引者，导气令和，引体令柔。”导引术就是通过特殊的锻炼方法，使机体气息流畅，骨正筋柔，从而调理身体，消除病痛，增进健康，延缓衰老。

健身气功八段锦是由一些治病保健的单个动作组合而成的，有独特的功效。锻炼者既可选择单式或几式练习，也可以整套练习。

（二）八段锦的基本动作

预备姿势：自然站立，两脚分开，与肩同宽，双臂下垂，双目向前平视。略微下蹲，双臂微屈，掌心向内，指尖相对。

1. 两手托天理三焦

动作要领（见图11-79）如下。

（1）双手十指交叉，翻掌，掌心向上尽量上托。

（2）抬头，目视手背，脚跟离地，深吸气。

（3）双手下落，恢复成预备姿势。

双手上托和下落交替做6次。

功效：该动作能舒展上体，对胸闷、腹胀、食欲不振等有改善作用。

2. 左右开弓似射雕

动作要领（见图11-80）如下。

（1）两脚分立，下蹲成骑马式，双手在胸前交叉，掌心向内。

（2）左臂向左侧伸直，左手拇指和食指伸直，其余手指握紧，双眼直视左手。右手半握拳，拳眼向上，如拉弓状由左胸口慢慢拉至右胸前，深吸气。

（3）双手回落，恢复成预备姿势。

左右手交替做6次。

功效：该动作能扩展胸部，强健下肢，对肩周炎、下肢无力等有一定的防治作用。

图 11-79　两手托天理三焦

图 11-80　左右开弓似射雕

3. 调理脾胃须单举

动作要领（见图 11-81）如下。

（1）自然站立，双臂弯曲，掌心向上，指尖相对。

（2）右手翻掌，掌心向上托，同时左手翻掌，掌心向下压，深吸气。

（3）手掌回落，恢复成预备姿势。

左右手交替做 6 次。

功效：该动作能调理脾胃，疏通肩背经络。

4. 五劳七伤往后瞧

动作要领（见图 11-82）如下。

（1）自然站立，略微下蹲，两手下按，指尖向前，掌心向下。

（2）手掌外旋，掌心向外，头慢慢向左转，目视左后方。

（3）手掌回落，恢复成准备姿势。

左右侧交替做 6 次。

功效：该动作对颈椎病有一定的改善作用。

图 11-81　调理脾胃须单举

图 11-82　五劳七伤往后瞧

5. 摇头摆尾去心火

动作要领（见图 11-83）如下。

（1）两脚分立，双手上托，掌心朝上。

（2）下蹲成骑马式，两手下落，放在两膝上。

（3）上体右倾，摇头摆尾，从右至左环绕，再从左至右环绕。

重复 6 次该动作。

功效：该动作能增强肩部、臂部、腰部、背部的肌肉，疏通经络。

6. 两手攀足固肾腰

动作要领（见图 11-84）如下。

（1）两脚分立，双手上举，掌心相对。

（2）双手下落，从胸前绕至体后，手背紧挨身体下滑至臀部。

（3）向前弯腰，同时翻掌下按，掌心向下，手指翘起，两手掌尽量按向脚背。

（4）还原成预备姿势。

重复 6 次该动作。

功效：该动作能增强腰部肌肉，按摩肾脏。

图 11-83 摇头摆尾去心火

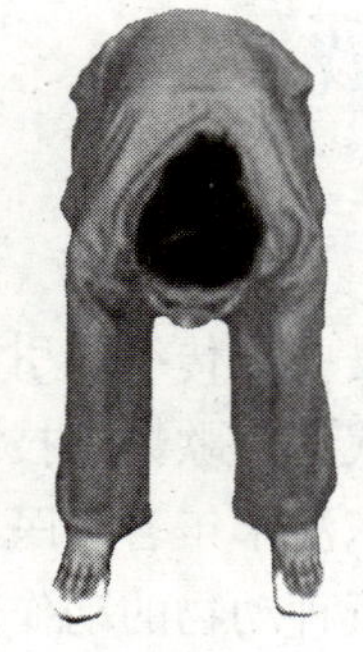

图 11-84 两手攀足固肾腰

7. 攥拳怒目增气力

动作要领（见图 11-85）如下。

（1）两脚分立，下蹲成骑马式，双手握拳放在腰部两侧。

（2）左拳向左前方用力击出，拳眼朝上。手掌展开，手腕环绕，然后握拳收回。

左右手交替做 6 次。

功效：该动作能增全身气力，强壮手臂、肩、背、胸、腹部肌肉。

8. 背后七颠百病消

动作要领（见图 11-86）如下。

（1）自然站立，双脚并拢，双臂自然垂于体侧。

（2）双脚踮起，脚跟慢慢离地，趾尖着力，两膝伸直，深吸气。

（3）还原成预备姿势，深呼气。

功效：该动作能增强颈部和腰部的肌肉，疏通全身经络。

图 11-85　攥拳怒目增气力

图 11-86　背后七颠百病消

八段锦的呼吸方法为吸气时收腹、提肛，呼气时松腹、松肛。注意呼吸要与动作相配合，起吸落呼，开吸合呼，蓄吸发呼，在动作停顿时可适当屏气。

二、五禽戏

（一）五禽戏概述

五禽戏演练

五禽戏是中国传统导引养生功法。“禽”指禽兽，古代泛指动物；“戏”在古代是指歌舞杂技之类的活动，在此指特殊的运动方式。五禽戏是由东汉末年著名医学家华佗根据中医原理，以模仿虎、鹿、熊、猿、鸟五种动物的动作和神态编创的一套导引术。

五禽戏能使人动作灵敏、协调平衡，还能改善关节功能及身体素质，对防治高血压、高血脂、冠心病等疾病有一定的疗效。2011 年 5 月 23 日，华佗五禽戏经国务院批准列入第三批国家级非物质文化遗产名录。

（二）五禽戏的基本动作

1. 预备势

双脚自然站立，双肘自然下垂、外扩，双掌慢慢向内翻转，并缓缓下按于腹前，目视前方，调息凝神，如图 11-87 所示。重复做两遍。

2. 虎戏

虎戏共两式，包括虎举和虎扑。

虎举（见图 11-88）：接预备势，双拳上提至肩前，然后十指伸开，上举至头上方，双手十指弯曲成“虎爪”，目视双手；双掌外旋握拳，掌心相对，目视双拳。

图 11-87　预备势

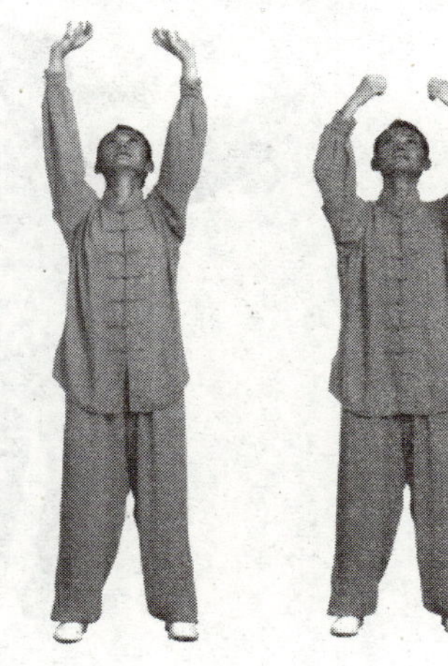

图 11-88　虎举

虎扑（见图 11-89）：接虎举动作，双手下按，掌心向下；双手向上、向前画弧，同时上半身前俯，挺胸，塌腰，头微抬，目视前方；双腿伸膝，凸髋，挺腹，后仰，同时双掌握空拳，顺着体侧自下向上提至胸侧；左腿屈膝提起，双拳上举；左腿向前迈出一步，双手下按，成左虚步。重复做一次，只是方向相反。

图 11-89　虎扑

3．鹿戏

鹿戏共两式，包括鹿抵和鹿奔。

鹿抵（见图 11-90）：双腿微屈，身体重心移至右腿，左脚向前迈步，同时，身体右转，双手握空拳，双臂向右侧摆起，约与肩齐平，目视双拳；身体重心向前移，右腿蹬直，身体左转，双掌成“鹿角”，向上、向左、向右画弧，掌心向外，左臂屈肘抵靠于左腰侧，右臂举至头前，目视右脚跟。重复做一次，只是方向相反。

图 11-90 鹿抵

鹿奔（见图 11-91）：接鹿抵动作。左脚向前迈一步，曲膝，成左弓步，同时双手握空拳，向上、向前画弧至体前，与肩齐平，目视前方；身体重心后移，左膝挺直，右腿曲膝，低头，收腹，弓背，双臂随之内旋，双拳拳背相对、前伸，拳变“鹿角”。重复做一次，只是方向相反。

图 11-91 鹿奔

4. 熊戏

熊戏共两式，包括熊运和熊晃。

熊运（见图 11-92）：双手握空拳成“熊掌”，拳眼相对，垂于下腹部，目视双拳；以腰、腹为轴，上半身按顺时针方向摇晃，双拳随之经右肋部、上腹部、左肋部、下腹部画圆，目随身体摇晃而环视。重复做一次，只是方向相反。

图 11-92　熊运

熊晃（见图 11-93）：接熊运动作。身体重心向右移，左腿曲膝、抬起，双掌握空拳，变“熊掌”，目视左前方；左脚向前迈步，右腿伸直，身体向右转，右拳摆至体后。重复做一次，只是方向相反。

图 11-93　熊晃

5．猿戏

猿戏共两式，包括猿提和猿摘。

猿提（见图 11-94）：双手置于体前，双手屈腕捏拢成“猿钩”；双手上提与胸齐平，双肩耸起，收腹提肛，同时两脚跟提起，头向左转动；之后头转正，双肩下沉，掌心向下，目视前方。重复做一次，只是方向相反。

图 11-94 猿提

猿摘（见图 11-95）：接猿提动作。左脚后退一步，脚尖点地，左臂屈肘，左掌变“猿钩”收至腰侧，右掌向右前方摆起；曲膝下蹲成右丁步，同时右掌向下经腹前上划至头左侧，目视右前方；右掌内旋下按，右脚向右前方迈出一大步，右掌向右上方画弧变“猿钩”，左掌向上伸举，屈腕捏钩，成采摘状；重心后移，左腿曲膝下蹲，右脚收至左脚内侧，成右丁部，同时左臂屈肘，手掌成托桃状，右掌下划至左肘下捧托。重复做一次，只是方向相反。

图 11-95 猿摘

6. 鸟戏

鸟戏共两式，包括鸟伸和鸟飞。

鸟伸（见图 11-96）：双腿微屈下蹲，双掌叠于腹前；双掌保持交叠向上举至头前上方，掌心向下，指尖水平向前，身体随之微前倾，提肩，缩颈，收腹，塌腰，目视前下方；双手下按至腹前；右腿蹬直，左腿伸直后向后抬起，同时双掌左右分开，手掌变“鸟翅”，并向体侧后方摆起，掌心向上，抬头，伸颈，挺胸，塌腰，目视前方。重复做一次，只是方向相反。

图 11-96　鸟伸

鸟飞（见图 11-97）：接鸟伸动作。双腿微屈，双掌成“鸟翅”合于腹前，掌心向上；右腿伸直独立，左腿曲膝抬起，脚尖指向地面，双臂成展翅状，沿体侧向上平举，稍高于肩，掌心向下；左脚落于右脚旁，脚尖点地，双掌合于腹前；右腿伸直独立，左腿曲膝抬起，脚尖指向地面，双掌举至头顶，双臂尽量伸直，掌背相对，指尖朝上，目视前方。重复做一次，只是方向相反。

图 11-97　鸟飞

7. 收势

引气归元（见图 11-98）：双掌上举至头顶，掌心向下，目视双掌；双掌缓慢下按至腹前，再抬至与脐齐平，掌心向上，双手合拢，虎口交叉、叠掌；呼吸调匀，意守丹田；双手在胸前搓掌至热，贴面部，上下摩擦，浴面数次；双掌下落，垂于体侧，恢复成预备势。

图 11-98　收势

第十二章 形体塑身运动

DISHIERZHANG

学习目标

- 掌握健美操的基本动作和套路动作。
- 掌握啦啦操的分类和基本要素。
- 熟悉瑜伽的起源、呼吸方法和瑜伽拜日式的动作。

素质目标

- 加深对形体塑身的理解，保持挺拔的姿态。
- 养成良好的锻炼习惯，增强自身体质。

第一节　健美操

健美操是一项以有氧运动为基础，以健、力、美为特征，融体操、舞蹈、音乐为一体的身体运动。其既是健身美体、陶冶情操的大众健身方式，又是竞技运动的一个项目。健美操以其自身固有的价值与魅力风靡全世界，深受广大青年学生及群众的喜爱。

健美操的种类繁多，分类方法也各不相同。根据健美操练习目的的不同，其可分为健身健美操和竞技健美操两大类。健身健美操以健身为目的，旨在增强身体的力量和柔韧性，从而使身体强健；竞技健美操则以竞技为目的，有特定的比赛规则和评分方法，对人的身体素质、技术技能和艺术表现力有较高的要求。

一、基本动作

掌握健美操的基本动作，可以为尽快地掌握其复杂动作和成套动作打下良好的基础。

（一）手形

健美操的基本手形如图 12-1 所示。

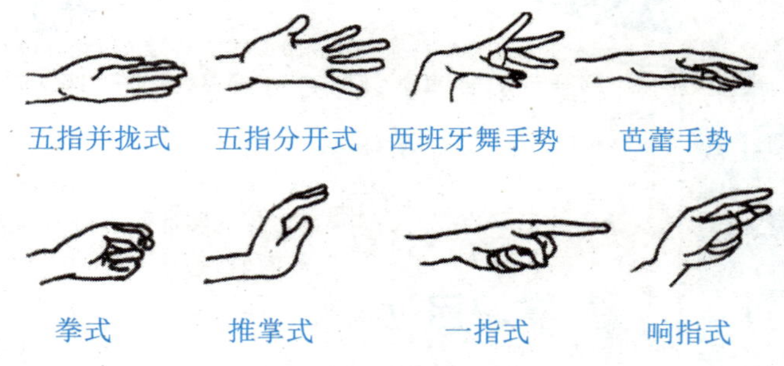

图 12-1　手形

（1）五指并拢式：五指伸直，相互并拢。

（2）五指分开式：五指用力伸直，充分张开。

（3）西班牙舞手势：手指用力伸直，小指、无名指、中指自掌指关节处依次曲指，拇指稍内扣。

（4）芭蕾手势：五指微屈，后三指并拢，稍内收，拇指内扣。

（5）拳式：握拳，拇指在外。

（6）推掌式：手掌用力上翘，五指自然弯曲。

（7）一指式：握拳，食指伸直或拇指伸直。

（8）响指式：拇指与中指摩擦，做打响指状，无名指、小指屈握。

（二）身体各部位基本动作

1. 头、颈部动作

头、颈部动作由屈、转、绕和绕环等动作组成。

（1）屈：指头颈关节弯曲，包括前屈、后屈、左屈和右屈。

（2）转：指头颈部绕身体垂直轴转动，包括左转和右转。

（3）绕和绕环：指头以颈为轴心做弧形和圆形运动，包括左绕、右绕和左、右绕环。

动作要求：做各种形式的头、颈部动作时，速度要慢，上体端正，头、颈移动的方向要准确，颈部被动肌群充分伸展。

2. 肩部动作

肩部动作由提肩、沉肩、绕肩、肩绕环和振肩等动作组成。

（1）提肩：指肩胛骨向上运动，包括单肩提肩、双肩同时提肩和依次提肩。

（2）沉肩：指肩胛骨向下运动，包括单肩沉肩、双肩同时沉肩和依次沉肩。

（3）绕肩：指以肩关节为轴做小于 360°的弧形运动，包括单肩向前、后绕，双肩同时或依次向前、后绕。

（4）肩绕环：指以肩关节为轴做 360°及 360°以上的圆形运动，包括单肩向前、后绕环，双肩同时或依次向前、后绕环。

（5）振肩：指固定上体，肩急速向前或向后摆动，包括双肩同时前、后振和依次前、后振。

动作要求如下。

（1）提肩时尽力向上，沉肩时尽力向下，动作幅度要大且动作有力。

（2）绕肩时，上体不能摆动，双臂放松，头、颈不能前探；绕肩动作应连贯，速度均匀，幅度大。

（3）振肩动作要有速度、力度和弹性。

3. 上肢（手臂）动作

上肢（手臂）动作由举、屈、摆、绕、绕环、振和旋等动作组成。

（1）举：指以肩为轴，臂的活动范围不超过 180°并停止在某一位置的动作，包括单臂和双臂的前举、后举和侧举，以及其他不同方向的举（如侧上举、侧下举等）。

（2）屈：指肘关节产生一定的弯曲角度，包括胸前屈、胸前平屈、肩侧屈、肩上侧屈、肩下侧屈、肩上前屈、腰间屈和头后屈等，如图 12-2 所示。

图 12-2　曲臂

（3）摆：指手臂以肩或肘关节为轴，向身体各方向做钟摆式运动［如图 12-3（a）所示］，包括单臂和双臂同时或依次向前、后、左、右摆。

（4）绕：指双臂或单臂向内、外、前、后做 180°以上 360°以下的弧形运动。图 12-3（b）所示为双臂向内、外绕。

（5）绕环：指双臂或单臂以肩关节为轴，做 360°及 360°以上的圆形运动，包括向前、向后、向内的绕环。图 12-3（c）和图 12-3（d）所示为单臂前后绕环和双臂前后绕环。

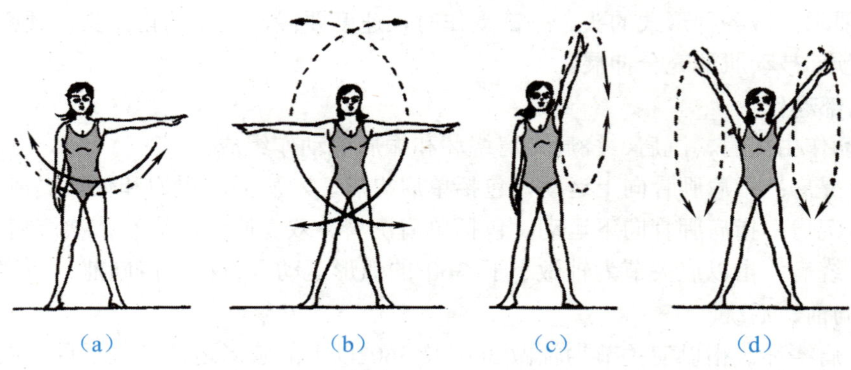

图 12-3　手臂摆、绕、绕环

（6）振：指手臂以肩为轴，用力摆至最大幅度，包括侧举后振、上举后振和下举后振，如图 12-4 所示。

（7）旋：指手臂以肩或肘为轴，做内旋或外旋动作，如图 12-5 所示。

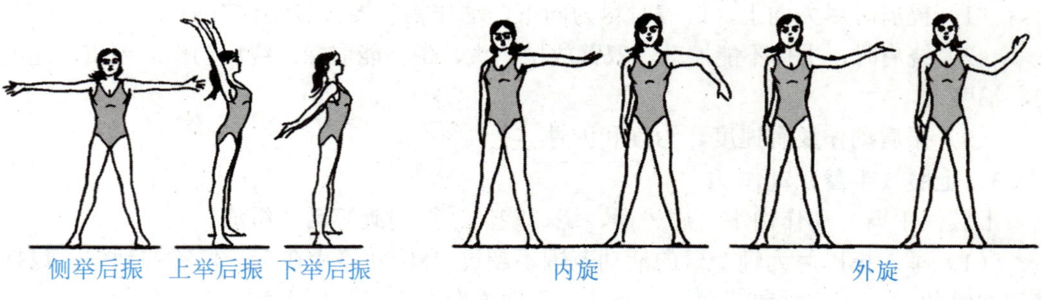

图 12-4　振臂

图 12-5　旋臂

动作要求如下。

（1）做举、屈伸动作时，肩应下沉。

（2）手臂摆动时，起与落的动作要保持弧形。

（3）上体端正，手臂到达的位置应准确，动作幅度要大，力达身体最远端。

4. 胸部动作

胸部动作由含胸、展胸和移胸等动作组成，如图 12-6 所示。

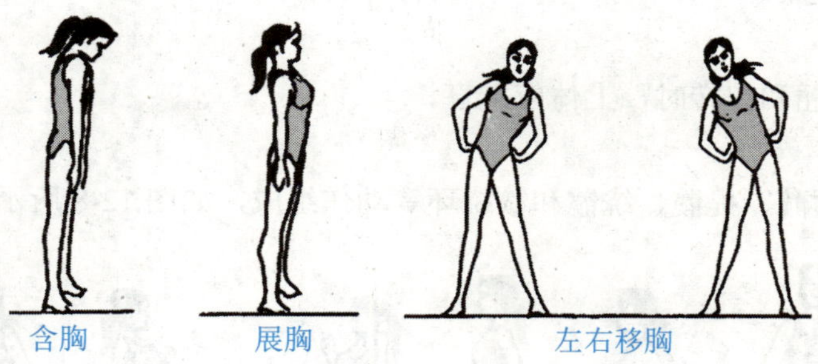

图 12-6　胸部动作

（1）含胸：指两肩内合，缩小胸腔。

（2）展胸：指两肩外展，扩大胸腔。

（3）移胸：指髋部固定，胸部向左、右水平移动。

动作要求：练习时应收腹，立腰。含、展、移胸的幅度要达到自身极限。

5．腰部动作

腰部动作由屈、转、绕和绕环等动作组成，如图 12-7 所示。

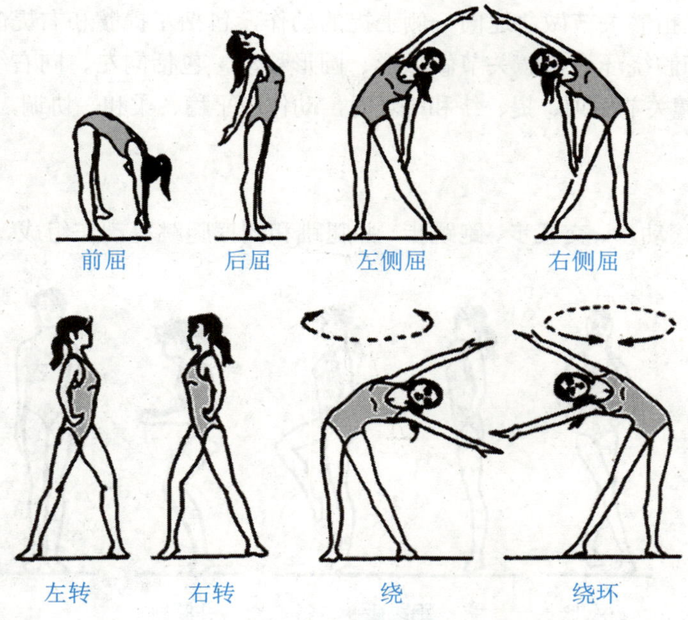

图 12-7　腰部动作

（1）屈：指下肢固定，上体沿矢状轴和水平轴运动，包括前屈、后屈、左屈和右屈。

（2）转：指下肢固定，上体沿垂直轴扭转，包括左转和右转。

（3）绕和绕环：指下肢固定，上体沿垂直轴做弧形和圆形运动，包括左绕、右绕和绕环。

动作要求如下。

（1）做腰部动作练习时，身体远端尽力向外延伸，绕环幅度要大，动作应充分而连贯，速度可放慢。

（2）腰部前屈和扭转时，上体应挺直。

6. 髋部动作

髋部动作由顶髋、提髋、绕髋和髋绕环等动作组成，如图 12-8 所示。

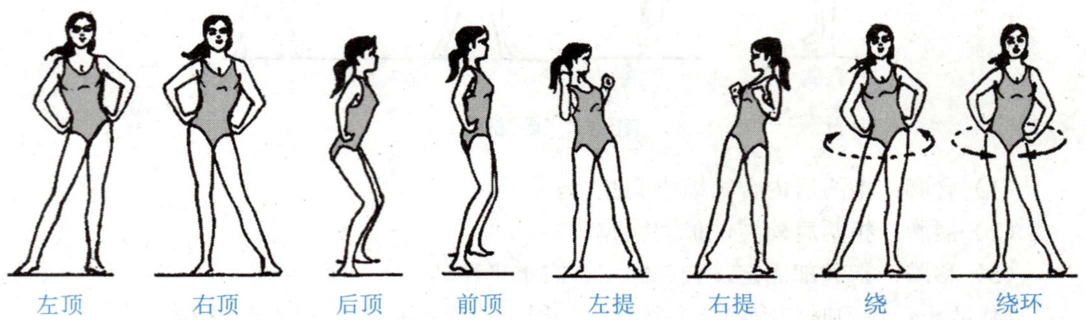

图 12-8　髋部动作

（1）顶髋：指髋关节急速地水平移动，包括前顶髋、后顶髋、左顶髋和右顶髋。

（2）提髋：指髋关节做急速向一侧上提的动作，包括左提髋和右提髋。

（3）绕髋和髋绕环：指髋关节做弧形、圆形移动，包括向左、向右绕和绕环。

动作要求：髋关节做顶、提、绕和绕环时，动作应平稳、柔和、协调，稍带弹性，上体要放松。

7. 下肢动作

下肢动作由滚动步、交叉步、跑跳步、并腿跳和侧摆腿跳等动作组成，如图 12-9 所示。

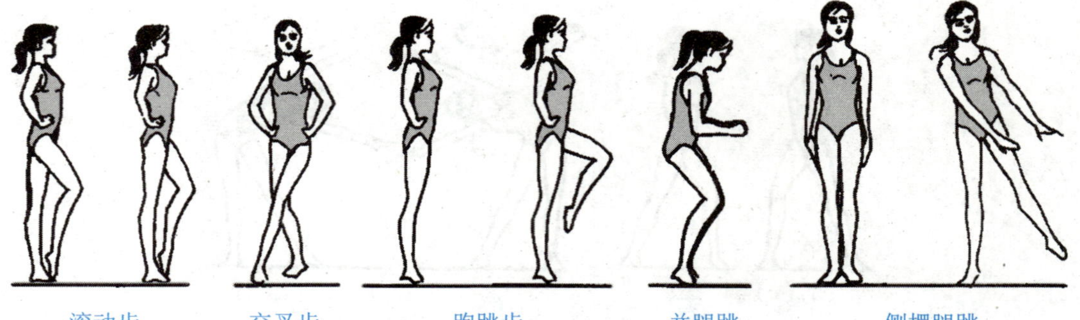

图 12-9　下肢动作

（1）滚动步：指两脚交替做由前脚尖至全掌依次落地的动作。

（2）交叉步：指一脚向另一脚的前方或后方交叉行进。

（3）跑跳步：指在跑的过程中，摆动腿高抬，使原本摆动向前变为摆动向上，形成跳起落下再跳起的姿态。

（4）并腿跳：指双腿并拢，直膝或曲膝跳。

（5）侧摆腿跳：指单腿跳起，同时另一腿向外侧摆动。

动作要求：跳跃要轻松自如，有弹性，注意呼吸的配合。

（三）健美操规则规定的 7 个基本步法

国际体操联合会健美操委员会制订的《竞技性健美操规则》中把健美操的步法分为以下 7 大类：踏步、开合跳、吸腿跳、踢腿跳、弓步跳、弹踢腿跳和后踢腿跳，如图 12-10 所示。

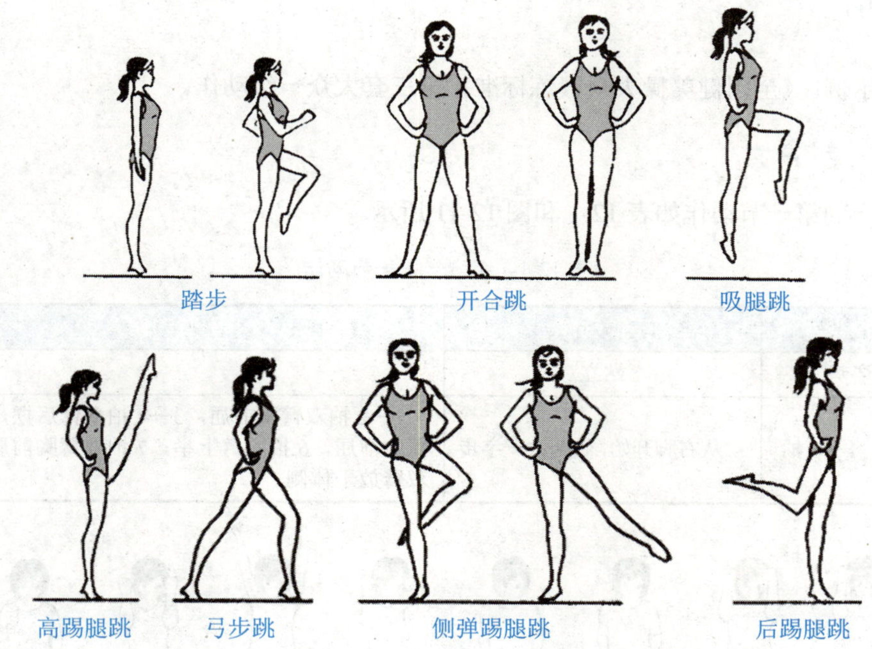

图 12-10　健美操基本步法

（1）踏步：指两脚交替不间断地做曲膝上提然后踏地的动作，包括脚尖不离地的踏步、脚离地的踏步和高抬腿的大幅度踏步。

（2）开合跳：指并腿跳至开立，分腿跳至并立。

（3）吸腿跳：指单腿跳起时，另一条腿曲膝向前、侧上提。

（4）踢腿跳：指单腿跳起时，另一条腿直腿向前方或侧方踢出，包括小幅度踢腿与大幅度踢腿。

（5）弓步跳：指并腿跳起，落地时形成前（侧、后）弓步。

（6）弹踢腿跳：指单腿跳起时，另一条腿经曲膝向前方或侧方弹踢。

（7）后踢腿跳：指两脚交替有短暂腾空过程（类似跑步），小腿向后屈。

动作要求如下。

（1）踏步：脚落地时，由脚尖过渡到脚跟着地；曲膝时，髋微收；两臂前后自然摆动。

（2）开合跳：分腿时，两腿自然外开，膝关节沿脚尖方向弯曲；跳起与落地时，曲膝缓冲。

（3）吸腿跳：大腿用力上提，小腿自然下垂。

（4）踢腿跳：踢腿时须加速用力，保持上体端正，同时立腰。

（5）弓步跳：跳成弓步时，应把握好身体重心。

（6）弹踢腿跳：大腿抬起至一定角度后，小腿自然伸直，膝关节稍加控制。

（7）后踢腿跳：髋和膝在一条线上，小腿叠于大腿。

二、套路

套路示例：《全国健美操大众锻炼标准》第三套大众一级动作。

（一）组合一

组合一的第一节动作如表 12-1 和图 12-11 所示。

表 12-1　组合一第一节动作

节拍		下肢动作	上肢动作
预备姿势		站立	
一	1—8 拍	从右脚开始，做两次一字步	1—2 拍双臂胸前屈，3—4 拍双臂后摆，5 拍双臂胸前屈，6 拍双臂上举，7 拍双臂胸前屈，8 拍双臂放于体侧

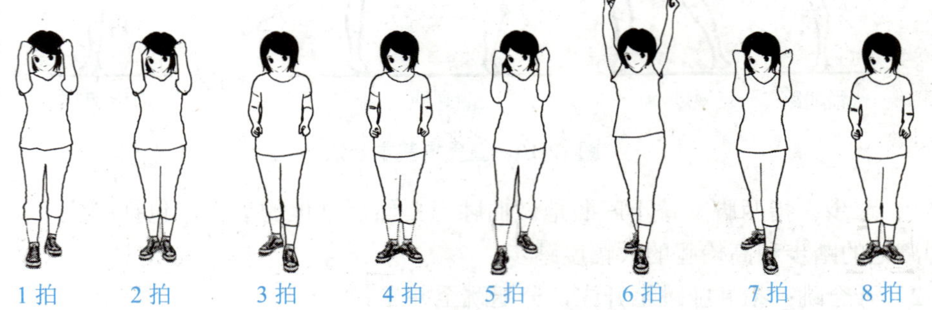

图 12-11　组合一第一节动作

组合一的第二节动作如表 12-2 和图 12-12 所示。

表 12-2　组合一第二节动作

节拍		下肢动作	上肢动作
二	1—4 拍	从右脚开始，向前走 3 步，吸腿	1—3 拍双臂经前举后摆至肩侧屈，4 拍击掌
	5—8 拍	从左脚开始，向后退 3 步，吸腿	手臂动作同 1—4 拍

第三套全国健美操大众锻炼标准成人一级

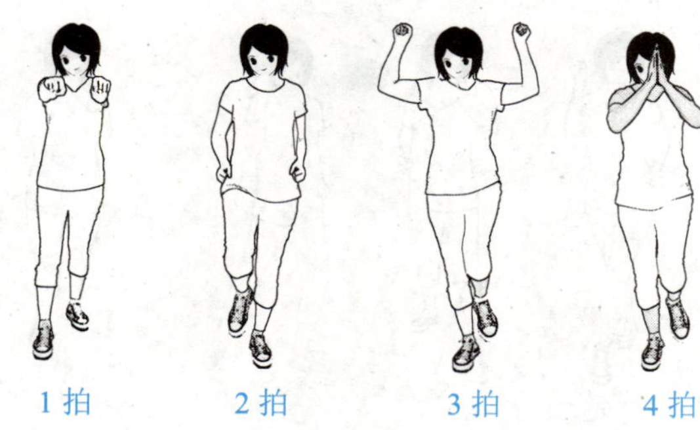

图 12-12　组合一第二节动作

组合一的第三节动作如表 12-3 和图 12-13 所示。

表 12-3　组合一第三节动作

节拍		下肢动作	上肢动作
三	1—4 拍	从右脚开始，做两次侧并步	1 拍右臂肩侧屈，2 拍右臂还原，3 拍左臂肩侧屈，4 拍左臂还原
	5—8 拍	从右脚开始，向一侧连续并步两次	5 拍双臂胸前平屈，6 拍双臂还原，7—8 拍动作同 5—6 拍

图 12-13　组合一第三节动作

组合一的第四节动作如表 12-4 和图 12-14 所示。

表 12-4　组合一第四节动作

节拍		下肢动作	上肢动作
四	1—4 拍	左脚做十字步	双臂自然摆动
	5—8 拍	从左脚开始，踏步 4 次	5 拍击掌，6 拍还原，7—8 拍动作同 5—6 拍

图 12-14 组合一第四节动作

第五—第八个八拍动作同第一—第四个八拍，但方向相反。

（二）组合二

组合二的第一节动作如表 12-5 和图 12-15 所示。

表 12-5 组合二第一节动作

节拍		下肢动作	上肢动作
一	1—8 拍	从右脚开始，前点地 4 次	1 拍双臂曲臂右摆，2 拍还原，3 拍双臂曲臂左摆，4 拍还原，5 拍右臂摆至侧上举、左臂胸前平屈，6 拍还原，7—8 拍动作同 5—6 拍，但方向相反

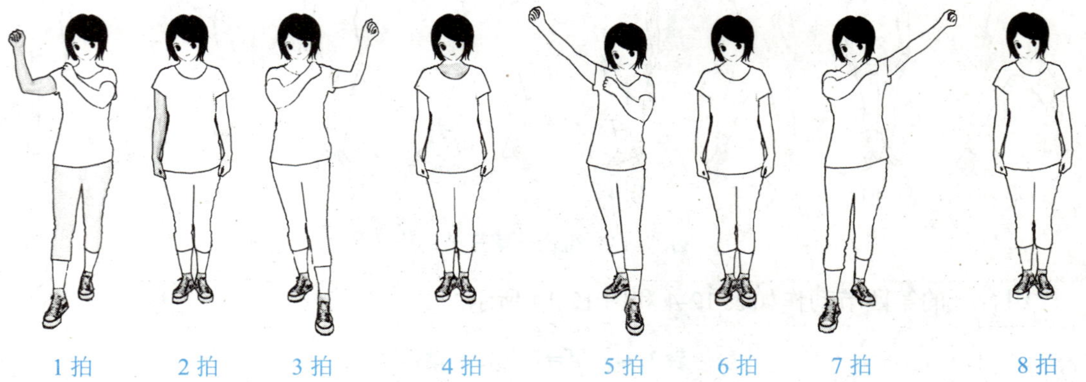

图 12-15 组合二第一节动作

组合二的第二节动作如表 12-6 和图 12-16 所示。

表 12-6 组合二第二节动作

节拍		下肢动作	上肢动作
二	1—4 拍	从右脚开始，向右弧形走 270°	双臂自然摆动
	5—8 拍	并腿半蹲 2 次	5 拍双臂前举，6 拍右臂胸前平屈（上体右转），7 拍双臂前举，8 拍双臂放于体侧

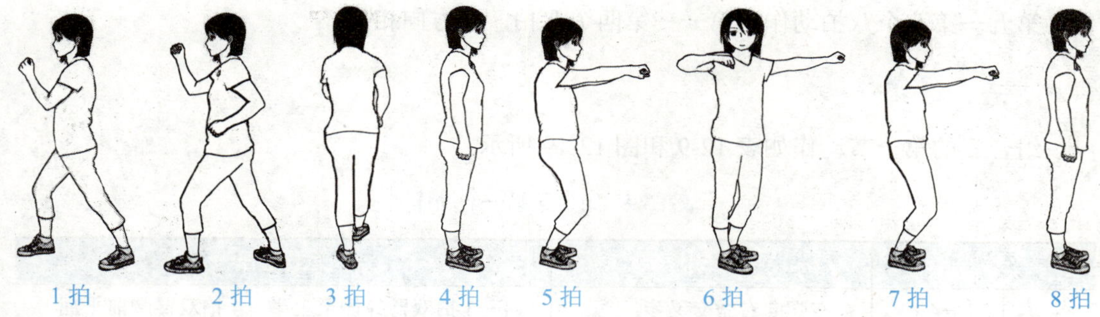

图 12-16　组合二第二节动作

组合二的第三节动作如表 12-7 和图 12-17 所示。

表 12-7　组合二第三节动作

节拍		下肢动作	上肢动作
三	1—8 拍	1—4 拍左脚上步，吸腿，右转体 90°；5—8 拍右脚上步，吸腿	1 拍双臂前举，2 拍曲臂后拉，3 拍前举，4 拍还原，5—8 拍动作同 1—4 拍

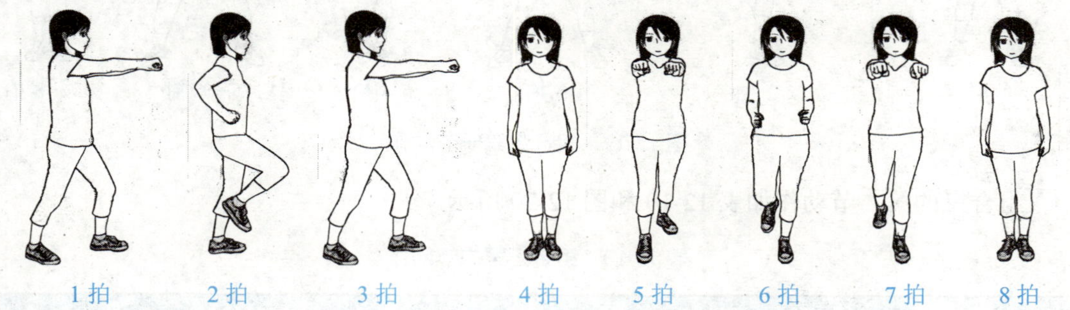

图 12-17　组合二第三节动作

组合二的第四节动作如表 12-8 和图 12-18 所示。

表 12-8　组合二第四节动作

节拍		下肢动作	上肢动作
四	1—8 拍	从左脚开始，侧迈步后屈腿，完成 4 次	双臂曲肘前后摆动

图 12-18　组合二第四节动作

第五—第八个八拍动作同第一—第四个八拍，但方向相反。

（三）组合三

组合三的第一节动作如表 12-9 和图 12-19 所示。

表 12-9　组合三第一节动作

节拍		下肢动作	上肢动作
一	1—4 拍	右脚向右做交叉步	1—3 拍双臂经侧至上举，4 拍双臂胸前平屈
	5—8 拍	左脚向侧方迈步，成分腿半蹲	5—6 拍双臂前举，7—8 拍双臂放于体侧

图 12-19　组合三第一节动作

组合三的第二节动作如表 12-10 和图 12-20 所示。

表 12-10　组合三第二节动作

节拍		下肢动作	上肢动作
二	1—4 拍	从右脚开始，侧点地两次	1 拍右臂左前举、左臂曲肘于腰间，2 拍双臂曲肘于腰间，3—4 拍动作同 1—2 拍，但方向相反
	5—8 拍	右脚连续侧点地两次	5—8 拍动作同 1—2 拍，重复两次

图 12-20　组合三第二节动作

组合三的第三节动作和第四节动作如表 12-11 和图 12-21 所示。

表 12-11　组合三第三节和第四节动作

节拍		下肢动作	上肢动作
三	1—8 拍	从左腿开始，向前走 3 步，接吸腿 3 次	1 拍双臂肩侧屈外展，2 拍胸前交叉，3 拍动作同 1 拍，4 拍击掌，5 拍肩侧屈外展，6 拍腿下击掌，7—8 拍动作同 3—4 拍
四	1—8 拍	从右腿开始，向后走 3 步，接吸腿 3 次	同上

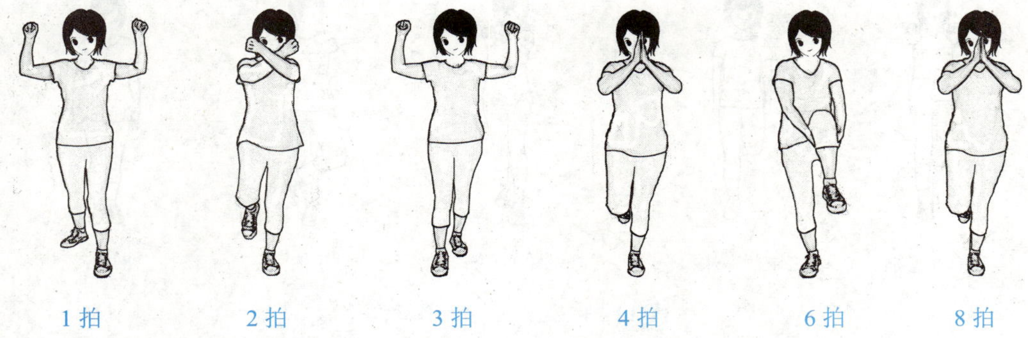

图 12-21　组合三第三节动作

第五—第八个八拍动作同第一—第四个八拍，但方向相反。

（四）组合四

组合四的第一节动作如表 12-12 和图 12-22 所示。

表 12-12　组合四第一节动作

节拍		下肢动作	上肢动作
一	1—8 拍	1—4 拍从右腿开始做 V 字步，5—8 拍做 A 字步	1 拍右臂侧上举，2 拍双臂侧上举，3—4 拍击掌两次，5 拍右臂侧下举，6 拍双臂侧下举，7—8 拍击掌 2 次

图 12-22　组合四第一节动作

组合四的第二节动作如表 12-13 和图 12-23 所示。

表 12-13　组合四第二节动作

节拍		下肢动作	上肢动作
二	1—4 拍	从右脚开始，弹踢腿跳两次	1 拍双臂前举，2 拍双臂下摆，3—4 拍同 1—2 拍动作
	5—8 拍	右脚连续弹踢两次	5 拍双臂前举，6 拍胸前平屈，7 拍动作同 5 拍，8 拍双臂还原体侧

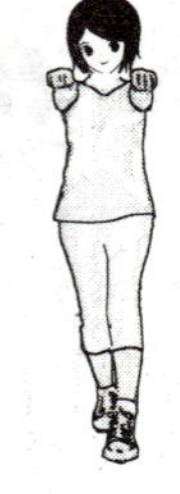
1 拍（3 拍）

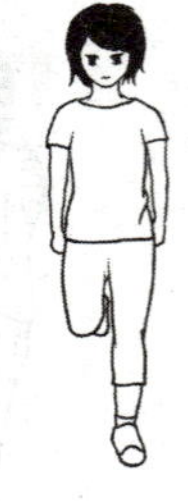
2 拍（4 拍）

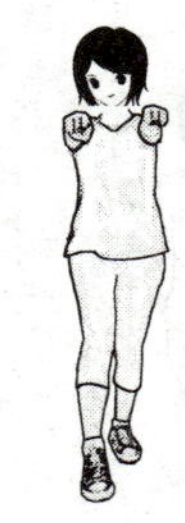
5 拍（7 拍）

6 拍

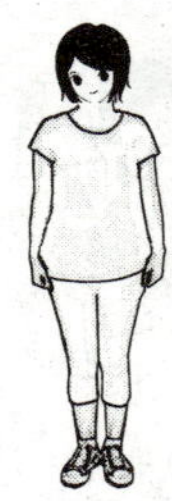
8 拍

图 12-23　组合四第二节动作

组合四的第三节动作如表 12-14 和图 12-24 所示。

表 12-14　组合四第三节动作

节拍		下肢动作	上肢动作
三	1—8 拍	左腿漫步两次	双臂自然摆动

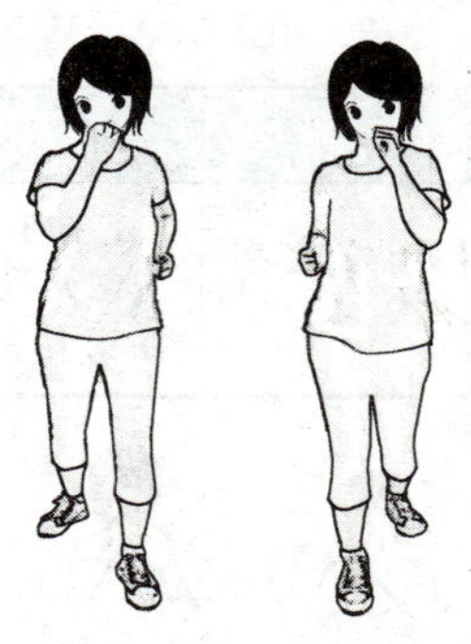
1 拍　　2 拍

图 12-24　组合四第三节动作

组合四的第四节动作如表 12-15 和图 12-25 所示。

表 12-15　组合四第四节动作

节拍		下肢动作	上肢动作
四	1—8 拍	从左脚开始，迈步后点地 4 次	1—2 拍右臂经肩侧屈至左下举，3—4 拍动作同 1—2 拍，但方向相反 5—6 拍右臂经侧举至左下举，7—8 拍动作同 5—6 拍，但方向相反

图 12-25　组合四第四节动作

第五—第八个八拍动作同第一—第四个八拍，但方向相反。

第二节　啦啦操

啦啦操是大学生团体在音乐的伴奏下，完成复杂、高难度的基本手位与舞蹈动作，充分展示团队高超的运动技能和技巧，展现青春活力和积极向上的团队精神的一项体育运动。

一、啦啦操的分类

啦啦操运动分为技巧啦啦操和舞蹈啦啦操两类。

（一）技巧啦啦操

技巧啦啦操是运动员团体在音乐的伴奏下，做出跳跃、翻腾、抛接、托举、金字塔组合等技巧性动作，并配合口号、啦啦操基本手位和舞蹈动作，充分展示运动员的高超技能和技巧的团队竞赛项目。它主要分为集体技巧啦啦操和五人、双人配合技巧啦啦操。

1．集体技巧啦啦操

集体技巧啦啦操的成套动作必须包含 30 s 口号、个性舞蹈、翻腾、抛接、托举、金字塔等内容，同时结合各种跳步动作、啦啦操基本手位动作、其他舞蹈元素和道具等，还应充分利用空间转换和队形变化，展现团队的技能技巧和啦啦操运动的特点。

集体技巧啦啦操的技术特征包括：做肢体动作时，通过短暂加速和制动定位来展现技巧啦啦操特有的力度感；动作完成得干净利落；运动过程中重心稳定，动作平稳，身体控制精确、位置准确。

2．五人、双人配合技巧啦啦操

五人、双人配合技巧啦啦操的成套动作以托举、抛接两类难度动作为主要内容，需要充分利用多种上架、下架动作和过渡连接动作，进行空间的转换及方向与造型的变化，从而展示五人组或双人组高超的技能和技巧。

（二）舞蹈啦啦操

舞蹈啦啦操是运动员团体在音乐的伴奏下，运用舞蹈动作组合，结合转体、跳步、平衡和柔韧动作等难度动作和舞蹈的过渡技巧，进行空间的转换及方向与队形的变化，从而展示团队运动舞蹈技能和团队风采的竞赛项目。它主要分为花球舞啦啦操、街舞啦啦操、爵士舞啦啦操和自由舞啦啦操。

1．花球舞啦啦操

花球舞啦啦操的成套动作为手持花球做啦啦操基本手位、个性舞蹈动作、难度动作和舞蹈技巧等动作元素，展示整齐一致，层次、队形不断变换的视觉效果。

花球舞啦啦操的技术特征包括：做肢体动作时，通过短暂加速和制动定位来展现运动舞蹈特征和花球运用技术；为了突出运动员的爆发力，多选用跳步类难度动作。

2．街舞啦啦操

街舞啦啦操的成套动作以街舞风格的舞蹈动作为主，注重动作的风格特征、身体各部位的律动与控制，要求动作的节奏与音乐和谐一致，同时也可结合一些难度动作，如结合跳步、动作变换和动作组合等。

街舞啦啦操的技术特征包括：肢体动作要体现街舞特征，表现出街舞随意、洒脱的感觉；为了突出运动员的爆发力，多选用街舞里的难度动作，如地板动作。

3．爵士舞啦啦操

爵士舞啦啦操的成套动作由爵士风格的舞蹈动作、难度动作和过渡动作等内容组成，主要是通过变换队形、空间和方向等表现运动员的激情、舞蹈能力和团队实力。

爵士舞啦啦操的技术特征包括：肢体动作要体现爵士舞特征，表现出松弛有度的感觉和由内向外的延伸感；为了突出运动员的爆发力，多选用爵士舞里的难度动作，如转体类动作。

4．自由舞啦啦操

自由舞啦啦操区别于花球舞啦啦操、爵士舞啦啦操和街舞啦啦操，是结合其他风格、形式舞蹈的啦啦操，如具有民族舞风格特点的啦啦操。此类啦啦操的难度范围比较宽泛，可根据具体的舞风来进行动作创编。

二、啦啦操的基本要素

（一）口号

1. 口号介绍

口号是啦啦操的基本技术，也是啦啦操的基本特征。口号是成套动作的重要组成部分，可以放在成套动作的前、中、后，一般放在成套动作的中间。《国际啦啦队竞赛评分规则》（2006—2009 年）规定，成套动作时间为 2 分 30 秒，前后有 10 s 的宽容度，技巧啦啦操在成套动作中必须设计一组 30 s 的口号，且前后有 5 s 的宽容度。口号的基本要求如下。

（1）口号是成套动作的重要组成部分，要求体现团队积极向上的精神面貌。

（2）队伍的名称、吉祥物、学校名称、国家名称，以及简短的激励人心、鼓舞士气的词语或名言警句等，都可以作为口号的内容。口号的含义应清楚明了，切忌选取发音复杂、难以提高音量的词语，同时应避免使用晦涩、易产生歧义的词语。

（3）喊出口号前要深呼吸，放松咽喉部位，当肺活量处于最大值时喊出口令，使身体的共鸣腔扩展到最大以产生最佳声音效果。

（4）喊口号要简短有力，声音洪亮，用自己的热情来感染观众。

2. 口号组成

口号的组成通常包括来源、颜色、词语和特定词语。

（1）来源：包括学校的名称、校训，队伍的名称、吉祥物和标志等。

（2）颜色：各学校通常都有代表性或象征性的颜色（如校旗的颜色），啦啦队也可采用类似的颜色。

（3）词语：指有激励、鼓舞含义的一系列词语，如加油、团结和拼搏等。

（4）特定词语：指专门为特定事件、地域和比赛而设立的一些口号。

例如：×× ×× GO! 中国！加油！ GO let’s GO!

（二）音乐

音乐是声音的艺术，它作为一种完整的艺术形式，有着自己独特、系统、完整的结构和完备的表达方式与方法。音乐作为啦啦操的一个重要组成部分，在啦啦操中起到了烘托气氛与激发灵感的作用。啦啦操的动作在音乐的衬托下，更加具有生命力与艺术性。如果说动作构成了啦啦操的原始竞技冲动，那么音乐则为啦啦操注入了灵魂，并促使运动员将内心的情感表现出来。

（三）基本手位

啦啦操的 32 个基本手位

啦啦操手臂动作主要以肩关节为轴，其动作要求包括：手臂伸展时应直臂，弯曲时应有一定的角度，手形多为握拳；动作要完成得清晰、有力，即在最短的时间内完成向下一个动作的转变，转变过程中不得有多余的无控制形态出现，手臂到达下一个动作所规定的位置时不能有明显的晃动；手臂动作应在移动迅速、定点准确的基础上，以拳带动发力，选择最短的路线到达下一个动作所规定的位置。啦啦操的 32 个基本手位如图 12-26 所示。

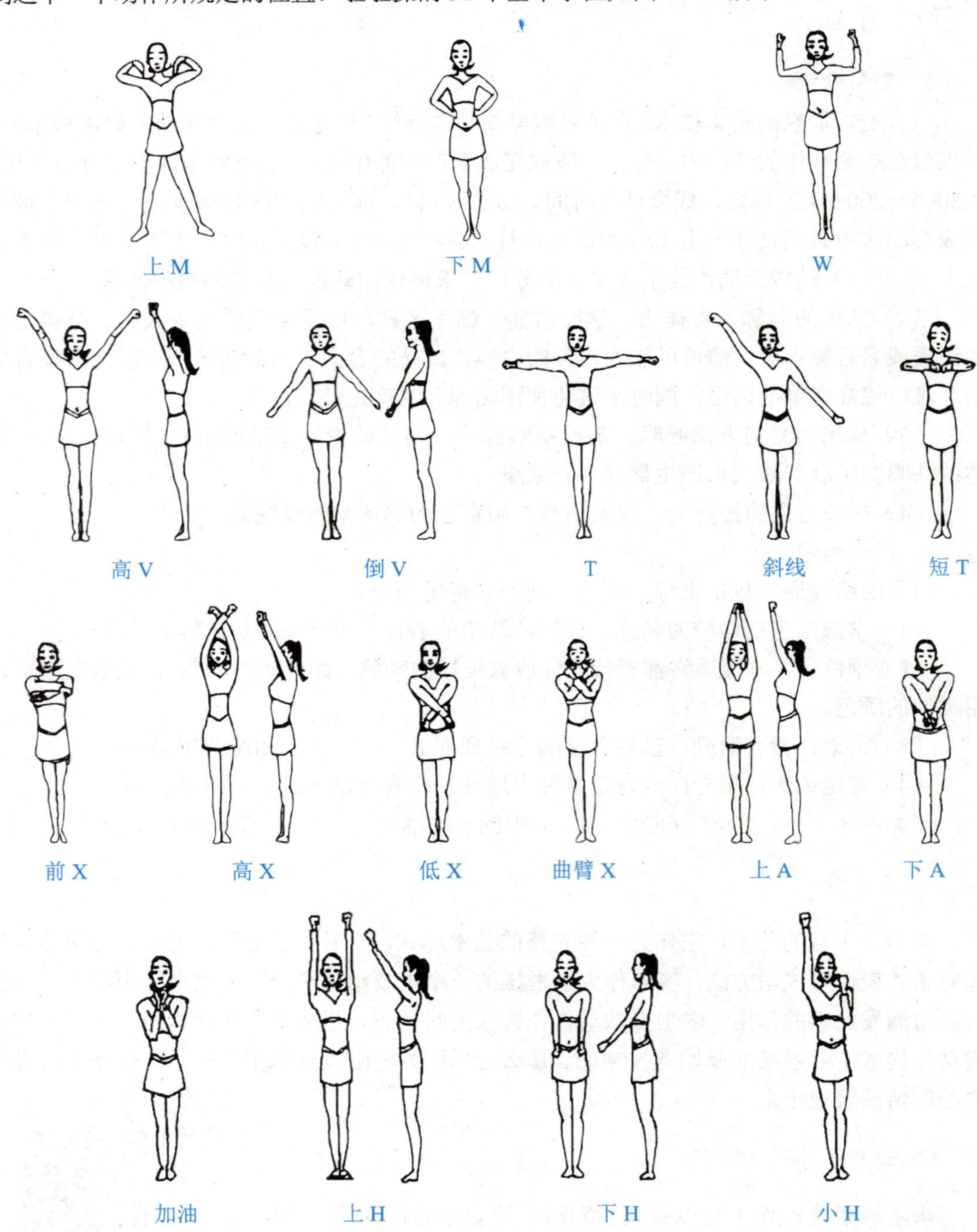

L　倒 L　K　侧 K

R　弓箭　小弓箭　高冲拳　侧下冲拳

斜下冲拳　斜上冲拳　短剑　侧上冲拳　X

图 12-26　32 个基本手位示意图

（四）身体姿态

在健美操动作中，从头部到髋部的躯干通常是保持端正；而在啦啦操动作中，尤其是舞蹈啦啦操中，从头部到髋部的躯干动作很多，对胸部、腰部的柔软度和协调性要求较高，要求运动员用身体的每个关节和肌肉来展示这个项目的激情与活力。

（五）步法

啦啦操的步法跟手位一样，要求在最短时间内到达动作所规定的位置，且发力、制动迅速，还要求踝关节始终保持收紧状态，每个步法要清晰而有力。常见的几种步法有锁步、吸腿站立、弓步和侧弓步等。

第三节 瑜 伽

一、瑜伽的起源

瑜伽起源于印度，伴随着古印度文明的演进而不断发展。对于瑜伽发展的历史阶段，有各种说法和各种划分。目前比较普遍的一种划分法是根据瑜伽主要经典的出现及瑜伽体系的建立情况将瑜伽发展过程分为四个时期：一是以《韦达经》为标志的吠陀瑜伽时期，二是以《奥义书》出现为标志的前经典瑜伽时期，三是以《瑜伽经》为标志的经典瑜伽时期，四是近现代的后经典瑜伽时期。

二、瑜伽的呼吸方法

瑜伽呼吸法包括腹式呼吸、胸式呼吸、锁骨呼吸和完全式呼吸。练习瑜伽呼吸可以按摩内脏，刺激腺体，达到保健的目的。

（一）腹式呼吸

腹式呼吸又称“横膈膜呼吸”。锻炼者可选择瑜伽坐姿或仰卧姿势作为预备姿势，然后进行练习。腹式呼吸的方法如下。

（1）将双手轻放在肚脐区域，不要施加压力。吸气时，感受气沉肺底，横膈膜下沉使腹内脏器下沉，接着小腹起涨，双手被小腹抬起。

（2）呼气时，横膈膜缓慢复位，小腹回落。当气将呼尽时双手微向下施压，感受肚脐内收并上提，彻底呼尽肺底残留气体。

（3）做 8 个八拍，1～4 拍吸气，5～8 拍呼气。

功效：腹式呼吸能按摩腹部器官，为身心减压，还有助于调节循环和呼吸系统。

（二）胸式呼吸

胸式呼吸又称“肋间肌呼吸”。锻炼者可选择瑜伽坐姿或仰卧姿势作为预备姿势，然后进行练习。胸式呼吸的方法如下。

（1）将双手放在十二肋两侧，不要施加压力，并保持骨盆中立位（髂前上棘及耻骨在一个平面上）。

（2）吸气，收缩腹部。在保证腹腔壁内收的前提下感受两侧肋骨下部升高并向两侧推出。

（3）呼气，腹腔壁持续内收，感受两侧肋骨回落。

（4）在吸与呼的过程中始终收缩腹部，感受两侧肋骨像一架手风琴那样向两侧扩张

和收缩。

（5）做 8 个八拍，1～4 拍吸气，5～8 拍呼气。

功效：胸式呼吸能加强腹肌肌力，镇静心神，改善循环。

（三）锁骨呼吸

锻炼者可选择瑜伽坐姿或仰卧姿势作为预备姿势，然后进行练习。锁骨呼吸的方法如下。

（1）将双手放于锁骨两侧，不要施加压力。

（2）慢慢吸气，始终保持腹部和肋骨架收缩，感受双手被锁骨推起。

（3）慢慢呼气，继续保持腹部和肋骨架收缩，感受双手和锁骨的回落。

（4）做 8 个八拍，1～4 拍吸气，5～8 拍呼气。

功效：锁骨呼吸能增加肺活量，增强肺部功能。

（四）完全式呼吸

将横膈膜呼吸、肋间肌呼吸和锁骨呼吸 3 种呼吸技巧结合起来就形成了完全式呼吸，也就是全肺呼吸。具体操作时，应将这 3 种呼吸方法衔接得顺畅而自然，就像一个稳定渐进的波浪滑过胸腹。锻炼者可选择瑜伽坐姿或仰卧姿势作为预备姿势，然后进行练习。完全式呼吸的方法如下。

（1）慢慢吸气，感受小腹起涨，然后继续吸气至肋骨扩张，保持当前状态，用肺上部吸气，锁骨上推，肩稍耸。

（2）慢慢呼气，肩放平，锁骨下移，肋骨回缩，小腹内收上提。

（3）做 8 个八拍，1～4 拍吸气，5～8 拍呼气。

功效：完全式呼吸能消除肌肉疲劳，增强消化系统功能和心脏功能，提高免疫力。

三、瑜伽拜日式

瑜伽拜日式是一套瑜伽动作，由 12 个瑜伽姿势组成，动作顺序为祈祷式—展臂式—前屈式—骑马式—山岳式—八体投地式—眼镜蛇式—山岳式—骑马式—前屈式—展臂式—祈祷式，最后 5 个动作与开始 5 个动作相同，只是顺序不同。

（一）祈祷式

动作要领：挺身直立，双脚并拢，双手胸前合掌，放松全身，调匀呼吸，如图 12-27 所示。

功效：祈祷式能使锻炼者保持精神集中和心态平和的状态。

（二）展臂式

动作要领：上臂向上举过头，双臂分开与肩同宽，头和上体朝后仰，如图 12-28 所示。

图 12-27　祈祷式

图 12-28　展臂式

功效：展臂式能伸展腹部脏器，减少腹部多余脂肪，改善消化系统的功能，锻炼手臂和肩部肌肉，刺激脊神经，开阔肺叶。

（三）前屈式

动作要领：身体向前屈，双手或手指触到脚侧或脚前的地面，尽量用前额抵住双腿，如图 12-29 所示。注意量力而为，双膝保持伸直。

功效：前屈式能减少腹部多余脂肪，改善消化系统的功能，有助于缓解便秘，还能刺激脊神经。

（四）骑马式

动作要领：保持左脚不动，尽量向后伸出右腿，同时屈左腿。两臂保持伸直，身体重量由两手、左脚、右膝和右脚趾来支撑。最后头应向后仰起，背呈弓形，向上凝视，如图 12-30 所示。

图 12-29　前屈式

图 12-30　骑马式

功效：骑马式能按摩腹部器官，锻炼腿部肌肉。

（五）山岳式

动作要领：伸直双腿，双脚并拢，身体向前俯卧，臀部翘在半空，头低下，使其位于两臂之间，身体和地面呈三角形。保持这个姿势，双腿和双臂伸直，两脚跟尽量着地，

如图 12-31 所示。

功效：山岳式能锻炼手臂和腿部肌肉，刺激脊神经。

（六）八体投地式

动作要领：趴下，用双脚脚趾、双膝、胸部、双手和下巴触地，髋部和腹部抬离地面。如图 12-32 所示。

功效：八体投地式能锻炼手臂、腿部和胸部的肌肉，刺激脊神经。

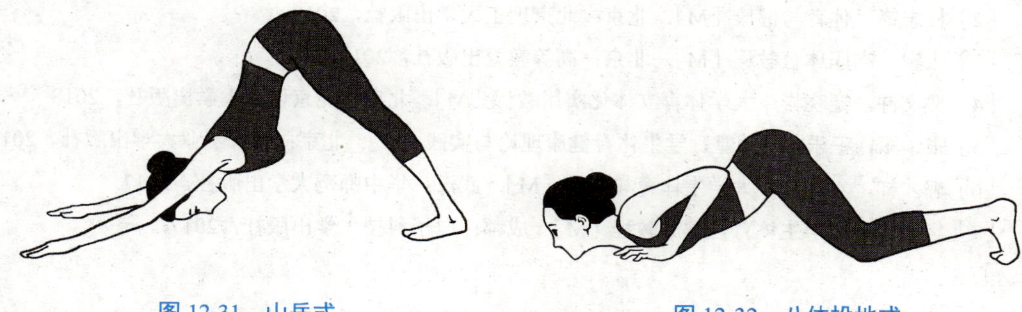

图 12-31　山岳式　　图 12-32　八体投地式

（七）眼镜蛇式

动作要领：伸直双臂，头朝后仰，上体抬起，尽量使腰部离开地面，如图 12-33 所示。

功效：眼镜蛇式能拉伸腹部和颈部肌肉，刺激脊神经。

图 12-33　眼镜蛇式

（注：上述动作做完为半轮，下半轮继续做山岳式、骑马式、前屈式、展臂式和祈祷式，下半轮至骑马式时伸展左腿、屈右腿）

参 考 文 献

[1] 李振佳，齐爽．大学生体育与健康［M］．北京：中国人民大学出版社，2020．

[2] 杜志锋．体育与健康［M］．北京：北京理工大学出版社，2019．

[3] 张巍．高职体育教程［M］．北京：高等教育出版社，2018．

[4] 邓文冲，蹇晓彬．大学体育立体化实用教程［M］．北京：北京体育大学出版社，2018．

[5] 张学军，王乐，胡德堂．学生体育健康理论与实践［M］．北京：北京工业大学出版社，2018．

[6] 郭才祥，农然午．大学生体育与健康［M］．武汉：华中师范大学出版社，2017．

[7] 华宝元．大学生体育与健康教程［M］．成都：电子科技大学出版社，2017．